Almuth Zempel

Sorge- und Umgangsrecht nichtehelicher Kinder

Sorge- und Umgangsrecht nichtehelicher Kinder

einschließlich des Umgangsrechtes des biologischen Vaters

Von

Almuth Zempel

Fachanwältin für Familienrecht in Saarbrücken

Verlag C.H. Beck München 2013

www.beck.de

ISBN 978 3 406 65269 1

2013 Verlag C.H. Beck oHG
Wilhelmstraße 9, 80801 München

Satz: ottomedien
Heimstättenweg 52, 64295 Darmstadt

Druck und Bindung: Druckhaus Nomos
In den Lissen 12, 76597 Sinzheim

Gedruckt auf säurefreiem, alterungsbeständigem Papier
(hergestellt aus chlorfrei gebleichtem Zellstoff)

Vorwort

Rechtspolitisch wird angesichts der historischen Entwicklung des Rechts der nicht in einer Ehe geborenen Kinder in den letzten 15 Jahren die weitestgehende bis vollständige Angleichung des Kindschaftsrechts der ehelichen Kinder und der nichtehelichen Kinder postuliert.

Allein die Betrachtung der Änderung der Begriffe – die Abschaffung des „unehelichen Kindes“, dann die des „nichtehelichen Kindes“- zeigt die Bewegung, die in Gesellschaft, Politik und Recht gekommen ist. Der Gesetzgeber hat sich dafür entschieden, das Gesetz „Sorgerecht nicht miteinander verheirtateter Eltern“ zu nennen. Ich bin bewusst bei der Bezeichnung der nichtehelichen Eltern geblieben. Eine Diskriminierung ist dabei ausdrücklich nicht beabsichtigt, es ist nur als begriffliche Abgrenzung gedacht. Auch die geschiedenen Eltern sind nicht miteinander verheiratet und dennoch findet das Gesetz auf sie gerade keine Anwendung.

Die Entwicklung der Rechtsprechung – insbesondere die Entscheidung des Europäischen Gerichtshofs für Menschenrechte vom 3. 12. 2009 (*Zaunegger vs Deutschland*), FamRZ 2010, 501 und die daraus folgende Entscheidung des Bundesverfassungsgerichts vom 24. 7. 2010 haben den Gesetzgeber gezwungen, diese postulierte Gleichsetzung weiter umzusetzen – beim Sorgerecht.

Die notwendige Neufassung des Rechts der elterlichen Sorge gibt Veranlassung, das Kindschaftsrecht der nichtehelichen Kinder einer gesonderten Betrachtung zu unterziehen. Was ist Inhalt des Sorgerechts von nicht miteinander verheirateten Eltern, welche Rechte haben Mütter, Väter und Kinder und wo liegt das Bedürfnis nach einer differenzierten Lösung gegenüber der bei ehelichen Kindern? Alle diese Fragen behandelt die vorliegende Veröffentlichung. In einem Anhang sind 9 Musterschriftsätze enthalten, welche die ab Mai 2013 geltende neue Rechtslage in die anwaltliche Praxis umsetzen. Das Buch will einen Beitrag zum besseren Verständnis des Sorge- und Umgangsrechts bei nichtehelichen Kindern leisten – einem Rechtsgebiet, das durch die jetzt nach mehrjährigen Beratungen erfolgte Gesetzesänderung neu gestaltet wurde, aber sicher auch in naher Zukunft der dynamischen Veränderung unserer Gesellschaft angepasst werden muss.

Saarbrücken, im April 2013 Almuth Zempel

Literaturverzeichnis

Kommentare und Handbücher

Bassenge/Roth, FamFG, RPflG, Kommentar, 12. Aufl., Heidelberg 2009
Bumiller/Harders FamFG, Kommentar, 10. Aufl., München 2011
Dauner-Lieb/Heidel/Ring, NomosKommentar BGB 2. Auflage, Baden-Baden 2010
Fthenakis, Begleiteter Umgang von Kindern – ein Handbuch für die Praxis, München 2008
Johannsen/Henrich, Familienrecht, 5. Auflage, München 2010
Jüdt/Kleffmann/Weinreich, Formularbuch des Fachanwalts Familienrecht, 2. Aufl. Köln 2011
Keidel, FamFG, Kommentar, 17. Auflage, München 2011
Münchner Kommentar zum Bürgerlichen Gesetzbuch, Band 7, 6. Auflage 2013 und Band 8, 6. Auflage 2012
Palandt, BGB, 72. Aufl., München 2013
Prütting/Wegen/Weinreich, BGB, 7. Auflage Köln 2012
Prütting/Gehrlein, ZPO 5. Aufl., Köln 2013
Röchling, Handbuch Anwalt des Kindes, 2. Aufl., Baden-Baden 2009
Salzgeber, Joseph, Familienpsychologische Gutachten: Rechtliche Vorgaben und sachverständiges Vorgehen, 5. Aufl., München 2011
Staudinger, BGB, Großkommentar, 14. Aufl., München 1993 ff.
Thomas/Putzo, ZPO, Kommentar, 33. Aufl., München 2012
Gerhardt/v.Heintschel-Heinegg/Klein, Handbuch des Fachanwalts Familienrecht, 9. Aufl, Köln 2013 (zitiert Gerhardt/Bearbeiter)
Viefhues, juris-Praxiskommentar, BGB, Band 4, 4. Auflage, 2009 (online)
Weinreich/Klein, Familienrecht, Kommentar, 4. Aufl., München 2010
Zöller, ZPO, Kommentar, 29. Aufl., Köln 2012

Monographien

Altrogge, Alexandra, Umgang unter Zwang: Das Recht des Kindes auf Umgang mit dem umgangsunwilligen Elternteil, Bielefeld 2007.
Baumgarten, Steffen, Die Entstehung des Unehelichenrechts im Bürgerlichen Gesetzbuch, Köln 2007
Becker-Cantarino, Barbara, Schriftstellerinnen in der Romantik, Epoche-Werke-Wirkung, München 2000
Behrend, Katharina, Kindliche Kontaktverweigerung nach Trennung der Eltern aus psychologischer Sicht: Entwurf einer Typologie, Bielefeld 2009.

Coester/Zubke, Das nichtehelichen Kind und seine Eltern – rechtliche und sozialwissenschaftliche Aspekte, Neuwied 1991

Dettenborn, Harry, Kindeswohl und Kindeswille, 2. Aufl., München 2007

Fischer/Buchholz/Merten, Kinderschutz in gemeinsamer Verantwortung von Jugendhilfe und Schule, Wiesbaden 2011

Gardner, Richard A., Das elterliche Entfremdungssyndrom (Parental Alienation Syndrome – PAS): Anregungen für gerichtliche Sorge- und Umgangsregelungen. Eine empirische Untersuchung, 2002

Gerhard, Ute, Frauen in der Geschichte des Rechts, München 1997

Händler, Jörg. Die materiellrechtlichen und verfahrensrechtlichen Regelungen des Umgangsrechts bei nichtehelichen Kindern unter Berücksichtigung des KindRG, Bamberg 2001

Haug-Schnabel/Bensel, Grundlagen der Entwicklungspsychologie, 7. Aufl., Freiburg 2009

Heiß/Castellanos, Gemeinsame Sorge und Kindeswohl nach neuem Recht, Badeb-Baden 2013 (*nach Abschluss des Manuskripts erschienen*)

Henrich, Dieter, Familienrecht, 5. Aufl., Berlin 1995

Herbert, Ullrich, Wandlungsprozesse in Westdeutschland, 2. Aufl., Göttingen 2003

Kern, Fritz, Recht und Verfassung im Mittelalter, Darmstadt 1992

Löhnig/Gietl/Preisner, Das Recht des Kindes nicht miteinander verheirateter Eltern, 3. Aufl., Berlin 2010

Molinski, Uneheliche Kinder-rechtlose Kinder ? Recklinghausen 1967

Salgo/Zenz/Fegert/Bauer/Weber/Zitelmann, Verfahrensbeistandschaft, 2. Aufl., Köln 2010

Schadendorf, Barbara, Uneheliche Kinder Untersuchungen zu ihrer Entwicklung und Situation in der Grundschule, München 1964

Scherpe/Yassari, Die Rechtstellung nichtehelicher Lebensgemeinschaften, Tübingen 2005

Schwarz, Barbara, Die Verteilung der elterlichen Sorge aus erziehungswissenschaftlicher und juristischer Sicht, Wiesbaden 2011

Völker/Clausius, Sorge- und Umgangsrecht in der Praxis, 3. Aufl., Bonn 2010

Wild/Lorenz, Elternhaus und Schule, Paderborn 2010

Zdral, Wolfgang. Die Hitlers. Die unbekannte Familie des Führers. Bergisch Gladbach 2008

Zimmer, Angelika, Das Sorge-und Umgangsrecht im Lichte der Kindschaftsrechtsreform, Berlin 2011

Aufsätze

Altrogge, Alexandra, Das Urteil des BVerfG zur zwangsweisen Durchsetzung der Umgangsrechts und die Ordnungsmittel des FamFG, FPR 2009, 34 von Boch-Galhau, Wilfried, Die induzierte Eltern-Kind-Entfremdung und ihre Folgen (Parental Alienation Syndrome – PAS) im Rahmen von Trennung und Scheidung, Einführung zur PAS Konferenz *http://www.pas-konferenz.de/*

Heilmann, Stefan, Die Reform des Sorgerechts nicht miteinander verheirateter Eltern – Das Ende des Irrwegs?, NJW 2013, 1473

Hohmann-Dennhardt, Christine, Kindeswohl und Elternrecht – die Rechtsverhältnisse von Eltern und Kindern. FPR 2008, 476

Holldorf, Cornelia, Gemeinsame Sorge nicht miteinander verheirateter Eltern, ZKJ 2012, 475

Huber/Antomo, Zum Inkrafttreten der Neuregelung der elterlichen Sorge nicht miteinander verheirateter Eltern, FamRZ 2013. 665

Keuter, Wolfgang, Vereinfachtes Verfahren zur Übertragung der gemeinsamen elterlichen Sorge, FamRZ 2012, 825

Kindler, Heinz, Kinderschutz im BGB, FPR 2012, 422

Löhnig, Preisner, Zur Reichweite des Einflusses der Rechtsprechung des EuGHMR auf das deutsche Kindschaftsrecht, FamRZ 2012, 489

Mockenhaupt, Ines-Maria, Die Ehe als ausschließlicher Garant für ein gemeinsames elterliches Sorgerecht. ZblJudR 1981, 337

Peschel-Gutzeit, Lore, Die Rechtsstellung des nicht mit der Mutter des Kindes verheirateten Vaters, NJW 2010, 2990.

Peschel-Gutzeit, Lore, Umgangspflicht – Eine Naturalobligation? NJW 2008, 1922.

Rakete-Dombek, Ingeborg, Umgang um jeden Preis? Pflicht zum Umgang nur für Kinder?, FPR 2008, 492.

von Renesse, Margot, Gleichstellung für Väter und Mutter, ZKJ 2012, 353

Schubert, Werner, Der Entwurf eines Nichtehelichen Gesetzes vom Juli 1949 und seine Ablehnung durch Hitler, FamRZ 1984, 1

Völker/Clausius, Ertrotzte Kontinuität im Blickwinkel geltenden und künftigen Familienverfahrensrechtes, FF 2009, 54

Wellenhofer, Marina, Der europäische Gerichtshof für Menschenrechte und das Vaterschaftsanfechtungsverfahren des leiblichen Vaters, FamRZ 2012, 828

Zempel, Almuth, Mit Zwang zum Umgang – Die Entscheidung des Bundesverfassungsgerichts vom 1. 4. 2008 – Herleitung und Folgen – FF 2010, 238.

A. Geschichtliche Entwicklung des Sorgerechts und des Umgangsrechts bei nichtehelichen Kindern in Deutschland

I. Sorgerecht

1. Das allgemeine preußische Landrecht

Den Begriff „Sorgerecht“ gibt es im deutschen Familienrecht erst seit 1980. Davor war als Bezeichnung für das Rechtsverhältnis zwischen Eltern und Kindern in dem Sinne, wer für noch nicht mündige Minderjährige Entscheidungen zu treffen und sie zu versorgen hat, der Begriff „elterliche Gewalt“ gebräuchlich.

Die Rechtsverhältnisse zwischen Eltern und Kindern unterliegen und unterlagen ebenso wie das Verhältnis zwischen Mann und Frau und der Familienbegriff dem Wandel der gesellschaftlichen Anschauungen. Um die besondere Lage von Kindern, die aus Verbindungen von Eltern hervorgegangen sind, die nicht miteinander verheiratet sind oder waren, zu verstehen, ist es angezeigt, zumindest ein wenig in der Geschichte zurückzugehen.

Die Familie ist ein tatsächliches, kein rechtliches Phänomen. Sie ist Folge dessen, dass Männer und Frauen zusammenleben und dass Kinder entstehen, die der Versorgung bedürfen. Dagegen ist die Ehe kein naturrechtliches Phänomen, sondern ein gesellschaftlich entwickeltes Institut und dementsprechend dem gesellschaftlichen Wandel unterworfen[1].

In der heutigen Diskussion scheint es gerne darum zu gehen, angeblich seit Urzeiten bestehende Diskriminierungen von nichtehelichen Kindern endlich zu beseitigen. Diese Diskriminierung besteht aber in der Form des 19. und 20. Jahrhundert nicht so lange, grundsätzlich und unverändert, wie sie traditionelle und konservative Begründungen der angeblichen Notwendigkeit der Unterscheidung zwischen ehelicher und nichtehelicher Geburt gelegentlich glauben machen wollen. Das liegt darin begründet, dass Bedeutung und Funktion von Ehe und Familie sich insbesondere im bürgerlichen Zeitalter des 19. Jahrhunderts gravierend geändert haben.

Erstmals im **preußischen allgemeinen Landrecht** (ALR) von 1794 ist eine eindeutige Definition der Ehe vorgenommen worden und die

---

[1] Rauscher, Familienrecht, S. 2.

Ehe als soziale Ordnungsfunktion innerhalb der nunmehr vom Staat definierten Gesellschaftsordnung eingeführt worden.[2] Zuvor war die Rechtsstellung lediger Mütter ambivalent. Auf der einen Seite bestand die gemeinrechtliche Pflicht des Schwängerers zur Heirat oder Unterhaltsleistung. Die Mutter und ihre Familie hatte im Verhältnis zum illegitimen Kind dieselbe Rechtsstellung wie zu einem ehelichen Kind. Die Kinder gehörten zur Familie der Mutter und erhielten ihren Namen und ihren Stand, wobei sie vom Adel und Wappen der Mutter ausgeschlossen waren[3]. Der Vater hatte, ohne dass dies geregelt war, Bedeutung im Hinblick auf die spätere Funktion des Kindes, da die illegitimen Kinder der Adelsfamilien in der Regel selbst niedere Adelstitel und Ausstattungen erhielten. Die Kinder der Könige mit ihren Konkubinen waren sogar erbberechtigt.[4] Bei den Merowingern waren alle vom Vater anerkannten Kinder der Könige erbberechtigt und thronfolgeberechtigt, ohne dass auf den Status der Mutter ankam.[5]

Das **kanonische Recht** diskriminierte zwar die nichtehelichen Kinder, bezeichnete aber die Verantwortung des Vaters als dessen natürliche Pflicht und führte auch die Legitimation durch nachfolgende Ehe im Jahr 1179 ein.[6] Dabei ist zu beachten, dass sowohl im germanischen Recht als auch im Frühmittelalter mehrere Arten der Ehe kodifiziert waren. Auf der anderen Seite bestand die Hauptehe, die aus wirtschaftlichen oder politischen Erwägungen heraus geschlossen wurde. Daneben standen geduldete Konkubinatsverhältnisse. Eine Ehe zur linken Hand war eine solche Ehe, die zwischen nicht ebenbürtigen Ehepartnern eingegangen wurde. Sie diente oft zur Legalisierung von Mätressenverhältnissen und konnte neben einer Hauptehe bestehen. „Über viele Jahrhunderte war die Gesellschaft des Frühmittelalters weitgehend ohne die eheliche Normierung der Fortpflanzungsgemeinschaft ausgekommen. Viele Herrscher des Frühmittelalters bis hin zu Karl dem Großen hatten mehrere Frauen, meist eine Ehefrau und mehrere Konkubinen, manchmal aber auch mehrere Ehefrauen nebeneinander oder nur Konkubinen. Nur Töchter aus hochrangigen Familien werden Ehefrauen (bei Königen z.B. Töchter anderer Könige oder hoher Adliger), stattdessen oder daneben aber konnten Könige sich auch Konkubinen nehmen. Diese

---

[2] Harms-Ziegler, Außereheliche Mutterschaft im Preußen des 18. und 19. Jahrhundert, in: Frauen in der Geschichte des Rechts, hrsg. v. Ute Gerhardt, S. 333.

[3] Harms-Ziegler, S. 329.

[4] Von Eickels, Klaus: Festrede: Ehe und Familie im Mittelalter, S. 6. Er arbeitet sehr gründlich heraus, das Ehe und Familie als staatlich geschützter Ort und die Kriminalisierung des außerehelichen Geschlechtsverkehr keine Tradition sind, die bis ins Mittelalter zurückreichen, sondern dass sie eine Erfindung des bürgerlichen 19. Jahrhunderts sind.

[5] Wagner, Stephan: in Scherpe/Yassari, S. 25.

[6] Henrich, S. 286.

waren ihrer Herkunft nach niederen oder mittleren Standes und konnten jederzeit verstoßen werden, ihre Kinder aber waren erbberechtigt. Die Forschung des 20. Jahrhunderts nannte diese Verbindungen beschönigend „Friedelehen", ohne jedoch Belege dafür beibringen zu können, dass es sich um mehr und anderes als einfache Konkubinatsverhältnisse handelte. Die Rechtsentwicklung der letzten Jahre, die auf eine vollständige Gleichstellung der unehelichen Kinder zielte, ist also im Kern nichts anderes als die Rückkehr zu frühmittelalterlichen Verhältnissen vor der allgemeinen Durchsetzung des kirchlichen Eherechts. Erst im 9. Jahrhundert setzte sich die Differenzierung zwischen legitimen und illegitimen Nachkommen durch, zuletzt in Skandinavien und in der Normandie".[7] Im Hochmittelalter bestand eine starke Form der Diskriminierung, uneheliche Kinder waren rechtlos, hatten keine Unterhaltsansprüche und keine Erbansprüche[8].

Auf der anderen Seite wurden ledige Mütter kriminalisiert, die Carolina und andere gleichzeitige Partikularrechte sahen die Todesstrafe für Ehebruch und entehrende Strafen für Hurerei und außerehelichen Geschlechtsverkehr vor[9].

Im Allgemeinen Landrecht findet sich eine eher nüchterne, wirtschaftliche und den staatlichen Interessen dienende Funktion der Ehe. Moralische Kategorie ist nicht die Ehe an sich, sondern die Bereitschaft der Untertanen zur Reproduktion. Das Gesetz sagt dies deutlich: Der Hauptzweck der Ehe ist die Erzeugung und Erziehung der Kinder.[10] Dies hatte im Hinblick auf die Bedeutung des Heeres zu Ende der Herrschaftszeit Friedrichs des Großen 1786 handfeste Gründe, die Armee bestand zu diesem Zeitpunkt aus ca. 190.000 Mann bei ca. 5 Millionen Einwohnern[11].

Im Allgemeinen Landrecht findet sich auch die **erste Definition des Begriffs des unehelichen Kindes.** Ein Kind ist unehelich, wenn seine Mutter ledig ist oder wenn es nach dem 302. Tag nach Beendigung einer Ehe geboren wird (ALR II. Teil 2.Titel §§ 1, 2). Inhaltlich waren die Rechte des Kindes gegenüber seinem Vater eingeschränkt. Der Vater war gegenüber dem Kind zum Unterhalt und zur Erziehung verpflichtet. Sonstige Verpflichtungen trafen ihn nicht (ALR II 2 § 612). Die Mutter hatte bis zum vierten Lebensjahr des Kindes ein vorrangiges Erziehungsrecht, wobei der Vater die Kosten der Erziehung zu übernehmen hatte. Nach dem vollendeten vierten Lebensjahr des Kindes hatte der

---

[7] Klaus von Eyckels, Ehe und Familie im Mittelalter, Festrede, S. 6.

[8] Vgl.Baumgarten, Die Entstehung des unehelichen Rechts im Bürgerlichen Gesetzbuch, S. 30 ff.

[9] Vgl Harms-Ziegler, in Frauen in der Geschichte des Rechts, S. 326.

[10] ALR 2. Teil § 1.

[11] www.wcurrlin.de Virtuelle Schule für Geschichte, Preußen bis 1806, Karte Preußen.

Vater das Recht zu wählen, ob er die Erziehung des Kindes übernimmt, oder aber der Mutter auf seine Kosten überlässt. Wenn die Mutter das Kind alleine erziehen wollte, der Vater nicht einverstanden war, musste sie es auf eigene Kosten tun.

Der Vater hatte kein Recht zur eigenen Erziehung. Wenn die Mutter auf eigene Kosten erziehen wollte, so konnte er dagegen keinen Widerspruch einlegen. (§ 632).

Auch das Institut des Amtsvormundes wird durch das ALR eingeführt. Dieser hat die Aufgabe, die Rechte gegen den nichtehelichen Vater wahrzunehmen und mit beiden Eltern die Erziehung des Kindes zu vereinbaren (ALR II 2 §§ 615, 616). Dem Vormund steht auch die elterliche Gewalt für nichteheliche Kinder zu, diese steht nicht dem Vater zu (§ 644).

Bei ehelichen Kindern steht das Sorgerecht in erster Linie dem Vater zu (§ 62 PrALR). Bis zum vierten Lebensjahr des Kindes kann der Vater gegen den Willen der Mutter ihr das Kind nicht entziehen (§ 70). Das ALR kannte auch die Festlegung eines Umgangsrechtes. Für Kinder aus geschiedenen Ehen war geregelt, dass dann, wenn ein Elternteil von der Erziehung ausgeschlossen war, ihm doch der Zutritt zum Kind nicht gänzlich versagt werden konnte (§ 101).

Anderes als das im Vergleich zu anderen europäischen Ländern recht liberale Recht des nichtehelichen Kindes war die Ausgestaltung des Sorgerechtes, des Rechtes der elterlichen Gewalt, an überkommenen Vorstellungen orientiert. Die Kinder brauchten jederzeit die Einwilligung des Vaters zur Eheschließung. Eine der heutigen Zeit vergleichbare allgemeine Regel zur Mündigkeit mit Erreichen eines bestimmten Alters gab es nicht. Die Tochter wurde nur durch die Eheschließung von der elterlichen Gewalt befreit, kam dann aber unter die Vormundschaft ihres Ehemannes. Der Sohn blieb unter der elterlichen Gewalt, bis er eine eigene Wirtschaft betrieb.[12]

Durch das ALR wurden einige Heiratsschranken der zuvor bestehenden ständischen Rechte beseitigt. Dadurch trat zum einen eine Verfestigung des Rechts der Ehe ein. Zum anderen führte die Tatsache, dass es nunmehr für fast Jedermann möglich war zu heiraten dazu, dass der Makel einer illegitimen Geburt vergrößert wurde[13]. Die Ehe war stärker ins Interesse des Staates gerückt und hatte ihren vormaligen Zweck der religiösen und moralischen Rechtfertigung des Zusammenlebens zweier Menschen und der Festigung politischer Positionen ein Stück weit verloren. Damit bedurfte es aber auch einer stärkeren Rechtfertigung des Institutes der Ehe in weltlicher Hinsicht, nach dem der moralische Ge-

[12] Willekens, Harry, Die Geschichte des Familienrechts in Deutschland seit 1794. Eine Interpretation aus vergleichender Perspektive; S. 141; in Frauenrecht und Rechtsgeschichte; hrsg v. Meder, Duncker, Czelk.

[13] Harms-Ziegler, S. 341.

sichtspunkt der Sünde einer Beziehung ohne Ehe immer mehr an Bedeutung verlor. Damit also das vom Staat erwünschte Verhalten der Eheschließung erreicht werden konnte, musste damit einhergehen, die Nichtehelichkeit weiter zu stigmatisieren.[14]

Im 19. Jahrhundert war die gesellschaftliche Entwicklung zu verzeichnen, dass Ehe und Familie zunehmend idealisiert wurden. Nach dem eher vernunftbetonten Zeitalter der Aufklärung kamen nun romantische und idealisierende Strömungen hinzu. In der Philosophie waren Vertreter Johann Gottfried Herder (1744-1803) und Friedrich Schlegel (1772 – 1829). In der Literatur und Musik waren wesentliche Protagonisten, Eichendorff, Hölderlin und Schubert. Gerade Ehe und Familie wurden idealisiert, ebenso wie das Mittelalter, dass eine große Bedeutung hatte. In der Philosophie setzte sich z. B. mit Fichte die Vorstellung der naturgegebenen Unterlegenheit der Frau durch[15].

Die Kirche bekam eine wieder stärkere Rolle innerhalb der Familie. Die neue bürgerliche Familie mit ihren Idealen trat an die Stelle der nüchternen Haushalts-, Wirtschafts- und Lebensgemeinschaft, die Familie vorher war. Gleichzeitig führt die industrielle Revolution zum Entstehen der Arbeiterschaft. Die Fortschritte der medizinischen Wissenschaft führen zu einem gewaltigen Bevölkerungszuwachs. Die Bevölkerung Europas stieg von 1800-1900 von 185 Millionen Menschen auf fast 400 Millionen Menschen.[16]

Das 19. JH ist das Zeitalter des Bürgertums. Die Ehe wird unverändert idealisiert und die Familie als Keimzelle der Gesellschaft betrachtet. Nach außen hin herrscht der Grundsatz des kanonischen Rechts, dass die Ehe auf Liebe zweier Menschen aufgebaut ist und als unauflösliches Band angelegt ist, fort. Tatsächlich werden aber gerade im Bürgertum Ehen arrangiert und aus wirtschaftlichen Erwägungen eingegangen.

2. Die Entstehung des BGB

In diesem bürgerlichen Verständnis ist die Familie der Ort des Privaten, während die wirtschaftliche Betätigung außerhalb der Familie stattfindet. Diese Abgrenzung der Familie nach außen geht einher mit einer Festschreibung des Rollenverständnisses von Mann und Frau. Der Mann ist zuständig für die Tätigkeit außen, während die Frau die Erziehung der Kinder, den Haushalt und die Tätigkeit nach innen übernimmt.[17]

---

[14] Harms-Ziegler, S. 341.

[15] Barbara Becker-Cantarino, Schriftstellerinnen in der Romantik, S. 50 ff.

[16] E.Kayser, Bevölkerungsgeschichte Deutschlands, 3. Aufl, 1943, zit. nach Mitteis-Lieberich S. 434.

[17] z. B. das Bild des großbürgerlichen Lebens, welches Thomas Mann in den Buddenbrooks zeichnet.

Die **Säkularisierung der Ehe** führte nun zu einem Problem der Rechtfertigung der Schlechterstellung illegitimer Kinder. Im christlichen Verständnis konnte man dies immer noch mit dem Gesichtspunkt der Sünde oder der Schandhaftigkeit des Verhaltens rechtfertigen. Eine Rechtfertigung aus rein säkularen Gründen ist aber bis heute nicht gefunden[18]. Gefunden wurde diese Rechtfertigung letztendlich durch eine Verfestigung der patriarchalen Strukturen und eine Rückkehr zur christlichen Rechtfertigung der Ehe, ein reines Gedankenmodell. Die ihrer ökonomischen Funktion beraubte Familie wurde einerseits staatsfern konzipiert, andererseits sollte sie Ur-Zelle eines christlich-patriarchalen Staates sein.[19] Gleichzeitig erfolgte eine Rechristianisierung des Ehemodells: Sittlichkeit und Heiligkeit der Ehe verbinden sich mit dem Modell der bürgerlichen Familie zu einem Institut der öffentlichen Ordnung.[20]

Dieser gesellschaftlichen Entwicklung folgend wurde das ALR 1854 umfassend reformiert. Diese Gesetzesänderung stand unter dem Diktat einer konservativen Reaktion in Preußen. Die Ansprüche unehelicher Mütter wurden gravierend beschnitten. Auch die Ansprüche der Kinder wurden beschnitten, sie konnten ihre Ansprüche gegenüber dem Erzeuger nur noch bei „Unbescholtenheit" der Mutter durchsetzen. Hintergrund dieser rigiden Gesetzgebung war wohl die Angst vor der außerehelichen Sexualität als Feind des Traumbildes der bürgerlichen Familie, die deren Geschlossenheit und ökonomische Stabilität bedrohte.[21] So wurde in der Reform auch die Mehrverkehrseinrede (exceptio plurium concubinatum) eingeführt, die der Code Civil, anders als das ALR zuvor, bereits kannte. Der im Vaterschaftsprozess beklagte Mann konnte die Klage abwehren, indem er Zeugen benannte, die der Frau während der Empfängniszeit beigewohnt hatten. Wissenschaftliche Untersuchungen darüber, wie viele nichteheliche Kinder es gab und aus welchen gesellschaftlichen Schichten sie stammten, gab es nicht. Vergessen darf man nicht, dass die Väter des BGB der bürgerlichen und großbürgerlichen Schicht angehörten, letztendlich natürlich auch deren Interessen vertraten.

Durch die Industrialisierung war eine Schicht der Arbeiter entstanden, von der sich das Bürgertum abgrenzen wollte, um eigene Macht zu stärken. Mangels anderer Kenntnisse und um dieses System zu stützen, schrieb man ledigen Müttern und Vätern stereotyp gewisse Eigenschaften zu, was durch ständige Wiederholung sich zu Vorurteilen manifestierte. Danach war die Frau entweder eine arme Verführte, zumeist aus

---

[18] Harms-Ziegler, S. 341.

[19] Harms-Ziegler, S. 340 mwN.

[20] Mugdan, B. Die gesamten Materialien zum bürgerlichen Gesetzbuch für das Deutsche Reich. Bd. IV, Familienrecht. Berlin 1899, S. 170.

[21] Harms-Ziegler, S. 343.

bürgerlichen Verhältnissen, geprägt von den Vorstellungen einer passiven weiblichen Sexualität und der Mann der aggressive männliche Verführer[22]. Das war aber die Minderzahl. Zumeist ging man bei der ledigen Mutter davon aus, dass es sich um eine gefallene Frau mit promiskuitiver Sexualität handelte, die dementsprechend verantwortungslos und ohne Anstand war. Demnach galt es den Mann auch zu schützen und gleichzeitig war klar, dass einer solchen Frau auch nicht die Erziehung eines Kindes uneingeschränkt zu überlassen sei. Mit dieser stereotypen Vorstellung wurde auf der einen Seite die patriarchale Struktur der Familie gerechtfertigt und geschützt und gleichzeitig auch eine Abgrenzung des Bürgertums von der Arbeiterschaft verteidigt[23].

In diese familienpolitische Strömung fiel das Entstehen des BGB. Seit der Gründung des Deutschen Reiches 1871 war die Forderung nach einem einheitlichen deutschen Privatrecht immer größer geworden. In der ersten Fassung vom 18.8.1896 wies das BGB bei ehelichen Kindern § 1627 die elterliche Sorge unverändert dem Vater allein zu, das gesamte Familienrecht war streng patriarchalisch organisiert. Obwohl das BGB in anderen Bereichen sehr fortschrittlich war, wurde diese patriarchale Struktur nicht infrage gestellt,[24] es waren auch keine Frauen an der Entwicklung des BGB beteiligt.[25]

Bei der **nichtehelichen Abstammung** wurde eine **Verwandtschaft** im rechtlichen Sinne zwischen Vater und dem nichtehelichen Kind **verneint.** In der Begründung heißt es, dass das Recht die an die eheliche Verwandtschaft geknüpften Rechtsbeziehungen nicht allein auf die Tatsache der Zeugung stützt, sondern auf die durch die Ehe vermittelte natürliche Verbindung gründet, weil regelmäßig allein die Erzeugung in der Ehe diejenigen sittliche Grundlage gewährt, welche die Voraussetzungen familienrechtlicher Rechte und Pflichten bildet.[26] Der Entwurf geht dabei davon aus, dass das eheliche Kind auch nur ein solches ist, welches in der Ehe gezeugt wurde.

Das BGB gewährt einen **Alimentationsanspruch des unehelichen Kindes,** die teilweise diskutierte Deliktslehre Savignys, der den Unterhaltsanspruch auf die verbotswidrige Beziehung zwischen dem Erzeuger und der Mutter stützen wollte, wird verneint.[27] Die Alimentationsverpflichtung begründet sich auf die durch die Zeugung bestehende Blutsverwandtschaft, wobei ausdrücklich unterschieden wurde zwischen der Verwandtschaft und der Blutsverwandtschaft. Bei der Blutsver-

---

[22] Buske in Herbert, Wandlungsprozesse, S. 319.

[23] s.v.

[24] Rauscher, Familienrecht, 2. Auflage 2008, RdNr. 3.

[25] Zur juristischen Diskussion umfassend Baumgarten, S. 84 ff.

[26] Planck, Die Vorlagen der Redaktoren für die erste Kommission zur Ausarbeitung des Entwurfs eines Bürgerlichen Gesetzbuches, S. 1641.

[27] Planck, S. 1637.

wandtschaft handelt es sich nach der Begründung um eine rein biologische Tatsache, die keine sonstigen rechtlichen Wirkungen haben muss[28]. Ein Erbrecht bestand nicht, ein Anspruch der Mutter auf Unterhalt bestand außer für die Zeit von sechs Wochen nach der Geburt ebenfalls nicht. Die Unterhaltsverpflichtung des Vaters richtete sich nach der wirtschaftlichen Stellung der Mutter, nicht nach der des Vaters. Gemäß § 1707 stand das Sorgerecht für das uneheliche Kind auch nicht der Mutter zu. Dies hatte lediglich die Befugnis und die Pflicht, für die Person des Kindes sorgen. Die elterliche Gewalt stand dem Vormund zu. In den Motiven heißt es in soweit, die nichteheliche Mutter habe nicht genügend guten Willen und den notwendigen Ernst; sie habe nicht das gleiche Interesse und die gleiche hingebungsvolle Liebe[29].

In den demografischen Zahlen findet sich dann auch ein Rückgang des Anteils der nichtehelich geborenen Kinder an den insgesamt geborenen Kindern. Die ersten Aufzeichnungen[30] liegen vor aus den Jahren 1841 bis 1845. (106 von 1000). Von einem Höchststand von 120 von 1000 fiel die Zahl der nichtehelich geborenen Kinder bis zu 80 bis 90 von 1000 um 1900 ab.

3. Die Weimarer Republik

In der Weimarer Republik änderte sich das Familienverständnis erneut gravierend. In der Weimarer Reichsverfassung ist die Familie in den Grundrechtsschutz einbezogen worden. Art. 119 WRV stellt die Ehe unter den besonderen Schutz des Gesetzes. Erstmals ist in Art. 121 WRV auch festgelegt, dass unehelichen Kindern durch die Gesetzgebung die gleichen Möglichkeiten für ihre leibliche, gesellschaftliche und seelische Entwicklung zu schaffen sind, wie den ehelichen Kindern.

Der Verfassung war eine lange Diskussion zwischen den maßgeblich beteiligten politischen Parteien, SPD, Zentrum und DNP bzw DDP vorausgegangen. Gerade im Kernbereich der Wertung von Familie und Ehe waren deren Vorstellungen unterschiedlich geprägt, so dass die Grundrechte einen Kompromiss zwischen den verschiedenen Strömungen der Gesellschaft darstellten.[31] Im Verfassungsausschuss prallte dabei die Vorstellung der SPD auf die Vorstellung des Zentrums. Die SPD war dabei durchaus nicht einheitlich einer Meinung. Es wurde aber programmatisch auf der einen Seite die bevölkerungspolitische Bedeutung des Nichtehelichenschutzes angeführt, da nach Auffassung der SPD ein erheblicher Teil der Bevölkerung aus nichtehelichen Beziehungen stammte. Zum anderen verwies man auf die Tatsache, dass dem Zusam-

[28] Baumgarten, S. 85, 86.
[29] Motive, S. 861.
[30] Menges in Molinski, S. 7.
[31] Heinemann, Rebecca, Familie zwischen Tradition und Emanzipation, S. 69.

menleben von Paaren, die nicht miteinander verheiratet sind, auch moralisch kein verwerfliches Verhalten zuzumessen sei.[32] Die Abgeordneten des Zentrums dagegen vertraten eine Politik, die den Schutz der Ehe in den Vordergrund stellte. In ihren Augen sollte gerade durch die Grundrechte eine erzieherische Wirkung erreicht werden, dass die Menschen nur in der Ordnung der Ehe zusammenleben, und nicht auf willkürlichem, ungebundenem Wege.[33]

Ergebnis der Diskussion ist die Festlegung der Grundrechte von Ehe und Familie in Art 119 bis 122 WRV:

Art. 119
(1) Die Ehe steht als Grundlage des Familienlebens und der Erhaltung und Vermehrung der Nation unter dem besonderen Schutz der Verfassung. Sie beruht auf der Gleichberechtigung der beiden Geschlechter.
(2) Die Reinerhaltung, Gesundung und soziale Förderung der Familie ist Aufgabe des Staats und der Gemeinden. Kinderreiche Familien haben Anspruch auf ausgleichende Fürsorge.
(3) Die Mutterschaft hat Anspruch auf den Schutz und die Fürsorge des Staats.

Artikel 120
(1) Die Erziehung des Nachwuchses zur leiblichen, seelischen und gesellschaftlichen Tüchtigkeit ist oberste Pflicht und natürliches Recht der Eltern, über deren Betätigung die staatliche Gemeinschaft wacht.

Artikel 121
Den unehelichen Kindern sind durch die Gesetzgebung die gleichen Bedingungen für ihre leibliche, seelische und gesellschaftliche Entwicklung zu schaffen wie den ehelichen Kindern.

In den folgenden Jahren wurde im Reichstag darum gekämpft, ein Gesetz zur Umsetzung der verfassungsmäßig gebotenen Gleichstellung der unehelichen Kinder durchzusetzen. Bis 1928 wurden immer wieder Anfragen getätigt, ohne dass ein Gesetzentwurf eingebracht wurde.

1929 wurde ein Gesetzentwurf eingebracht, der keine Mehrheit fand. Noch 1930 brachte die SPD Fraktion erneut eine Entschließung ein, die Reichsregierung zu zwingen, die Vorgaben der Weimarer Reichsverfassung umzusetzen.[34] Dazu kam es aber nicht mehr.

Gleichzeitig ist gesellschaftlich zu verzeichnen, dass die Arbeiterbewegung eine entscheidende Auswirkung auf die **Vielschichtigkeit gesellschaftlicher Lebensformen** hat. Sie bildete einen Gegenpol zum konservativ-bürgerlichen Verständnis des 19. Jahrhunderts. Die Sozial-

[32] S. v. S. 86.
[33] S. o. mit Verweis auf Verhandlungen Bd. 336, S. 372.
[34] Reichstagsprotokolle Bd. 449 Nr. 494.

politik mit wichtigen Schutzgesetzen entstand. Die Sozialpolitik befand sich in einem Dilemma. Auf der einen Seite sollte für alle Stände und Schichten der Gesellschaft möglichst das bürgerlich-patriarchale Grundverständnis aufrechterhalten bleiben. Danach war die Frau zuhause, der Mann ging seiner Erwerbstätigkeit außerhalb der Familie nach und war das Oberhaupt der Familie. Auf der anderen Seite war man auf die Frauen als Arbeiterinnen in der Industrie angewiesen.[35]

4. Die Nazizeit

In der NS-Zeit nun liegt wieder ein völlig anderes Verständnis von Familie vor. Die Familie wird auf der einen Seite idealisiert, auf der anderen Seite ist das Ziel der Familie lediglich die Produktion von Nachkommen. Die Nachkommen indes sollen aber nur nach dem Idealbild des Staates erzogen werden, und im Ergebnis so dem Erziehungsbereich der Familie wiederum entzogen werden. Das geschieht in organisierter Form. Mit dem Gesetz zum Schutz des Deutschen Blutes von 1935 wurde der Grundstein gelegt, im Sinne der Ideologie dafür zu sorgen, „gemischtrassige“ Ehen wegen der Gefahr der daraus entstehenden Kinder, die bereits jetzt als minderwertig bezeichnet wurden, zu verhindern. Damit einher ging natürlich ein entscheidender Eingriff des Staates in den Kernbereich von Elternschaft. Das Familienrecht sollte, wie in der Weimarer Republik bereits begonnen, umfassend reformiert werden. Es wurde ein Ausschuss in der Akademie für Deutsches Recht bereits im Jahr 1933 eingesetzt, der Vorschläge für ein vollständig neues Familienrecht erarbeiten sollte und seinen Entwurf 1938 vorlegte. In ersten Entwürfen war eine revolutionäre Verbesserung der Rechtsstellung des nichtehelichen Kindes vorgesehen. Dann, wenn die Vaterschaft festgestellt war, sollte das nichteheliche Kind zum Vater und dessen Familie die Stellung eines Verwandten haben. Dem Vater sollte auch das Sorgerecht für das Kind zustehen, das Recht zur Personensorge allerdings der Mutter.[36] Der Entwurf des Reichsjustizministeriums sah auch die Möglichkeit des Sorgerechtes für den Vater vor, wenn er das Kind in seinen Haushalt aufgenommen hatte[37].

Eine solch weit reichende Verbesserung konnte sich allerdings nicht durchsetzen.

Ende 1937 lag dem Reichsministerium der **neuer Entwurf eines Nichtehelichengesetzes** vor. Danach hatte das Vormundschaftsgericht

---

[35] Hausen, Karin, Frauen in der Geschichte des Rechts, Arbeiterinnenschutz, Mutterschutz und gesetzliche Krankenversicherung im deutschen Kaiserreich und in der Weimarer Republik. S. 717.

[36] Schubert, Akademie für Deutsches Recht, Protokolle der Ausschüsse 1933 – 1945 Band 1, S. 19.

[37] teilweise bei Schubert in FamRZ 1984, 1 ff.

die Vaterschaft des Erzeugers festzustellen. Das Kind stand unter **Amtsvormundschaft.** Das Vormundschaftsgericht konnte der Mutter das Sorgerecht für das Kind übertragen, wenn dies dem Wohl des Kindes diente. Der Vater hatte ein Mitbestimmungsrecht bei Erziehung und Ausbildungsfragen grundsätzlicher Art.

Der Entwurf wurde 1940 von Hitler zurückgewiesen, da er in seinen Augen die Rechtsstellung der unehelichen Mutter und des Kindes nicht weit reichend genug verbesserte.[38]. Hitlers Vater Alois Schicklgruber war als uneheliches Kind geboren worden, der erst später durch Eheschließung seiner Mutter mit dem Vater und der Erklärung des Bruders des Vaters, dass sein zu diesem Zeitpunkt schon verstorbener Bruder der Vater von Alois gewesen sei, legitimiert wurde[39]. Zur weiteren Diskussion kam es nicht mehr, da der Krieg alle Kapazitäten bündelte.

5. Das Bonner Grundgesetz

Art. 6 Abs. 5 GG übernahm mit der Formulierung: *„Den unehelichen Kindern sind durch die Gesetzgebung die gleichen Bedingungen für ihre leibliche und seelische Entwicklung und ihre Stellung in der Gesellschaft zu schaffen wie den ehelichen Kindern."* auch die grundsätzliche Auffassung der Weimarer Reichsverfassung und die Aufgabe, dieses Grundrecht im einfachen Recht zu verwirklichen.

Art. 6 Abs. 1 GG dagegen unterscheidet sich insoweit von der Weimarer Reichsverfassung, als er nur noch ausführt, dass Ehe und Familie unter dem besonderen Schutz der staatlichen Ordnung stehen. Die Zweckbestimmung, die noch in der WRV enthalten war, ist im Grundgesetz ausdrücklich ausgenommen, das Leitbild der Familie entsprach aber genau dem in der Weimarer Reichsverfassung.

Die nächsten 20 Jahre blieb das Recht der nichtehelichen Kinder weiter in der Fassung des BGB von 1900 bestehen. Das bedeutet, dass bis zu diesem Zeitpunkt eine Verwandtschaft des Kindes mit seinem Vater nicht bestand und dass das Kind unter Amtsvormundschaft stand. Auch die Mutter hatte demnach kein Sorgerecht.

Auch in der Folgezeit scheiterten alle Versuche des Gesetzgebers, eine verfassungskonforme Regelung zu finden. Es war insgesamt im Familienrecht keine Zeit für Veränderungen. Der Deutsche Juristentag im Jahre 1950 verlangte eine Umsetzung des Gleichheitsgrundsatzes von Mann und Frau.[40] In der Rückbesinnung auf konservative Traditionen und insbesondere durch Rückgriffe auf die christliche Theologie wurden Begründungen gesucht, Ungleichbehandlungen im Familien-

---

[38] S. o. S. 28.

[39] Zdral, Die Hitlers. Die unbekannte Familie des Führers. S. 19.

[40] Verhandlungen des 38. Deutschen Juristentages 1950, Tübingen 1951, S.B. 101f.

recht als gottgegeben und Fortschreibung jahrhundertealter Traditionen zu begründen.[41]

Dabei darf nicht verkannt werden, dass auch zu dieser Zeit allgemein immer noch davon ausgegangen wurde, dass nichteheliche Kinder ohne Vater aufwachsen. Eine Rechtfertigung für die Ungleichhandlung war demnach, dass infolge schlechterer sozialer Bedingungen nichtehelicher Kinder einerseits ein höherer Aufwand für die Gesellschaft zu erwarten sei, andererseits die Kinder eines Schutzes bedürfen, um nicht für etwas bestraft zu werden, was sie nicht verursacht haben.[42]

In der juristischen Diskussion zeigt sich das grundsätzliche Verständnis, dass der Staat ein Interesse an Ordnung hat, die Unordnung zu vermeiden ist und als Ordnung für das Zusammenleben von Mann und Frau unverändert allein die Ehe angesehen wird.[43]

Anfang der Sechzigerjahre wurde immerhin ermöglicht, dass durch Entscheidung des Vormundschaftsgerichtes der Kindesmutter die elterliche Gewalt übertragen werden konnte (§ 1707 Abs. 2 BGB).

Ansonsten wurde rege die juristische und politische Diskussion fortgesetzt. Zwar bestand weitgehend Einigkeit darüber, dass das geltende Recht geändert werden müsse. Insbesondere die Regelungen zur elterlichen Gewalt, die immer noch bestehende Mehrverkehrseinrede und das Unterhaltsrecht sollten reformiert werden. Gemäß § 1708 BGB hatte ein uneheliches Kind gegenüber seinem Vater einen Unterhaltsanspruch nur bis zu seinem 18. Lebensjahr. Die Ansprüche der Mutter waren auf Unterhaltsansprüche für die Zeit von sechs Wochen nach der Geburt sowie auf Ersatz der Entbindungskosten beschränkt.

Im **Mai 1966** wurde ein **Referentenentwurf** der Bundesregierung diskutiert. Dieser sah unverändert vor, dass **dem Vater** als bloßen Erzeuger, der bislang noch keine personale Verantwortung für sein Kind bewiesen hat, **kein Elternrecht zusteht** und er deshalb auch nicht als Inhaber der elterlichen Gewalt in Betracht kommt[44]. Allerdings stützen tatsächlich soziologische Untersuchungen zu dieser Zeit noch die Erfahrung, dass das Kind nicht in einer Familie mit seiner Mutter und dem biologischen Vater aufwächst. Es sind nur 4,2 %. Dieselben Untersuchungen zeigen aber, dass die Begründung für eine soziale Unerwünschtheit unehelicher Kinder aufgrund der Tatsache, dass sie schlechtere gesellschaftliche Startbedingungen hätten, weil sie nicht in einer Familie aufwachsen, nicht zutreffend sind. 42 % der Kinder wachsen in einer ergänzten Fami-

---

[41] Detailliert Schwab, Gleichberechtigung und Familienrecht im 20. Jahrhundert, in „Frauen in der Geschichte des Rechts", S. 806 ff.

[42] Molinski S. 43, 56.

[43] Bosch in Molinski, S. 66 : „ Aus Unordnung, die die Beteiligten, d. h. die Eltern des unehelichen Kindes schufen, lässt sich nicht eine uneingeschränkt gute Ordnung entwickeln. „.

[44] Bosch in Molinski, S. 79.

lie auf. 18,4 % wachsen in einer Ersatzfamilie auf. Nur 2,3 % leben im Heim, 37,3 % leben alleine mit der Mutter.[45]

Nach 20 Jahren griff erstmals das **Bundesverfassungsgericht** ein. In einer Entscheidung vom 29. 1. 1969[46] verlangt das Bundesverfassungsgericht eine Umsetzung von Art. 6 Abs. 5 Grundgesetz bis zum Ende der laufenden Wahlperiode und ordnete zugleich an, dass das entgegenstehende Gesetz nicht mehr angewendet werden dürfe. Grundlage der Entscheidung, die eine Ohrfeige für den Gesetzgeber darstellte, war kein familienrechtliches Problem, sondern die Frage, ob eine Waisenrente, die das Kind nach dem Tod des unehelichen Vaters erhält, auf den Abfindungsanspruch anzurechnen ist, den der Erbe zur Abwendung des Erbersatzanspruchs (statt Pflichtteil) an das Kind zahlen kann.

Damit hätte der Gesetzgeber nur noch ein halbes Jahr Zeit gehabt, um eine verfassungsmäßige Regelung herbeizuführen, denn der 5. Bundestag war nur noch bis zum 28. 9. 1969 im Amt. Die Große Koalition unter Kanzler Kiesinger beriet und verabschiedete dann das Nichtehelichengesetz, welches zum 1. 7. 1970 in Kraft trat.

6. Das Nichtehelichengesetz von 1970

Das Nichtehelichengesetz stellte nunmehr nach mehr als 50 Jahren **verfassungsmäßigen Auftrages zur Gleichstellung der nichtehelichen Kinder** einen ersten ernstzunehmenden Schritt in diese Richtung dar. Es gab grundlegende Veränderungen, von einer wirklichen Gleichstellung war man aber noch meilenweit entfernt.

Die wichtigste Änderung im Sinne einer Reaktion auf gesellschaftliche Änderungen und zur Beseitigung der Diskriminierung in den Köpfen war die Tatsache, dass das **Kind und sein Vater** nunmehr sowohl **biologisch als auch rechtlich miteinander verwandt** waren (§ 1589 BGB). Zu diesem Punkt hatte es auch keine Einwendungen seitens der Kirche gegeben, denn nach kanonischem Recht gehörte das nichteheliche Kind bereits zuvor zu den Verwandten des Vaters. Allerdings war auch dazu diskutiert worden, eine aliud–Verwandtschaft für nichteheliches Kind und Vater einzuführen. Dies wurde dann mit der leichter umzusetzenden Gesetzestechnik begründet[47]. Überfällig war weiterhin die Beseitigung der Mehrverkehrseinrede (exceptio plurium concubinatum), die seit der Novellierung des ALR 1854 für Unheil gesorgt hatte. Auch im **Erbrecht** gab es grundlegende Änderungen, die aber auch bei weitem keine Gleichstellung mit ehelichen Kindern herbeiführten. Im Gegenteil, die Tatsache, dass nichteheliche Kinder mit Erben erster Ordnung und dem Ehegatten des Erblassers nicht in einer Erbengemein-

[45] Schadendorf, Uneheliche Kinder, S. 20.
[46] BVerfG NJW 1969, 597.
[47] Bosch in Molinski, S. 76.

schaft zusammengefasst werden sollten, sondern auf den **Erbersatzanspruch,** einen dem Pflichtteilsanspruch ähnlichen, schuldrechtlichen Anspruch gegen die Erbengemeinschaft, verwiesen wurden, haftete noch die politische Vorstellung von unehelichen Kindern als denjenigen, die die Familie gefährden, an. Ein gewisser Vorteil für die unehelichen Kinder war die Tatsache, dass sie den Anspruch im Rahmen des vorzeitigen Erbausgleichs bereits zu Lebzeiten des Vaters verlangen konnten.

Im Sorgerecht gab es ein Novum, die Amtsvormundschaft wurde abgeschafft und durch die **Amtspflegschaft** ersetzt. Das Sorgerecht für das uneheliche Kind stand nunmehr gemäß § 1705 BGB der Mutter zu. Eine Möglichkeit, die gemeinsame Sorge für die Eltern zu schaffen, bestand nicht.

Die Amtspflegschaft gemäß § 1706 BGB trat ein für die Feststellung der Vaterschaft, die Geltendmachung von Unterhaltsansprüchen sowie für die erbrechtlichen Ansprüche des unehelichen Kindes. Das Vormundschaftsgericht konnte auf Antrag der Mutter die Amtspflegschaft aufheben oder den Wirkungskreis des Amtspflegers beschränken, wenn dies dem Wohl des Kindes nicht widersprach. Dabei lag ein Widerspruch gegen die Interessen des Kindes schon dann vor, wenn die Mutter den Namen des Vaters nicht nennen wollte.[48] Die Begründung dafür, dass die Amtspflegschaft unverändert das Sorgerecht der Mutter in entscheidenden Bereichen einschränkt, zeigt die noch überkommene Vorstellung des Gesetzgebers. Die Begründung des Gesetzes meint zwar, es sei ein Anliegen des Gesetzgebers, eine zu starke Beschränkung der Rechte der nichtehelichen Mutter zu vermeiden, weil dies geeignet sei, sie und ihr Kind in der öffentlichen Meinung herabzuwürdigen. In Bezug auf die Amtspflegschaft ist ausgeführt, der Schutz des Kindes gebiete, ihm die besonderen Erfahrungen des Jugendamtes auf den in § 1706 BGB genannten Gebieten weiterhin zugute kommen zu lassen, zumal sich die Mutter oft in einer schwierigen, wenn nicht verzweifelten Lage befinde.[49] Ihrem Antrag auf Aufhebung der Amtspflegschaft solle nicht erst dann stattgegeben werden, wenn erwiesen sei, dass sie die elterliche Sorge uneingeschränkt auszuüben im Stande sei, sondern

[48] BGH NJW 1981, 381 Die Entscheidung setzt sich mit der Argumentation für und wider Amtspflegschaft auseinander. Begründung dafür, nicht aufzuheben, wenn die Mutter den Namen des Vaters verschweigt, sind in erster Linie die wirtschaftlichen Interessen des Kindes aber auch das Recht auf Kenntnis der biologischen Abstammung. Die Tatsache, dass das Jugendamt überhaupt nichts machen kann, wenn die Mutter den Namen nicht nennt, wird diskutiert, aber nicht weiter verhandelt. Im Ergebnis wird also der Mutter das Recht abgesprochen, im Interesse ihres Kindes zu handeln, wenn sie den Namen des Vaters verschweigt.

[49] BT-Drucks. V/2370, 62 f.

der Antrag dürfe nur abgelehnt werden, wenn bestimmte Tatsachen dagegen sprächen.

Der uneheliche Vater konnte erstmals das Sorgerecht für das Kind erhalten, aber nur durch Ehelichkeitserklärung oder wenn der Mutter die elterliche Gewalt entzogen wurde.

Die **Beschränkung des Sorgerechtes der nichtehelichen Mutter** wurde in der Folgezeit verfassungsrechtlich geprüft. Das OLG Bremen war der Auffassung, die verfassungsrechtlich gebotene Rechtfertigung der Ungleichbehandlung sei gegeben und zwar, da auf diese Weise den nichtehelichen Müttern in für sie schwierigen Situationen „die besonderen Fachkenntnisse, die großen Erfahrungen und die Geschäftsgewandtheit des Jugendamtes" zur Verfügung gestellt werden, die den nichtehelichen Kindern zu Gute kommen. Für den Fall, dass Mütter nichtehelicher Kinder in der Lage sind, selbst zum Wohle ihrer Kinder alle Angelegenheiten zu regeln, könne das Vormundschaftsgericht auf Antrag anordnen, dass die Pflegschaft nicht eintritt. Das Gericht führt aus, dass die gesetzliche Regelung den Interessen der nichtehelichen Kinder voll Rechnung trage, ohne deren Mütter zu beeinträchtigen, da die Regelfälle sachgerecht geregelt sind und im Einzelfalle eine dem Wohl des nichtehelichen Kindes Rechnung tragende anderweitige Regelung vorgesehen ist, die der nichtehelichen Mutter die uneingeschränkte elterliche Gewalt gibt, wenn sie hierauf anträgt. Dazu kommt, dass eine völlige Gleichstellung der rechtlichen Stellung der nichtehelichen und der ehelichen Mütter, die jedoch im Verfassungsauftrag nicht im Vordergrund stehe, ohnehin nicht möglich sei, da die eheliche Mutter die elterliche Gewalt gemeinsam mit dem Vater ausüben müsse, sie andererseits auch die Unterstützung des Vaters bei dieser Ausübung der elterlichen Gewalt hat und die in § 1706 aufgeführten Angelegenheiten bei ehelichen Kindern in der Regel nicht problematisch sind.[50] Es wurde also die unterschiedlichen Konzeption des Gesetzes als Begründung für die Ungleichbehandlung hergenommen, verfassungsrechtliche Bedenken gegen die Gesamtkonzeption des Nichtehelichenrechtes bestanden noch nicht.

Dem folgt auch die Entscheidung des Bundesverfassungsgerichts vom 24. 3. 1981[51], in welcher die Regelung des § 1705, und damit die Entscheidung des Gesetzgebers, den Vater von der elterlichen Sorge auszuschließen, für verfassungsgemäß erklärt wurde. In der Begründung heißt es, Art. 6 Abs. 2 GG gehe von dem Regelfall aus, dass Vater und Mutter des Kindes in ehelicher Familiengemeinschaft zusammen leben, und das Kind gemeinsam pflegen und erziehen. Ist dies nicht der Fall, so ist eine andere Beurteilung gerechtfertigt. Ein Zusammenleben zwi-

---

[50] OLG Bremen FamRZ 1977, 149.

[51] BVerfG NJW 1982, 983.

schen dem Vater und dem nichtehelichen Kind sei dagegen als durch Art. 6 Abs. 1 GG geschützte Gemeinschaft anzusehen. Die Unterscheidung zwischen einer Familie, in welcher die Eltern durch eine Ehe verbunden sind, und einer Familie, in welcher die Eltern als nichteheliche Lebensgemeinschaft zusammen leben, rechtfertigt das Bundesverfassungsgericht damit, dass die Eltern sich aus welchen Gründen auch immer gegen eine Ehe entschieden haben. Für die Beendigung einer Ehe ist die Mitwirkung des Staates erforderlich, da die Eltern sich entschieden haben, in der gesetzlich geordneten Form zusammenzuleben. Dies beinhaltet auch Schutzvorschriften zugunsten des Kindes, zum Beispiel die Härteklausel des § 1568, nach welcher die Ehe fortzusetzen ist, wenn die Belange eines gemeinsamen Kindes es erfordern. Diesen Schutz habe das nichteheliche Kind nicht, die Beziehung der Eltern könne ohne jegliche Einschränkung sofort beendet werden.

Diese Entscheidung blieb nicht ohne Kritik.[52] Dabei wurde in der Kritik insbesondere auch ein möglicher Verstoß gegen Art. 8 EMRK und ein Vergleich mit anderen europäischen Ländern, die schon längst andere weniger diskriminierende Regelungen vorsahen, angeführt.[53]

7. Gesetz zur Neuregelung der elterlichen Sorge vom 18. 7. 1979

Zum 1. 1. 1980 trat das Gesetz zur Neuregelung der elterlichen Sorge vom 18. 7. 1979 in Kraft.[54] Dieses Gesetz beinhaltete zunächst wieder einmal eine sprachliche Neuerung, eine diesmal aber sinnvolle Neuformulierung gesetzlicher Begriffe. Mit diesem Gesetz wurde der Begriff der elterlichen Gewalt abgeschafft und durch das Recht der elterlichen Sorge ersetzt. Die Mutter und der Vater hatten das Sorgerecht für das Kind gemeinsam.

§ 1671 BGB regelte nunmehr, dass nach Trennung und Scheidung der Eltern das Sorgerecht für ein Kind, welches unter gemeinsamer elterliche Sorge steht, dem Elternteil allein zu übertragen ist, der unter Kindeswohlgesichtspunkten geeigneter erscheint.

Diese gesetzliche Regelung stand schon bald in der Kritik des Bundesverfassungsgerichtes. Durch Urteil vom 3. 11. 1981 erklärte das Bundesverfassungsgericht die Regelung des Abs. 4, wonach auch ein gemeinsames Sorgerecht bei Einverständnis der Eltern nicht möglich ist, für verfassungswidrig.[55] Insoweit wurde ein Verstoß gegen Art. 6 Abs. 2 S. 1 Grundgesetz angenommen, da es eines Eingriffes durch den Staat in den Fällen, in denen die Eltern gewillt sind, die gemeinsame Verantwortung für ihr Kind nach der Ehescheidung weiter zu tragen, nicht bedarf.

---

[52] Brötel NJW 1991, 3119; Schwaiger EuGRZ 1982, 1.
[53] Mockenhaupt ZblJugR 1981, 337.
[54] BGBl. 1979 I 1061.
[55] BVerfG, BVerfGE 56, 363; NJW 1981, 1201.

An der Regelung für nichteheliche Kinder wurde nichts geändert, § 1705 BGB blieb bis auf die sprachliche Änderung unverändert. Das Bundesverfassungsgericht befasste sich in der Entscheidung, in welcher die Regelung für eheliche Kinder für verfassungswidrig gehalten wurde, auch mit dem Sorgerecht für nichteheliche Kinder. Es hielt an seiner Auffassung fest, dass die **Ungleichbehandlung nichtehelicher und ehelicher Kinder** gerechtfertigt sei, mit der Begründung, die Eltern würden sich bewusst gegen die Ehe entscheiden. Eine weitere Begründung, insbesondere was die Entscheidung für oder gegen die Ehe mit dem Sorgerecht für Kinder zu tun hat, wird in dieser Entscheidung nicht gegeben. Das Gericht erklärt ausdrücklich, der Gesetzgeber sei jedenfalls nicht von verfassungswegen gehalten, eine Regelung zu schaffen, die die Möglichkeit eines gemeinsamen Sorgerechts für nichteheliche Eltern eröffnet.

Die Realisierung der Änderung der gesellschaftlichen Realität betreffend nichteheliche Kinder war in der Folgezeit in der Rechtsprechung des Bundesverfassungsgerichtes noch nicht durchgreifend zu spüren.

Im Jahr 1988 führte das Bundesverfassungsgericht in der Entscheidung betreffend das Recht des nichtehelichen Kindes auf Kenntnis seiner Abstammung aus: Das nichteheliche Kind aber soll so wenig wie möglich unter dem Verhalten seiner Eltern und einer daraus erwachsenden gesellschaftlichen Diskriminierung leiden; es soll als Wesen mit eigener Menschenwürde und mit eigenem Recht auf Entfaltung seiner Persönlichkeit möglichst die gleichen Chancen für seine Entwicklung und für seine Stellung in der Gesellschaft erhalten wie ein eheliches Kind[56]. Es übernahm dabei wortgleich die Gründe einer Entscheidung aus dem Jahr 1966[57]. Damit ist inzidenter immer noch ein Unwerturteil betreffend der nichtehelichen Eltern gefällt, schlicht weil sie ein nichteheliches Kind haben.

Diese Auffassung revidierte das Bundesverfassungsgericht zumindest teilweise im Jahr 1991 in seiner Entscheidung zu § 1738 BGB.

§ 1738 BGB bestimmte, dass mit der Ehelicherklärung durch den Vater die Mutter das Recht und die Pflicht verliert, die elterliche Sorge auszuüben. Nach Abs. 2 bestand die Möglichkeit, dass das Vormundschaftsgericht der Mutter die elterliche Sorge übertragen kann, wenn die elterliche Sorge des Vaters endigt oder ruht oder wenn dem Vater die Sorge für die Person des Kindes entzogen ist. Die Möglichkeit der Ausübung der gemeinsamen Sorge bestand nicht. Diese Vorschrift wurde durch das Urteil vom 7. 5. 1991 für **verfassungswidrig** erklärt.[58] Im Wesentlichen wurde diese Entscheidung damit begründet, dass das Wächteramt des Staates gemäß Art. 6 GG dort endet, wo die Eltern be-

[56] BVerfG NJW 1988, 3010.

[57] BVerfGE 25, 167 (196).

[58] BVerfGE 84, 168 = NJW 1991, 1944.

reit sind, zum Wohle des Kindes gemeinsam Verantwortung zu übernehmen; so dass dann, wenn die Eltern nichtehelich mit dem Kind zusammenleben, keine Notwendigkeit für eine Unterscheidung des nichtehelichen Kindes vom ehelichen Kind gegeben ist .

Das Verfassungsgericht ging dabei davon aus, das eben die gemeinsame Sorge grundsätzlich am ehesten geeignet ist, dem Wohl des Kindes zu dienen. Von der bislang geäußerten Auffassung, die Eltern seien selbst schuld, weil sie sich bewusst gegen die Ehe entschieden haben und die damit verbundenen Regelungen nicht akzeptieren wollen, wurde bewusst abgewichen. Auch Eltern, die sich bewusst gegen die Ehe entscheiden, haben Anspruch auf die gesetzliche Gewährung von Elternrechten. Darüber hinaus wäre es mit der verfassungsrechtlichen Bedeutung des Elternrechts als treuhänderischem Recht nicht vereinbar, den Eltern die für die Wahrnehmung ihrer Elternverantwortung erforderlichen Rechte zu versagen, weil sie sich gegen eine Eheschließung entschieden haben; denn diese persönliche Entscheidung der Eltern darf sich nicht zu Lasten des Kindes auswirken.[59]

Diese Entscheidung war der Beginn einer Reihe von Entscheidungen, mit denen das Bundesverfassungsgericht geltende Regelungen im **Nichtehelichenrecht** für **verfassungswidrig** erklärte. 1986 wurde § 1934 c BGB, wonach nach dem Tode des Vaters ein Erbrecht des nichtehelichen Kindes nicht bestand, wenn die Vaterschaft nicht wahr, für verfassungswidrig erklärt[60]. Das Gericht erklärte die Vorschrift für nichtig.

Am 5.11.1991 forderte das Gericht die Gleichstellung nichtehelicher mit ehelichen Kindern auch bei der Ausgestaltung des Instanzenzuges für Unterhaltsklagen. Nichteheliche Kinder mussten ihre Unterhaltsansprüche vorher vor dem Vormundschaftsgericht durchsetzen. Der Instanzenzug war dementsprechend auf zwei Instanzen verkürzt. Über die Zulassung der Revision konnten eheliche Kinder stattdessen auch eine höchstrichterliche Klärung durch den Bundesgerichtshof bei Zweifelsfragen erreichen. Das Gericht erklärte die geltenden Regelungen noch für mit dem Grundgesetz vereinbar, forderte den Gesetzgeber aber auf, innerhalb angemessener Frist gleichgestellte Regelungen zu schaffen[61].

8. Nichteheliche Kinder in der DDR

In Art. 33 der Verfassung der DDR war klargestellt, dass außereheliche Geburt weder dem Kind noch seinen Eltern zum Nachteil gereichen darf. Diese Programmatik wurde schnell in den einfachen Gesetzen umgesetzt. § 1589 Abs. 1 BGB, wonach ein uneheliches Kind und sein Vater nicht verwandt waren, wurde sofort abgeschafft. Die Mutter er-

---

[59] BVerfGE 84, 168 = NJW 1991, 1944.
[60] BVerfGE 74, 33 (43).
[61] BVerfGE 85, 80 = NJW 1992, 1747.

hielt das Sorgerecht, eine Einschränkung durch eine Amtsvormundschaft oder eine Amtspflegschaft war nicht mehr gegeben[62].

Ein Erziehungsrecht des Vaters war aber nur gegeben, wenn die Mutter sich vom Kind trennen wollte, wenn die Mutter verstorben war oder wenn der Mutter die elterliche Sorge entzogen wurde (§ 46 Abs. 2 FGB a. F.). Insgesamt wurde bei der Förderung der Familie nicht darauf abgestellt, ob es sich um Kinder aus Ehen handelte, insbesondere Alleinerziehende sollten unterstützt werden, egal ob sie aufgrund Trennung und Scheidung oder nichtehelicher Elternschaft heraus allein erziehend waren[63]. Durch das Familienrechtsänderungsgesetz von 1990 wurde dann die Möglichkeit der gemeinsamen elterlichen Sorge und der Übertragung des Erziehungsrechtes auf den Vater eingeführt. Auch ein Umgangsrecht wurde konzipiert (§ 46 FGB).

9. Kindschaftsrechtsreformgesetz

Ein weiterer Meilenstein in der Gesetzgebung war das Kindschaftsrechtsreformgesetz, welches mit Inkrafttreten zum 1. 7. 1998 erstmals die Möglichkeit an nicht verheiratete Elternpaare gab, die **gemeinsame elterliche Sorge** zu erhalten.

§ 1626 a BGB sah vor, dass der Mutter die elterliche Sorge für das Kind ab Geburt allein zusteht. Die Amtspflegschaft wurde abgeschafft. Durch gemeinsame Erklärung können nunmehr erstmals die Eltern beim Jugendamt (oder Notar) erklären, dass sie die elterliche Sorge für das Kind gemeinsam ausüben wollen. Ab Sorgeerklärung bestand dann die gemeinsame Sorge, die sich weder inhaltlich noch in den Abänderungsmöglichkeiten von der gemeinsamen Sorge bei verheirateten Eltern unterscheiden sollte. Die Mutter muss die Sorgerklärung ebenfalls mit abgeben. Umgekehrt ist aber auch eine gemeinsame Sorge ohne Erklärung des Vaters nicht möglich. Ohne Zustimmung der Mutter hat der Vater keine Möglichkeit, die gemeinsame Sorge zu erhalten. Die Mutter kann eine Mitverpflichtung des Kindesvaters gegen seinen Willen ebenso wenig erreichen.

Grundsätzliche Bedenken gegen die Verfassungsmäßigkeit dieser Regelung bestanden in der herrschenden Meinung in der Literatur nicht[64]. Allerdings wurden auch schon Stimmen laut, dass es mit dem Elternrecht des Vaters nicht in Einklang zu bringen sei, wenn trotz Zusammenlebens und grundsätzlicher Übereinstimmung in allen wesentlichen Fragen dem Vater das Erreichen einer gemeinsamen elterlichen Sorge nicht möglich war, weil er weder eine Heirat oder die Abgabe überein-

[62] Grandtke, Verzicht auf die Nichtehelichkeit in Coester/Zubke, S. 15.

[63] Grandtke, S. 22, 23, die auch die Statistiken darstellt. Die Zahl der nichtehelichen Geburten lag leicht höher als in der BRD.

[64] Lipp, FamRZ 1998, 70; Diederichsen NJW 1998, 1983.

stimmender Willenserklärungen erzwingen kann[65]. Dabei wurden auch schon Modelle einer zukünftigen Regelung des gemeinsamen Sorgerecht diskutiert in der Art und Weise, dass auch bei nichtehelichen Kindern mit Geburt gemeinsame Sorge vorzusehen sei.[66]

Der Gesetzgeber entschied sich aber dafür, die **elterliche Sorge** für ein nichteheliches Kind mit der Geburt **automatisch der Mutter zuzuordnen** mit der Erwägung, eine erzwungene gemeinsame elterliche Sorge schade dem Kindeswohl mehr, als es ihm nutze. Dabei ging der Gesetzgeber außerdem davon aus, die Eltern würden die durch das Gesetz eingeführte Möglichkeit der Sorgeerklärung normalerweise auch nutzen.

Eine **Alleinsorge des Vaters** sah das Gesetz nur vor, wenn die Mutter zustimmte. Ansonsten blieb nur die Möglichkeit, bei Vorliegen einer Kindeswohlgefährdung nach § 1666 einen Entzug der elterlichen Sorge der Mutter und Übertragung auf den Vater zu erreichen. Darin wird der entscheidende Unterschied der Rechte zwischen ehelichen und nichtehelichen Kindern deutlich. Bei ehelichen Kindern entscheidet im Sorgerechtsstreit gemäß § 1672, welcher Elternteil zur Ausübung der elterlichen Sorge besser geeignet ist. Bei nichtehelichen Kindern kam der Vater überhaupt erst zum Zug, wenn positiv festgestellt war, dass der Verbleib der elterlichen Sorge bei der Mutter kindeswohlgefährdend ist.

Eine alleinige elterliche Sorge des Vaters konnte neben der Begründung nach Entzug des mütterlichen Sorgerechts gemäß § 1666 BGB auf unterschiedliche Art und Weise begründet werden. Wenn die Eltern gemeinsame elterliche Sorge hatten, konnte das Familiengericht dem Vater gemäß § 1671 die alleinige elterliche Sorge übertragen, es fanden die gleichen Regelungen Anwendung wie bei ehelichen Kindern.

Gemäß § 1672 BGB konnte das Familiengericht dem Vater die alleinige elterliche Sorge übertragen, wenn das Sorgerecht gemäß § 1626 a BGB der Mutter allein zustand, die Mutter dem zustimmte und die Übertragung des Sorgerechtes dem Kindeswohl diente Es lag also eine Unterscheidung zu den Kriterien des § 1671 BGB beim Wechsel von der gemeinsamen elterlichen Sorge vor[67]. Beim Wechsel der alleinigen elterlichen Sorge bei nichtehelichen Kindern wollte der Gesetzgeber, dass eine zusätzliche Kindeswohlprüfung stattfindet und der Wechsel des Sorgerechtes nur bei klaren Vorteilen für das Kind stattfindet. Allerdings sollte die Bereitschaft der Mutter bereits eine Indiz – Wirkung dafür haben, dass der Sorgerechtswechsel dem Wohl des Kindes dient[68].

---

[65] Händler, S. 36, Willutzki RPfleger 1997, 336; Finger FamRZ 2000, 1204.
[66] Finger FamRZ 2000, 1204.
[67] Weinreich/Klein-Ziegler, § 1672 Rn. 7.
[68] BT-Drucks. 13/4899, 101.

Gemäß § 1680 Abs. 2 S. 2 war die elterliche Sorge dem Vater zu übertragen, wenn die Mutter, der die elterliche Sorge nach § 1626 a BGB allein zustand, verstorben ist, und die Übertragung dem Wohl des Kindes dient.

Auch hier wurde eine graduelle Unterscheidung gegenüber den Eltern, bei welchem die elterliche Sorge einem Elternteil gemäß § 1671 oder § 1672 aufgrund gerichtlicher Entscheidung allein zustand, gemacht. Denn bei diesen war festgelegt, dass die Übertragung erfolgen muss, wenn sie dem Kindeswohl nicht widerspricht. Gleiches galt, wenn die elterliche Sorge entzogen wurde.

Im Zuge des Kindschaftsrechtsreformgesetzes wurde die Amtspflegschaft durch das freiwillige Instrument der **Beistandschaft** nach §§ 1712 ff BGB durch das Beistandschaftsgesetz vom 4. 12. 1997[69] ersetzt, welches die Eltern nur auf ihren Antrag bei Unterhalts – und Vaterschaftsfragen unterstützt.

In der sozialen Wirklichkeit hat jedenfalls die nichteheliche Mutterschaft ihre Stigmatisierung verloren. Das liegt letztendlich darin begründet, dass das im Wesentlichen benutzte Argument für die Unterscheidung, nämlich die schlechtere soziale Prognose nichtehelicher Kinder aufgrund schlechterer wirtschaftlicher Grundbedingungen seine Glaubwürdigkeit verloren hat. Angesichts erheblich angestiegener Ehescheidungen sind allein erziehende Mütter (und Väter) in großer Anzahl vorhanden. Ihre wirtschaftliche und soziale Wirklichkeit unterscheidet sich trotz rechtlicher Unterscheidung nur marginal. Dazu kommt, dass in den neuen Bundesländern die Anzahl nichtehelicher Eltern mit rund 30 % in den neunziger Jahren deutlich höher war, als in Westdeutschland.[70]

a) Entscheidung des BGH vom 4. 4. 2001. 2001 hatte sich der BGH in einer Rechtsbeschwerde konkret mit der Frage zu befassen, ob es mit dem Grundgesetz vereinbar ist, dass ohne die Zustimmung der Mutter eine gemeinsame Sorge nicht zu erreichen ist. Eine Auslegung der Vorschriften dahingehend, dass die Zustimmung der Mutter auch durch das Vormundschaftsgericht ersetzt werden könnte lehnte der BGH ausdrücklich ab. Er führte aus, dass es gerade dem Willen des Gesetzgebers entspräche, eine bewusst starke Stellung der Mutter des nichtehelichen Kindes zu konstruieren und eine Entziehung des Sorgerechtes nur unter den Voraussetzungen des § 1666 BGB hinzunehmen[71]. Die Unterscheidung zwischen ehelichen Kindern und nichtehelichen Kindern sei auch unter Berücksichtigung der Bewertung des

---

[69] BGBl. I 1846.

[70] Schneider/Bien; Nichteheliche Elternschaft. Formen, Entwicklung, rechtliche Situation, S. 5, in Kind ja, Ehe nein. Hrsg. v. Bien/Schneider.

[71] BGH NJW 2001, 2472.

Art. 6 Grundgesetz hinnehmbar, da sie sachlich begründet sei. Bei ehelichen Kindern sei durch die Eheschließung der Wille dokumentiert, gemeinsam für die Kinder dazu sein, an dieser Dokumentation fehle es bei den nichtehelichen Kindern. Der BGH führt zwar aus, dass die Zahl der nichtehelichen Lebensgemeinschaften in den vergangenen Jahren zugenommen habe, so dass nichteheliche Kinder zum Teil unter gleichen Lebensbedingungen aufwüchsen wie eheliche Kinder. Gleichwohl würden unverändert viele nichteheliche Kinder außerhalb von Beziehungen geboren. Das Gesetz müsse alle Einzelfälle regeln, einschließlich solcher, in denen die Kinder aus instabilen Beziehungen stammen. Auch einen Verstoß gegen Art. 6 Abs. 5 Grundgesetz sowie gegen Art. 8 EGMRK vermochte der BGH nicht zu erkennen.

Allerdings ist vom BGH in der Entscheidung bereits angesprochen worden, der Gesetzgeber möge seine Annahme, dass Mütter nichtehelicher Kinder, die in einer Beziehung zum Vater leben, in der Regel auch einer Sorgeerklärung zustimmen, überprüfen.

b) Entscheidung des Bundesverfassungsgerichts vom 29. 1. 2003. Zwei Jahre später, in einer Entscheidung vom 29. 1. 2003 bestätigte das Bundesverfassungsgericht diese grundsätzliche Linie. Es hielt unverändert die Regelung im § 1626 a BGB, für verfassungsgemäß. In den Leitsätzen wird ausgeführt, dass es dem Gestaltungsspielraum des Gesetzgebers entspricht, das Kind bei seiner Geburt sorgerechtlich grundsätzlich der Mutter zuzuordnen und weiterhin davon auszugehen, dass in Fällen, in denen die Eltern bereit sind, die Sorge gemeinsam zu tragen, sie auch eine Sorgeerklärung abgeben. Die nicht vorhandene Möglichkeit des Kindesvaters, auch gegen den Willen der Mutter eine gemeinsame Sorge durchzusetzen und die Unterschiedlichkeit bei den Anforderungen an eine elterliche Sorge des Vaters wurde unverändert für verfassungsgemäß gehalten. Das Kindeswohl verlange, dass das Kind ab seiner Geburt eine Person habe, die für das Kind rechtsverbindlich handeln kann. Angesichts der Unterschiedlichkeit der Lebensverhältnisse, in die nichteheliche Kinder hineingeboren werden, sei es verfassungsgemäß, das nichteheliche Kind bei seiner Geburt sorgerechtlich grundsätzlich der Mutter zuzuordnen[72]. Beanstandet wurde lediglich, dass es für Eltern, die sich vor Inkrafttreten des Kindschaftsrechtsreformgesetzes zum 1. 8. 1998 getrennt hatten, keine Übergangsregelung gab. Dazu wurde ausgeführt, dass es jedoch gegen das Elternrecht des Vaters eines nichtehelichen Kindes aus GG Art 6 Abs 2 verstoße, wenn er nur deshalb keinen Zugang zur gemeinsamen Sorge für sein Kind erhält, weil zum Zeitpunkt seines Zusammenlebens mit der Mutter und dem Kind keine Möglichkeit für ihn und die Mutter bestanden hat, eine gemeinsame Sorgetragung für das Kind zu begründen,

[72] BVerfGE 107, 150; NJW 2003, 955.

und nach der Trennung die Mutter zur Abgabe einer Sorgeerklärung nicht (mehr) bereit ist, obwohl die gemeinsame Sorge dem Kindeswohl entspricht. Dem Gesetzgeber wurde wegen der Bedeutung des Zeitablaufs gerade in kindschaftsrechtlichen Angelegenheiten dem Gesetzgeber für die ergänzende gesetzliche Neuregelung eine Frist bis zum 31. Dezember 2003 gesetzt.

Diese Vorgabe wurde durch die Einführung des Art. 224 § 2 EGBGB erfüllt. Geltend ab dem 31. 12. 2003 war für Eltern die sich vor dem 1. 7. 1998 getrennt haben, die Möglichkeit gegeben, die Sorgeerklärung des anderen Elternteils nach § 1626a BGB vom Familiengericht ersetzen zu lassen. Voraussetzung war, dass die nicht miteinander verheirateten Eltern längere Zeit in häuslicher Gemeinschaft gemeinsam die elterliche Verantwortung getragen haben. Das Gesetz gab eine Zweifelsregelung vor, längere Zeit wurde definiert als mindestens sechs Monate ohne Unterbrechung.

c) Entscheidung des Europäischen Gerichtshofs für Menschenrechte vom 3. 12. 2009. In der Folgezeit kam dem Europäischen Gerichtshof für Menschenrechte eine Bedeutung zu, wie sie zuvor das Bundesverfassungsgericht innehatte.[73]Bereits Anfang 2009 erklärte das Gericht, das die erbrechtliche Regelung für nichteheliche Kinder, die vor dem 1. 7. 1949 geboren wurden, nicht mehr zeitgemäß sei und stellte fest, dass die **rechtliche Ungleichbehandlung der nichtehelichen Kinder** gegen Art. 14 in Verbindung mit Art. 8 EMRK verstoße.[74] Der Fall, der im Jahr 2003 vom Bundesverfassungsgericht entschieden wurde, wies die Besonderheit auf, dass der Sachverhalt Berührung mit dem Recht der ehemaligen DDR hatte. Die Beschwerdeführerin hatte insbesondere gerügt, dass nach dem Recht der ehemaligen DDR nichteheliche Kinder und eheliche Kinder erbrechtlich völlig gleichgestellt waren. Dementsprechend sei es eine reine Zufälligkeit, bei der Bestimmung des geltenden Übergangsrechtes auf den Wohnsitz des Erblassers abzustellen. Das Bundesverfassungsgericht hatte die Ungleichbehandlung wie auch in den Entscheidungen aus dem Jahr 1976[75] und 1996[76] mit dem Vertrauensschutz des Erblassers begründet.

Der EGMR erklärte ausdrücklich, dass dieser Gesichtspunkt hinter dem Recht der nichtehelichen Kinder auf Gleichbehandlung zurückzutreten habe. Es rügte die Argumentation des Bundesverfassungsgerichtes, die auch im Verfahren von der Bundesregierung geteilt wurde, als nicht mehr zeitgemäß und die Entwicklung der deutschen Gesellschaft

---

[73] Vgl Stefan von Raumer AnwBl 2011, 195, Wozu braucht Deutschland einen EGMR – wenn es ein Bundesverfassungsgericht hat ?.

[74] EGMR FamRZ 2009, 1293.

[75] BVerfG NJW 1977, 1677.

[76] BVerfG v. 3. 7. 1996 – 1 BvR 563/96 = BeckRS 1996, 12504.

wie auch die anderer europäischer Gesellschaften als nicht genügend berücksichtigend.

Diese Argumentation ließ bereits vermuten, das auch bei anderen Entscheidungen, in welchen die Ungleichbehandlung nichtehelicher zu ehelichen Kindern zur Debatte stand, der EGMR eine Rolle spielen würde. So war es denn auch.

Auch beim Sorgerecht brachte der Europäische Gerichtshof für Menschenrechte in der Entscheidung vom 3.12.2009 (*Zaunegger vs Deutschland*) den Stein ins Rollen und das BVerfG seinerseits in Zugzwang, die gesetzlichen Regelungen nachzubessern. Der EGMR entschied, dass § 1626 a BGB mit der darin enthaltenen Regelung, dass Väter ohne Zustimmung der Mutter eine gemeinsame Sorge nicht erreichen können, gegen Art 14 i.V.m. Art 8 EMRK verstößt. Die Weigerung der Mutter muss gerichtlich überprüft werden können.[77]

d) Entscheidung des Bundesverfassungsgerichts vom 21.7.2010. Dem Bundesverfassungsgericht blieb letztendlich nichts anderes übrig, als dieser Argumentation zu folgen. Der zunächst letzte Fall, in welchem sich das Gericht mit dem Sorgerecht des nichtehelichen Vaters befassen musste, war Grundlage der Entscheidung vom 21.7.2010 – einem Beschluss, der erneut den Bundesgesetzgeber in die Verlegenheit brachte, sich zur Schaffung grundrechtsgemäßer Gesetze mahnen lassen zu müssen. Beschwerdeführer der Verfassungsbeschwerde war der Vater eines nichtehelichen Kindes. Als die alleinsorgeberechtigte Mutter mit dem Kind umziehen wollte, beantragte der Vater die Übertragung des Sorgerechts auf sich. Das Familiengericht wies die Anträge ab mit der Begründung, für die Anordnung der gemeinsamen elterlichen Sorge fehle es an einer gesetzlichen Grundlage und eine Übertragung der alleinigen elterlichen Sorge auf den Vater scheitere an der Erfüllung der Voraussetzungen des § 1666 BGB da der Wunsch des Kindes, beim Vaters zu leben, insoweit nicht ausreiche. Mit dieser Begründung befand sich das Familiengericht durchaus auf einer Linie mit den Instanzentscheidungen.

Das Bundesverfassungsgericht hat sowohl **§ 1626 a BGB** als auch **§ 1572 BGB** für **verfassungswidrig** erklärt. Es verstoße gegen das Elternrecht des Vaters aus Art. 6 II GG, wenn der Vater generell bei Weigerung der Mutter, ihm das gemeinsame Sorgerecht einzuräumen, vom gemeinsamen Sorgerecht ausgeschlossen sei. Des weiteren ist als Übergangsregelung zu § 1672 BGB postuliert, dass dem Vater das alleinige Sorgerecht zu übertragen ist, wenn eine gemeinsame Sorge nicht in Betracht kommt und zu erwarten ist, dass dies dem Kindeswohl am besten entspricht.

[77] EGMR NJW 2010, 501.

II. Umgangsrecht

1. Geschichte

Das Umgangsrecht ist im weitesten Sinne das Recht, Kontakt zum Kind aufnehmen zu können und zu halten. Kodifizierungen sind bereits aus dem Mittelalter bekannt. Im Bürgerlichen Recht findet sich eine Umgangsregelung für nichteheliche Väter erst seit dem Nichtehelichengesetz von 1970. § 1711 beinhaltete die Vorgabe, dass derjenige, dem die elterliche Gewalt für das Kind zusteht, bestimmt, in welchem Umfang der Vater zum Umgang mit dem Kind berechtigt ist. Der Vater war zum Umgang mit dem Kind nur dann berechtigt, wenn der Umgang dem Wohl des Kindes diente, und er musste dies nachweisen. Eine positive Feststellung war demnach erforderlich.

Das Umgangsrecht knüpfte dabei an die rechtliche Zuordnung des Kindes zum Vater an. Diese Regelung wurde 1981 vom Bundesverfassungsgericht für verfassungsgemäß erklärt.[78]

Umgangsberechtigt war überhaupt nur der Mann, dessen Vaterschaft wirksam festgestellt war. Weder die biologische Vaterschaft noch die soziale Verbindung des Kindes waren ausschlaggebend.

2. Gleichstellung durch das Kindschaftsrechtsreformgesetz

Hinsichtlich des Umgangsrechtes wurden eheliche und nichteheliche Kinder durch das Kindschaftsrechtsreformgesetz gleichgestellt. § 1711 BGB wurde aufgehoben. § 1684 BGB wurde eingefügt. Damit wurde erstmals ein subjektives Recht des Kindes auf Umgang konstituiert. Dies galt für eheliche wie für nichteheliche Kinder gleichermaßen.

Da dem Vater dagegen bei einer Eheschließung der Mutter eine Möglichkeit zur Anfechtung der Vaterschaft des Ehemannes und eine Feststellung der eigenen Vaterschaft nicht verblieb, war es auf diesem Wege möglich, dem biologischen Vater den Kontakt zum Kind vollständig abzuschneiden. Unabhängig von dieser radikalen Möglichkeit, die tatsächlich trotz Verlustes des Kindesunterhaltsanspruchs in Einzelfällen vorgekommen ist, blieb auch bei wirksamer rechtlicher Zuordnung des Kindes zu seinem biologischen Vater allein über die Argumentation im Umgangsstreit genügend Potential, Umgang zu erschweren oder zu verhindern.

3. Umgangsrecht des biologischen Vaters

In der bahnbrechenden Entscheidung des Bundesverfassungsgerichtes vom 9. 4. 2003[79] wurde erstmals der biologischen Vaterschaft eine ei-

---

[78] BVerfG NJW 1981, 1201.
[79] BVerfGE 108, 82 = NJW 2003, 2151.

genständige Rechtsposition zugestanden. Die Entscheidung betrifft zwei Rechtsverhältnisse. Zunächst führte das Gericht ein, dass Art. 6 Abs. 3 GG auch die Rechtsstellung als biologischer Vater schützt. Ihm sei daher die Möglichkeit zu geben, die Vaterschaft eines anderen anzufechten, wenn zwischen ihm und dem Kind eine sozial-familiäre Beziehung besteht.

Außerdem wurde festgestellt, dass es gegen Art. 6 Abs. 1 GG verstößt, den biologischen Vater von dem Umgangsrecht mit dem Kind auszuschließen, wenn das Umgangsrecht dem Wohl des Kindes dient. Der Gesetzgeber musste bis zum 30. 4. 2004 eine mit Art. 6 GG vereinbare Neuregelung finden.

Wenige Monate später entschied der europäische Gerichtshof für Menschenrechte, dass es eine Diskriminierung des nichtehelichen Vaters darstelle, wenn die Beweislast für ihn höher angesetzt sei als für geschiedene Väter nach § 1684 BGB, um zu erreichen, dass ein Umgangsrecht auch gegen den Willen der sorgeberechtigten Mutter durchgesetzt werden kann[80]. Der EuGMR stellte fest, dass § 1711 Abs. 2 GG in der Fassung vom 18. Juni 1979 (bereits durch Kindschaftrechtsreformgesetz zum 1. 1. 1998 aufgehoben) mit Art. 14 i.V mit Art. 8 EMRK nicht vereinbar sei.

4. Umgangsrecht enger Bezugspersonen, die sozio-familiäre Beziehung

Umgesetzt wurde dies durch § 1685 BGB in der Fassung vom 23. 4. 2004[81]. Das Umgangsrecht wurde in dieser Regelung nicht auf den biologischen Vater beschränkt, sondern es wurde für enge Bezugspersonen des Kindes ein Umgangsrecht festgelegt, wenn diese für das Kind tatsächlich Verantwortung tragen oder getragen haben und das Umgangsrecht dem Wohl des Kindes dient. Damit war weiterhin die positive Feststellung der Kindeswohldienlichkeit notwendig.

Schwerpunkt der Streitfragen in der Rechtsprechung war in der Folgezeit der Begriff der sozio-familiären Beziehung. Diese setzt voraus, dass der Vater zumindest eine Zeit lang tatsächlich Verantwortung für sein Kind getragen hat und daraus eine soziale Beziehung zwischen ihm und dem Kind entstanden ist[82]. Das wurde jedenfalls dann nicht angenommen, wenn der biologische Vater zu der Kindesmutter nur eine vorübergehende Beziehung hatte und zwischen ihm und dem Kind nur

---

[80] FPR 2004, 350.

[81] Gesetz zur Änderung der Vorschriften über die Anfechtung der Vaterschaft und das Umgangsrecht von Bezugspersonen des Kindes, zur Registrierung von Vorsorgeverfügungen und zur Einführung von Vordrucken für die Vergütung von Berufsbetreuern (BGBl I 598).

[82] BVerfGE 198, 82 (112).

sporadische und vereinzelte Kontakte stattgefunden hatte[83]. Die biologische Vaterschaft in Verbindung mit einer Sozio-familiären Beziehung eines ausländischen Vaters zu seinem deutschen Kind führt dann auch zu einem Abschiebehindernis, damit die Aufrechterhaltung des Umgangs, der dem Kindeswohl dient, gesichert ist[84]. Damit war die Durchsetzung eines Umgangsrechtes zwischen dem biologischen Vater mit seinem Kind in vielen Fällen erschwert, nämlich immer dann, wenn das Kind insbesondere mit dem Ehemann der Mutter, in der Regel seinem rechtlichen Vater, in häuslicher Gemeinschaft lebte[85]. Denn diesbezüglich wurde ausdrücklich festgestellt, dass Art. 6 Abs. 1 Grundgesetz weder die Bereitschaft des leiblichen Vaters schütze, Verantwortung tragen zu wollen noch dessen Wunsch, eine sozial-familiäre Beziehung entstehen zu lassen[86].

5. Anayo und Schneider – Der europäische Gerichtshof für Menschenrechte

Genau diese Argumentation wurde vom Europäischen Gerichtshof für Menschenrechte in der „Anayo"-Entscheidung vom 21. 12. 2010 als Verstoß gegen Art. 8 EMRK gewertet. Die Versagung des Umgangsrechtes des leiblichen Vaters könne nicht allgemein damit begründet werden, dass der intakten familiären Beziehung zwischen dem Kind und den rechtlichen Eltern der Vorrang gegenüber der Beziehung zu den biologischen Vater zukomme. Es müsse im Einzelfall geprüft werden, ob der Umgang mit dem leiblichen Vater dem Wohl des Kindes diene[87]. In der Entscheidung (*Schneider*) vom 15. 9. 2011 wertete der europäische Gerichtshof für Menschenrechte die Verweigerung des Umgangs-und Auskunftsrechtes des leiblichen Vaters wegen des Fehlens einer sozial-familiären Beziehung ebenfalls als Verstoß gegen Art. 8 EMRK[88]. Grundlage des Verfahrens war der Beschluss des BVerfG vom 20. 9. 2006.[89]

In zwei weiteren Entscheidungen vervollständigte der EGMR Anfang 2012 seine Rechtsprechung zu den Rechten des leiblichen, nicht festgestellten Vaters. Anders als beim Auskunfts – und Umgangsrecht wurde hinsichtlich der Anfechtung der Vaterschaft des rechtlichen Vaters bei Bestehen einer sozial-familiären Beziehung durch den leiblichen (*Ahrens/*

[83] OLG Düsseldorf FamRZ 2004, 290.
[84] VGH Mannheim NVwZ-RR, 2005, 209.
[85] z. B. OLG Celle, NJW 2005, 78; BVerfG FamRZ 2004, 1705; OLG Karlsruhe NJW 2007, 922.
[86] BVerfG FamRZ 2006, 1661.
[87] EGMR NJW 2011, 3565 mit zust. Anm. Rixe FamRZ 2011, 1363.
[88] EGMR FamRZ 2011, 1715.
[89] FamRZ 2006, 661.

Deutschland)[90] bzw. den mutmaßlich leiblichen (*Kautzor/Deutschland*)[91] Vater die Regelung des deutschen Rechtes für konventionskonform gehalten. Ein Verstoß gegen Art. 8 (Recht auf Achtung des Familienlebens und ein Verstoß gegen Art. 14 (Diskriminierungsverbot) sei nicht gegeben.

In beiden Fällen kam der Gerichtshof zu der Auffassung, dass die Entscheidungen der deutschen Gerichte, die Anträge der Beschwerdeführer auf Feststellung der rechtlichen Vaterschaft für ihr leibliches bzw. mutmaßlich leibliches Kind zurückzuweisen, keinen Eingriff in ihr Recht auf Achtung des Familienlebens im Sinne von Artikel 8 bedeuteten, da niemals eine enge persönliche Bindung zwischen den Beschwerdeführern und den Kindern bestanden hatte. Die hier vorliegenden Klagen hatten jedoch ein weitreichenderes Ziel, als in dem Verfahren Anajo: sie waren auf ihre vollständige Anerkennung als rechtlicher Vater des jeweiligen Kindes ausgerichtet und somit darauf, die Vaterschaft des existierenden rechtlichen Vaters anzufechten. Kautzor rügte darüber hinaus die mangelnde Möglichkeit, seine mutmaßliche Vaterschaft festzustellen, ohne den rechtlichen Status des Kindes anzufechten.

Der Gerichtshof führte eine **rechtsvergleichenden Untersuchung** durch und kam zu dem Ergebnis, dass mutmaßliche biologische Väter in einer Mehrheit der Mitgliedstaaten des Europarats die Möglichkeit haben, die – durch Vaterschaftsanerkennung festgestellte – Vaterschaft eines anderen Mannes anzufechten, selbst wenn der rechtliche Vater in einer sozial-familiären Beziehung mit dem Kind lebt. In einer signifikanten Minderheit von neun Mitgliedstaaten hingegen hat der mutmaßliche biologische Vater keine Möglichkeit, die Vaterschaft des rechtlichen Vaters anzufechten. Folglich besteht nach dem EGMR kein gefestigter Konsens und die Mitgliedstaaten verfügen daher über einen weiten Beurteilungsspielraum im Hinblick auf die Festlegung des rechtlichen Status eines Kindes in einer entsprechenden Situation. Zwar hatten die Beschwerdeführer Anspruch auf Schutz ihres Interesses an der Feststellung eines wesentlichen Gesichtspunktes ihres Privatlebens und an dessen rechtlicher Anerkennung. Die Entscheidungen der deutschen Gerichte hatten aber darauf abgezielt, dem Willen des Gesetzgebers zu entsprechen, einem bestehenden Familienverband zwischen dem betroffenen Kind und seinem rechtlichen Vater, der sich regelmäßig um das Kind kümmert, Vorrang einzuräumen gegenüber der Beziehung zwischen dem (angeblichen) leiblichen Vater und seinem Kind. Aus dem Urteil im Fall *Anayo gegen Deutschland* ließ sich ableiten, dass die Mitgliedstaaten nach Artikel 8 verpflichtet sind zu prüfen, ob es im Kindeswohlinteresse liegt, dem leiblichen Vater die Möglichkeit zu ge-

[90] EGMR, Urteil v. 22. 3. 2012, Beschwerdenummer 45071/09; FF 2012, 263.
[91] EGMR, Urteil v. 22. 3. 2012, Beschwerdenummer 23338/09; FF 2012, 263.

ben, eine Beziehung zu seinem Kind aufzubauen, etwa durch Gewährung des Umgangsrechts. Daraus folgt aber nicht notwendigerweise eine Verpflichtung der Mitgliedstaaten nach der Konvention, biologischen Vätern die Möglichkeit einzuräumen, den Status des rechtlichen Vaters anzufechten. Im Hinblick auf den Fall *Kautzor* stellte der Gerichtshof fest, dass keiner der 26 Mitgliedstaaten, die er in seiner rechtsvergleichenden Untersuchung berücksichtigt hatte, ein Verfahren vorsieht, um die biologische Vaterschaft festzustellen, ohne gleichzeitig die Vaterschaft des rechtlichen Vaters anzufechten. Die Entscheidung, die Möglichkeit einer solchen separaten Prüfung vorzusehen oder nicht, fiel folglich auch in den Beurteilungsspielraum des Staates.

Der Gerichtshof hält es insoweit für ausreichend, dem biologischen Vater die Möglichkeit zu geben, in einem Umgangsverfahren seine biologische Vaterschaft feststellen zu lassen.

B. Sorgerecht

I. Inhalt des Sorgerechts

Eine allgemein gültige Definition des Begriffes der elterlichen Sorge scheitert an dem unterschiedlichen Verständnis von Elternschaft und den Aufgaben der Elternschaft in der Gesellschaft, in den unterschiedlichen Professionen und Wissenschaftszweigen.

§ 1626 BGB enthält die Legaldefinition, die für die Rechtswissenschaft verbindliche Definition:

Die Eltern haben die Pflicht und das Recht, für das minderjährige Kind zu sorgen. Die elterliche Sorge umfasst die Sorge für die Person des Kindes (Personensorge) und das Vermögen des Kindes (Vermögenssorge).

Einen weiteren entscheidenden Gesichtpunkt liefert Art. 6 Abs. 2 Satz 1 GG. :Pflege und Erziehung der Kinder sind das natürliche Recht der Eltern und die zuvörderst ihnen obliegende Pflicht.

1. Personensorge

Gemäß § 1631 BGB umfasst die Personensorge insbesondere die Pflicht und das Recht, das Kind zu pflegen, zu erziehen, zu beaufsichtigen und seinen Aufenthalt zu bestimmen. Gleichzeitig regelt § 1631 die Grenzen der Erziehung. Kinder haben ein Recht auf gewaltfreie Erziehung. Körperliche Bestrafungen, seelische Verletzungen und andere entwürdigende Maßnahmen sind unzulässig.

Im Rahmen der Personensorge kommen faktische Handlungen und rechtsgeschäftliche Vertretung (§ 1629 BGB, gesetzliche Vertretung) zusammen[92]. Außerdem umfasst die Personensorge die Regelungen der §§ 1631 a, b, c und § 1632 BGB. Den Eltern eines verheirateten Minderjährigen steht die tatsächliche Personensorge nicht mehr zu (§ 1633). Sowohl die Vermögenssorge als auch die gesetzliche Vertretung in beiden Bereichen verbleibt bei den Eltern bzw. beim bisherigen Sorgerechtsinhaber[93]. Wenn die Ehe des Minderjährigen geschieden oder aus anderen Gründen beendet wird, lebt das umfassende Sorgerecht des bisherigen Sorgerechtsinhabers nicht mehr auf.

---

92 Löhnig,Gietl,Preisner Rn. 70.

93 Weinreich/Klein-Ziegler § 1633 Rn. 1.

a) Aufenthaltsbestimmung. Das Aufenthaltsbestimmungsrecht beinhaltet das Recht zur **Wahl des Wohnortes und der Wohnung.** Der Wohnsitz des Kindes wird bestimmt durch § 11 BGB. Danach teilt ein minderjähriges Kind den Wohnsitz seiner Eltern. Leben die Eltern voneinander getrennt und steht beiden Elternteilen das Personensorgerecht zu, dann hat das Kind einen doppelten Wohnsitz[94]. Wenn die Eltern sich dagegen einigen, dass ein Kind entweder beim Vater oder bei der Mutter bleiben solle, so begründen sie als gemeinsam Sorgeberechtigte einvernehmlich einen alleinigen Wohnsitz des Kindes bei dem Elternteil, bei welchem es sich in Zukunft schwerpunktmäßig aufhalten soll[95]. Eine gemeinsam getroffene Regelung der Eltern, bei wem das Kind leben soll, kann von einem Elternteil nicht allein gegen den Willen des anderen Elternteiles geändert werden. Das gilt sowohl für den Fall der Trennung als auch für Regelungen, die nach der Trennung getroffen werden. Wenn die Eltern sich nicht einigen, steht die Regelungsbefugnis nur dem Familiengericht zu[96].

b) Pflege und Erziehung. Pflege bedeutet die Versorgung des Kindes mit Lebensmitteln und Kleidung, sowie die Fürsorge für die Gesundheit[97]. Das Wort „erziehen“ geht auf ahd irziohan („herausziehen“) zurück und nimmt unter dem Vorbild des Wortes educare („großziehen“, „ernähren“, „erziehen“) bald die Lehnsbedeutung „jemandes Geist und Charakter bilden und seine Entwicklung fördern“ an[98].

Erziehung ist die Sorge für die geistige, sittliche und körperliche Entwicklung des Kindes[99]. Die Eltern sind verpflichtet, ihre Kinder so zu erziehen, dass diese später das Leben selbstständig und verantwortungsbewusst meistern können[100]. Dabei haben sie die wachsende Selbstständigkeit der Kinder zu berücksichtigen.

Aufgrund ihres Erziehungsprimates bestimmen die Eltern die Ziele und Ideale der Erziehung. Das Wächteramt des Staates beinhaltet keinen Anspruch des Kindes auf eine bestmögliche Erziehung. Die staatliche Berechtigung, in die Eltern-Kind-Beziehung einzugreifen, darf sich nicht an irgendwelchen gesellschaftspolitischen, religiösen oder sonstigen weltanschaulichen oder hochbürgerlichen Standards ausrichten[101].

---

[94] BGH NJWE-FER 1997, 136.
[95] BGH NJW-RR 1994, 322.
[96] Palandt/Götz § 1632 Rn. 6.
[97] Palandt/Götz § 1631 Rn. 4.
[98] Duden: das Herkunftswörterbuch: Etymologie der deutschen Sprache. 4. Auflage. 2007.
[99] MüKo-Huber § 1631 Rn. 2.
[100] Zimmer S. 86 mwN.
[101] OLG Köln NJW-RR 2011, 729.

c) Verbot entwürdigender Erziehungsmaßnahmen. Durch das Gesetz zur Ächtung der Gewalt in der Erziehung und zur Änderung des Kindesunterhaltsrechts vom 2.11. 2000 wurde mit Wirkung ab dem 1. 1. 2001 das **Verbot der körperlichen Züchtigung** sowie der entwürdigenden Erziehungsmaßnahmen in das BGB aufgenommen[102]. Sowohl in der rechtspolitischen Diskussion im Vorfeld der gesetzlichen Regelung als auch in der Literatur seit der Einführung ist der Begriff der gewaltfreien Erziehung streitig. Insbesondere geht es um die Angemessenheit der strafrechtlichen Reaktionsmöglichkeit wegen schon kleinerer Züchtigungen seitens der Eltern (Klaps auf den Po)[103]. Ein generelles Bestrafungsverbot ist in dem Züchtigungsverbot nicht zu sehen[104]. Vielmehr ist es notwendig, in der Öffentlichkeit ein Bewusstsein für das Prinzip der gewaltfreien Erziehung zu schaffen, gerade auch für Eltern mit Migrationshintergrund[105]. Dabei sind nicht nur Schläge mit der Hand oder mit Gegenständen als Gewalt zu werten, sondern zum Beispiel auch der Zwang des Kindes, sich mehrere Stunden neben den Sessel des Vaters zu stellen, ohne sich bewegen zu dürfen[106]. Alle körperlichen Eingriffe der Eltern gegenüber dem Kind, die die Schwelle zur Körperverletzung überschreiten, sind strafrechtlich relevant[107]. Dagegen dürfte das Verbringen eines Kindes zur Beruhigung in einen unverschlossenen Raum nicht als Verletzung des Rechtes auf gewaltfreie Erziehung zu sehen sein[108]. Unerheblich ist, ob die verbotene Handlung von dem Elternteil selbst vorgenommen wird, ob ein Dritter beauftragt wird oder ob die Handlung eines Dritten geduldet wird[109].

Soweit das Persönlichkeitsrecht des Kindes gewahrt bleibt, haben die Eltern die freie Entscheidung über die Wahl der Erziehungsmittel[110].

d) Aufsicht. Ein weiterer Teil des Sorgerechtes ist die Aufsichtspflicht. Das Maß der gebotenen Aufsicht richtet sich nach Eigenart und Charakter des Aufsichtsbedürftigen. Die Grenzen der erforderlichen und zumutbaren Maßnahmen richtet sich danach, was verständige Aufsichtspflichtige nach vernünftigen Anforderungen tun müssen, um Schädigungen Dritter abzuwenden[111]. Die Aufsichtsverpflichtung gilt sowohl gegenüber dem Kind, um von diesem Schaden abzuwenden,

---

102 BGBl. 2000 I, 1479.

103 BT-Drucks. 13/8511, S. 65.

104 Völker-Clausius Rn. 72.

105 Peschel-Gutzeit FPR 2012, 195-199.

106 LG Berlin ZKJ 2006, 103-106.

107 heftige Ohrfeige bei einem zwei Jahre und drei Monate alten Kleinkind führt zur Verwarnung AG Burgwedel, 10. 11. 2004 64 Ds 3643 Js 8475/04.

108 OLG Jena FamRZ 2005, 52.

109 Palandt/Götz § 1631 Rn. 5.

110 Völker-Clausius Rn. 72.

111 BGH NJW 1980, 1044.

als auch gegenüber Dritten, wo sie ihre Ausprägung in der Vorschrift des § 832 BGB findet.

Die Eltern sind verpflichtet, an das Kind altersabhängig allgemeine oder auch auf eine besondere Situation bezogenen Weisungen zu erteilen. Dann hängt es davon ab, ob das Kind generell auf Weisungen reagiert, ob die Belehrung des Kindes ausreicht, oder ob die Befolgung auch überwacht werden muss (Eigentum anderer Menschen achten, Vorsicht, Verkehrsregeln)[112].

Auch gegenüber fast volljährigen Jugendlichen besteht eine Aufsichtsverpflichtung. Allerdings ist diese auch begrenzt durch die Erwägung, neben dem Schutz Dritter und denjenigen des Kindes auch pädagogische Erwägungen zu berücksichtigen. Die Erziehung zu selbstständigen und verantwortungsbewusstem Handeln schließt eine zu weitgehende Reglementierung der Lebensführung älterer Kinder aus. Ein fast 18 jähriger Jugendlicher kann daher auch während der urlaubsbedingten Abwesenheit seiner Eltern alleine in der Familienwohnung bleiben. Das ist nur dann anders, wenn konkrete Umstände Anlass für besondere Maßnahmen ergeben haben. Wenn ein Kind noch nicht straffällig geworden ist, besteht kein Anlass zu der Befürchtung, es könne einen versuchten Mord begehen[113].

Durch den **Besuch von Kindergärten oder Schulen** wird die Aufsichtsverpflichtung der Eltern teilweise an die entsprechenden Institutionen **verlagert.** Bei der Ausübung der schulischen Aufsichtspflicht hat die Schule die familienrechtliche Ausgestaltung des Sorgerechtes und des Umgangsrechtes zu beachten[114]. Das gilt unabhängig davon, ob die Umgangsvereinbarung vollstreckbar ist oder nicht[115]. Bei Meinungsverschiedenheiten oder bei einem Elternstreit über den Umgang mit dem gemeinsamen Kind sind die unterschiedlichen Positionen notfalls im familienrechtlichen Verfahren zu klären, nicht in einem Rechtsstreit gegen die Schule[116].

Die Aufsichtsverpflichtung bleibt **höchstpersönliche Verpflichtung der Eltern,** auch wenn sich das Kind in der Schule befindet. Die Eltern können deshalb auch nur die Ausübung der Aufsichtspflicht an Dritte übertragen, nicht jedoch die Verpflichtung an sich. Die Aufsichtspflicht der Schule tritt lediglich für die Schulzeit und Schulveranstaltungen ne-

---

112 BGH NJW 2009, 1952 Ein Erfordernis, auch noch im Einzelfall speziellere Weisungen zu erteilen, etwa nicht mit Glasscherben zu kratzen, keine Steine zu werfen oder keine Äste zu werfen ist altersabhängig nicht mehr notwendig, weil man voraussetzen kann, dass ein Kind etwa im Alter von sieben Jahren in der Lage ist zu erkennen, dass das Werfen mit Steinen auf ein Auto diesem einen Schaden zufügt.

113 OLG Hamm OLGZ 1992, 95.

114 OVG Münster FamRZ 2010, 1681.

115 Palandt/Götz § 1684 Rn. 50.

116 OVG Münster, NJW 2008, 1755.

ben die Verpflichtung der Eltern. Die Aufsichtspflicht der Schule erstreckt sich nicht auf den Heimweg von der Schule nach Hause. Die Aufsichtsverpflichtung der Eltern besteht auch gegenüber der Schule. Wenn ein Kind während der Schulzeit oder während einer Schulveranstaltung erkrankt, dann sind die Eltern sowohl zivilrechtlich nach § 1631 Abs. 1 BGB als auch öffentlich-rechtlich gegenüber der Schule verpflichtet, das Kind in ihre Obhut zu nehmen. Die Aufsichtsverpflichtung der Schule endet aber erst dann, wenn die Eltern dieser Verpflichtung auch nachgekommen sind[117].

e) Herausgabeanspruch. Nach § 1632 Abs. 1 BGB umfasst die Personensorge das Recht, die Herausgabe des Kindes von jedem zu verlangen, der es den Eltern oder einem Elternteil widerrechtlich vorenthält. Inhaber ist derjenige Elternteil, dem das Aufenthaltsbestimmungsrecht zusteht. Auch Gegenstände, die zum persönlichen Gebrauch des Kindes bestimmt sind, müssen herausgegeben werden[118]. Bei gemeinsamer elterlicher Sorge steht den Eltern das Recht nur gemeinschaftlich zu. Wenn Gefahr im Verzug besteht, kann ein Elternteil Herausgabe an sich selbst verlangen. Widerspricht der andere Elternteil aber, dann wird der Antrag abgewiesen[119].

Widerrechtlich ist das Verhalten dann, wenn für die Zurückhaltung kein rechtfertigender Grund besteht und der Herausgabepflichtige aktiv verhindert, dass der Berechtigte die tatsächliche Obhut über das Kind erlangt[120]. Das bloße Gewähren von Unterkunft und Verpflegung reicht nicht aus[121]. Bei einem Herausgabeverlangens zweier sorgeberechtigter Elternteile zueinander hat eine Kindeswohlprüfung zu erfolgen, unabhängig davon, wem das Sorgerecht zusteht[122]. Neue, das Kindeswohl nachhaltig berührende Umstände, die eine Abänderung des Sorgerechtes erforderlich machen, sind zu berücksichtigen. Die Anordnung der Herausgabe eines Kindes dient zwar der Durchsetzung des Personensorgerechts, sie ist aber keine reine Vollstreckungsmaßnahme[123].

Das **Jugendamt,** welches ein Kind gemäß § 8 SGB VIII in Obhut nimmt, benötigt entweder die Zustimmung der Sorgeberechtigten oder muss bei Nichterteilung oder Widerruf sofort die Genehmigung des Familiengerichtes einholen. Denn die Wegnahme des Kindes aus seiner Familie steht wegen der Schwere des Eingriffs unter Richtervorbehalt. Außerdem ist eine bestehende Kindeswohlgefährdung Voraussetzung der Maßnahme, selbst wenn die Personensorgeberechtigten zustimmen.

---

[117] OVG Münster NVwZ-RR 2010, 643.
[118] Löhnig/Dietl/Preissner Rn. 71.
[119] BayOblG FamRZ 1984, 1144.
[120] Palandt/Götz § 1632 Rn. 4.
[121] Völker-Clausius § 4 Rn. 7.
[122] OLG Brandenburg FamRZ 2007, 1350.
[123] KG NJW 1970, 149; OLG Düsseldorf FamRZ 1974, 99.

Diese Zustimmung im übrigen erfordert eine eigene Willensbildung der Personenberechtigten, die nicht darin gesehen werden kann, dass das Kind letztlich widerstandslos unter Aufgabe des aktuellen Protestes an Jugendamtsmitarbeiter übergeben wird[124].

f) Umgangsbestimmungsrecht. Nach § 1632 BGB umfasst die Personensorge das Recht, den Umgang des Kindes auch mit Wirkung für und gegen Dritte zu bestimmen. Die Bedeutung des Umgangsbestimmungsrechtes kommt meist nur in negativer Form zur Geltung, nämlich dann, wenn die Eltern, oder ein Elternteil, den Umgang des Kindes mit einer anderen Person untersagen oder einschränken wollen. Steht der anderen Person ein Umgangsrecht nach §§ 1684, 1685 BGB zu, dann kann die Umgangseinschränkung nur nach Maßgabe dieser Vorschriften erfolgen.[125] Können die Eltern sich bei gemeinsamer Sorge nicht über die Ausübung des Umgangsbestimmungsrechtes einigen, so kann ein Elternteil die Übertragung des Bestimmungsrechtes auf sich gemäß § 1628 verlangen. Solche Regelungen kommen insbesondere bei Ausweitung eines Elternstreites auf sonstige Familienangehörige, wie etwa auf Eltern (Großeltern des Kindes) in Betracht. Maßstab der Überprüfung ist dann die Frage, ob das Umgangsrecht dem **Wohl des Kindes** dient.

Im Übrigen besteht Streit um ein Umgangsrecht mit dritten Personen oftmals daran, wenn die Eltern diesen Umgang für gefährlich oder unsachgemäß erachten. Bei der Abwägung haben die Eltern die Reife und Entwicklung des Kindes zu beachten. Das Selbstbestimmungsrecht des Kindes ist mit wachsendem Alter stärker zu berücksichtigen[126]. Wenn ein Dritter planvoll sich als Ersatzvater eines 14jährigen Mädchens zu etablieren versucht, dann kann die alleinsorgeberechtigte Mutter den Umgang mit dem Kind untersagen[127]. Sie müssen aber triftige Gründe dafür vorbringen[128].

Exkurs: Einschränkung des Umgangs bei Erwachsenen. Bedeutung hat die Vorschrift im Übrigen auch im Betreuungsrecht. Ein Betreuer, dem auch die Personensorge obliegt, ist gemäß §§ 1908 i Abs. 1 i.V. mit 1632 Abs. 2 und 3 BGB berechtigt, den Umgang des Betreuten zu regeln, wenn dieser dazu krankheits- oder behinderungsbedingt nicht mehr eigenverantwortlich in der Lage ist und er davor geschützt werden muss, sich selbst zu schädigen[129]. Die Bestellung eines Betreuers mit einem entsprechenden Aufgabenkreis ist aber im Gegensatz zu dem von

---

124 OLG Frankfurt NJOZ 2012, 1627.
125 Weinreich/Klein-Ziegler § 1632 Rn. 4.
126 Palandt/Götz § 1632 Rn. 23 ff.
127 AG Flensburg FamRZ 2012, 56.
128 Moritz, JA 1980, 310 abl. Anm zu OLG Frankfurt NJW 1979, 2052.
129 OLG Hamm FamRZ 2009, 810.

einem Erwachsenen autonom erklärten Wunsch, keinen Umgang mehr mit einer bestimmten Person haben zu wollen, ein staatlicher Hoheitsakt und kann daher einen Eingriff in den Grundrechtsbereich des Art. 6 GG darstellen,[130] der nur unter den oben genannten Abwägungsgesichtspunkten sachlich gerechtfertigt ist. Gleiches muss dann aber auch für die einzelne Maßnahme gelten, die der staatlich bestellte Betreuer auf der Grundlage der ihm überantworteten Personensorge vornimmt oder deren Vornahme er sich vom Gericht bestätigen lässt. Denn in der Regel beeinträchtigt erst die auf der Grundlage der generell übertragenen Personensorge getroffene Einzelfallmaßnahme die Eltern-Kind-Beziehung konkret. Deshalb steht dann dem betroffenen erwachsenen Kind auch ein Beschwerderecht zu.[131]

Das grundrechtlich geschützte Recht auf Begegnung von Eltern und erwachsenen Kindern unterliegt dann staatlichen Eingriffen, wenn dieses zum Schutz der Gesundheit der Betreuten erforderlich ist. Zum Schutz der Gesundheit des Betroffenen kann daher der Umgang eingeschränkt werden.

Der Betreuer hat sich dabei am Wohl und den Wünschen des Betreuten zu orientieren. Die Ausübung des Umgangsrechts hat der Betreuer daran auszurichten, dass jeder Eingriff strikt erforderlich ist. Im Rahmen seiner Entscheidung nach § 1632 Abs. 3 BGB hat das Vormundschaftsgericht die vom Betreuer getroffenen Maßnahmen auf deren Erforderlichkeit zu überprüfen. Gleiches gilt, wenn das Vormundschaftsgericht – wie hier geschehen – auf Antrag des Betreuers eine unter den Beteiligten streitige Maßnahme selbst anordnet[132].

g) Verbleibensanordnung. Einen besonderen Fall der Kindeswohlgefährdung regelt § 1632 Abs. 4 BGB. Wenn ein Kind seit längerer Zeit bei einer Pflegefamilie lebt, dann kann das Gericht auf Antrag oder von Amts wegen anordnen, dass das Kind bei der Pflegefamilie verbleibt, wenn die Eltern es entgegen dem Kindeswohl wieder zu sich nehmen wollen. Bei der Abwägung sind die grundrechtlich geschützten Positionen des Kindes, der Eltern und der Pflegefamilie abzuwägen. Wenn ein Kind bereits eine längere Zeit in seiner Pflegefamilie lebt, dann ist eine gewachsene Bindung zwischen ihm und den Pflegeeltern entstanden. Unter dieser Voraussetzung ist auch auch die bestehende Pflegefamilie durch Art. 6 Abs. 1 GG geschützt, so dass Art. 6 auch zu Gunsten der Pflegeeltern eingreift.[133] Nicht nur die Trennung, sondern auch die Aufrechterhaltung der Trennung des Kindes von seinen Eltern ist der stärkste vorstellbare Eingriff das Elternrecht. Dem allgemeinen

---

130 BayObLG NJOZ 2005, 959.
131 OLG Hamm FamRZ 2009, 810.
132 OLG Hamm aaO.
133 BVerfG NJW 1985, 39 (42); BVerfG NJW 2005, 268.

Persönlichkeitsrecht des Kindes aus Art. 2 Abs. 1 GG ist aber nur dann Rechnung getragen, wenn die Tragweite einer Trennung des Kindes von seiner Pflegefamilie – unter Berücksichtigung der Intensität entstandener Bindungen – einbezogen ist und die Erziehungsfähigkeit der Eltern auch im Hinblick auf ihre Eignung, die negativen Folgen einer eventuellen Traumatisierung des Kindes gering zu halten[134], gegeben ist. Es reicht aber nicht aus, dass es dem Kind bei seiner Pflegefamilie besser gehe, als bei seiner leiblichen Mutter. Einen Anspruch auf eine bestmögliche Erziehung hat ein Kind nicht[135]. Deshalb ist die Grenze für die Verbleibensanordnung auch die Gefährdung des Kindeswohls.

h) Ausbildung und Beruf. § 1631 bestimmt, dass die Eltern bei der Wahl von Ausbildung und Beruf des Kindes auf die Eignung und die Neigung des Kindes Rücksicht zu nehmen haben. Satz 2 konstatiert die Verpflichtung der Eltern, in Zweifelsfragen den Rat des Lehrers oder einer anderen Erziehungsgeeigneten einzuholen. Die Vorschrift hat seit der Kindschaftsrechtsreform nur noch die Bedeutung einer Weisung an die Eltern. Durch das Kindschaftsrechtsreformgesetz ist der Abs. 2, der eine gesonderte Eingriffsmöglichkeit des Gerichtes als lex specialis zu § 1666 BGB vorsah, aufgehoben worden. Ein Verstoß gegen die Verpflichtung, die Ausbildungswahl entsprechend der Wünsche und Neigungen des Kindes vorzunehmen, kann nunmehr nur noch über § 1666 BGB gelöst werden. Bedeutung hat die Regelung eher noch im Rahmen des Kindesunterhaltes. Berücksichtigen in die Eltern die Neigungen des Kindes bei der Ausbildungswahl nicht, so schulden sie dem Kind Unterhalt für eine zweite Ausbildung[136]. Wer seinem Kind aus einer geschiedenen Ehe zum Barunterhalt verpflichtet ist, muss die Entscheidung der alleinsorgeberechtigte Kindesmutter, die auf ein Gutachten gestützt ist, das Kind auf eine Privatschule zu schicken, hinnehmen. Er muss auch die Kosten für die Privatschule übernehmen.[137]

i) Freiheitsentziehende Unterbringung. Auch die Eltern benötigen für eine freiheitsentziehende Unterbringung des Kindes eine gerichtliche Genehmigung (1631 b BGB). Für die Genehmigung ist das Familiengericht zuständig. Lediglich bei Gefahr im Verzug ist eine Unterbringung ohne Genehmigung zulässig. Die Unterbringung ist zulässig, wenn sie zum Wohl des Kindes, insbesondere zur **Abwendung einer erheblichen Selbst – oder Fremdgefährdung** erforderlich ist und der Gefahr nicht auf andere Weise, auch nicht durch andere öffentlichen Hilfen begegnet werden kann. Betroffen von der Regelung sind im Wesentlichen die Unterbringung in einer geschlossenen Anstalt, einem geschlossenen

---

[134] OLG Karlsruhe FamRZ 2004, 722.

[135] OLG Frankfurt JAmt 2003, 39.

[136] BGH FamRZ 1991, 322; NJW-RR 1991, 194.

[137] OLG Koblenz FamRZ 2005, 1006; NJW-RR 2005, 88.

Heim oder in der geschlossenen Abteilung eines Krankenhauses. Nicht genehmigungspflichtig sind bloße Beschränkungen (Ausgangssperren, Stubenarrest) wie sie einem streng geführten Erziehungsinternat bestehen[138].

Die Unterbringung darf nicht stattfinden, wenn eine Kindeswohlgefährdung auch durch ambulante Hilfen, wie der Unterbringung in einer Jugendhilfeeinrichtung beseitigt werden kann[139].

Kontrovers wird diskutiert, ob die **Fixierung eines Kindes mittels mechanischer Hilfen,** wie durch Bauchgurt für bestimmte Zeiten, etwa für die Zeit des Einschlafens oder der Nacht als freiheitsentziehende Maßnahme der Genehmigung des Familiengerichtes gemäß § 1631b BGB bedarf. Teilweise wird dies bejaht und § 1906 Abs. 4 BGB analog angewandt, weil der Minderjährigenschutz nicht hinter dem Schutz eines volljährigen Betreuten zurückbleiben dürfe[140]. Der Begriff der Unterbringung sei in § 1631b BGB eng zu verstehen und umfasse lediglich die Verbringung eines Kindes in den nicht jedermann zugänglichen Bereich einer Einrichtung, den es nur mit Genehmigung Dritter verlassen kann, indem es ständiger Aufsicht unterliegt und eine Kontaktaufnahme nach außen auch gegen seinen Willen unterbunden werden kann. Außerdem wird daraus geschlossen, dass anders als in § 1906 Abs. 4 in § 1631 b BGB keine gesonderte Regelung für die Fixierung enthalten sei, im Übrigen der Unterbringungbegriff im Betreuungsrecht und im Kindschaftsrecht aber identisch sei, dass der Gesetzgeber sich bewusst gegen die Genehmigungspflicht einer Fixierung entschieden habe.[141]

Das Gericht genehmigt lediglich die Unterbringung. Die Entscheidung über die Unterbringung treffen die Sorgeberechtigten. Aus Satz 3 folgt, dass die Unterbringung nur so lange andauern darf, wie in das des Kindes sie erfordert. Das Gericht muss daher von Amts wegen seine Genehmigung in regelmäßigen Abständen überprüfen. Je länger die Unterbringung andauert, desto höhere Anforderungen sind an die Verhältnismäßigkeit zu stellen.[142]

j) Verbot der Sterilisation Minderjähriger. In § 1631 c BGB ist das Verbot der Sterilisation Minderjähriger geregelt. Diese ist ausnahmslos verboten. Weder die Eltern noch das Kind selbst können eine wirksame Einwilligung erteilen.

---

138 Palandt/Götz Rn. 3.

139 OLG Brandenburg FamRZ 2011, 489.

140 Palandt/Götz Rn. 3; Staudinger/Salgo Rn. 15.

141 OLG Oldenburg FamRZ 2012, 39, 42; Hamdam ZFE 2010, 414; DIJUF-Gutachten; JAmt 2010, 236.

142 OLG Saarbrücken FamRZ 2010, 1920.

2. Die Vermögenssorge

Die Vermögenssorge umfasst die Befugnis, das Vermögen des Minderjährigen zu verwalten und das Kind in den Angelegenheiten, die sein Vermögen betreffen, gesetzlich zu vertreten. Wie bei der Personensorge sind also tatsächliches und rechtsgeschäftliches Handeln bei der Ausübung erforderlich. Die Vermögenssorge umfasst alle rechtlichen und tatsächlichen Maßnahmen, die geeignet und erforderlich sind, um das Vermögen des Kindes zu erhalten, zu verwerten und zu vermehren. Das Gesetz enthält in den §§ 1641 bis 1664 konkrete Regelungen, was die Eltern bei der Verwaltung, der Anlage und der Verwendung des Kindesvermögens zu beachten haben.

Hinsichtlich des **Eigentumserwerbs eines Kindes** ist zu unterscheiden: Wenn die Eltern im Namen des Kindes handeln, so erwirbt das Kind bereits aufgrund der Vertretung gemäß §§ 164, 1629 BGB Eigentum. Dies gilt aber nicht, wenn die Eltern im eigenen Namen für Rechnung des Kindes handeln wegen § 164 Abs. 2 BGB. Für diesen Fall regelt § 1646 Abs. 1, dass das Kind kraft Gesetzes Eigentümer wird. Es handelt sich um eine Surrogation, die sowohl für bewegliche Gegenstände als auch wegen Abs. 2 für Rechte gilt.

a) Schenkungsverbot. Die Eltern können nicht in Vertretung des Kindes Schenkungen machen, es sei denn es handelt sich um Schenkungen, durch die einer sittlichen Verpflichtung oder einer auf den Anstand zu nehmenden Rücksicht entsprochen wird (§ 1641 BGB). Es handelt sich um ein umfassendes Verbot, weder können die Eltern Schenkungen machen, noch Schenkungen des Kindes genehmigen. Eine unter Verstoß gegen die Regeln vorgenommene Schenkung ist nichtig. Wenn eine Schenkung unter Berücksichtigung der materiellen und immateriellen Belange des Kindes in seinem Interesse liegt, kann unter Umständen eine erlaubte Schenkung im Sinne einer Pflicht-und Anstandsschenkung angenommen werden. Einer auf den Anstand zu nehmenden Rücksicht entspricht eine Schenkung dann, wenn und soweit sei den Anschauungen der in Betracht kommenden Gesellschaftskreisen Rechnung trägt, deren Missachtung eine Einbuße an Wertschätzung und Anerkennung dieser Kreise nach sich ziehen würde[143]. Darunter fallen auch Spenden an wohltätige Organisationen und Geldzuwendungen an die Eltern und die Schwester des Kindes[144].

b) Geldanlagen. Nach § 1642 BGB haben die Eltern das ihrer Verwaltung unterliegende Geld des Kindes nach den **Grundsätzen einer wirtschaftlichen Vermögensverwaltung** anzulegen, soweit es nicht zur Be-

143 Palandt/Götz § 1641 Rn2.

144 OLG München, Beschl. v. 20. 12. 1999, 16 UF 1616/99 = BeckRS 1999, 30981427 mit Anm. Leis, jurisPR-FamR 5/2004 Anm. 5.

streitung von Ausgaben bereitzuhalten ist. Die Eltern haben das Geld des Kindes gewinnbringend anzulegen und zwar so, wie es ein wirtschaftlich denkender Privatmann täte, der die konservativen Anlageformen bevorzugt[145]. Eine sinnvolle Streuung des Vermögens, abhängig von der Höhe desselben, ist sinnvoll. In Betracht kommen neben der Anlage in Sparguthaben, festverzinslichen Wertpapieren auch Immobilien, Bausparverträge, Lebensversicherungen und Aktien. Auch die Anlage in Sammelobjekte wie Antiquitäten, Briefmarken und Münzen kommt in Betracht[146]. Anlageziel ist, neben Rentabilität und Sicherheit, auch die Liquidität. Bei Spekulationsgeschäften dürfen Eltern nicht das gleiche Risiko eingehen, wie sie es mit dem eigenen Vermögen tun würden. Sie dürfen sich andererseits, vor allem bei größeren Vermögen, auch nicht mit der Mindestrendite von Sparguthaben mit gesetzlicher Kündigungsfrist zufrieden geben[147]. Gegebenenfalls müssen die Eltern sich fachkundig beraten lassen[148].

Der Anlagepflicht unterliegen solche Geldbeträge nicht, die zur Bestreitung von Ausgaben bereitzuhalten sind. Diese Regelung in § 1642 korrespondiert mit der Regelung im § 1649 Abs. 1, der bestimmt, welche Beträge von dem minderjährigen für seinen Unterhalt zu verwenden sind.

Bei Verstoß gegen die Anlageverpflichtung machen die Eltern sich schadensersatzpflichtig.

c) Vormundschaftsgerichtliche Genehmigungen. Ebenso wie ein Vormund oder Pfleger benötigen die Eltern für bestimmte Rechtsgeschäfte die Genehmigung des Vormundschaftsgerichtes. § 1643 verweist diesbezüglich auf bestimmte Regelungen des Vormundschaftrechtes. Allerdings sind die Genehmigungsverpflichtungen nicht so weit gehend, wie bei Pflegern oder Betreuern. Diesbezüglich geht das Gesetz davon aus, dass aufgrund der engen Verwandtschaftsverhältnisse das Schutzbedürfnis des Kindes geringer ist. In Bezug genommen sind **§ 1821 und § 1822 Nr. 1, 3, 5, 8 bis 11** und nach § 1643 Abs. 2 die Ausschlagung einer Erbschaft, eines Vermächtnisses und der Verzicht auf einen Pflichtteil. Genehmigungspflichtig sind danach:

- die Verfügung über ein Grundstück oder über ein Rechts an einem Grundstück; mit Ausnahme von Hypotheken, Grundschulden und Rentenschulden
- die Verfügung über eine Forderung, die auf Übertragung des Eigentums an einem Grundstück oder auf Begründung oder Übertragung eines Rechts an einem Grundstück oder auf Befreiung eines Grundstücks von einem solchen Recht gerichtet ist; mit Ausnahme von Hypotheken, Grundschulden und Rentenschulden

---

145 OLG Hamm FamRZ 1987, 751.

146 Weinreich/Klein/Ziegler § 1642 Rn. 1.

147 LG Kassel FamRZ 2003, 626.

148 MüKo/BGB/Huber § 1642 Rn. 6; juris-PK BGB-Schwer § 1642 Rn. 4.

- die Verfügung über ein eingetragenes Schiff oder Schiffsbauwerk oder über eine Forderung, die auf Übertragung des Eigentums an einem eingetragenen Schiff oder Schiffsbauwerk gerichtet ist;
- die Eingehung einer Verpflichtung zu einer der in den Nummern 1 bis 3 bezeichneten Verfügungen;
- Ein Vertrag, der auf den entgeltlichen Erwerb eines Grundstücks, eines eingetragenen Schiffes oder Schiffsbauwerks oder eines Rechts an einem Grundstück gerichtet ist.
- Ein Rechtsgeschäft, durch das der Mündel zu einer Verfügung über sein Vermögen im Ganzen oder über eine ihm angefallene Erbschaft oder über seinen künftigen gesetzlichen Erbteil oder seinen künftigen Pflichtteil verpflichtet wird, sowie zu einer Verfügung über den Anteil des Mündels an einer Erbschaft,
- Ein Vertrag, der auf den entgeltlichen Erwerb oder die Veräußerung eines Erwerbsgeschäfts gerichtet ist, sowie ein Gesellschaftsvertrag, der zum Betrieb eines Erwerbsgeschäfts eingegangen wird,
- ein Miet- oder Pachtvertrag oder ein anderer Vertrag, durch den der Mündel zu wiederkehrenden Leistungen verpflichtet wird, wenn das Vertragsverhältnis länger als ein Jahr nach dem Eintritt der Volljährigkeit des Mündels fortdauern soll,
- die Aufnahme von Geld auf den Kredit des Mündels,
- die Ausstellung einer Schuldverschreibung auf den Inhaber oder die Eingehung einer Verbindlichkeit aus einem Wechsel oder einem anderen Papier, das durch Indossament übertragen werden kann,
- die Übernahme einer fremden Verbindlichkeit, insbesondere die Eingehung einer Bürgschaft,
- die Erteilung einer Prokura und
- der Beginn eines Erwerbsgeschäftes im Namen des Kindes. Diese Genehmigung nach § 1645 beinhaltet nicht schon die ebenfalls gegebenenfalls notwendige Genehmigung nach §§ 1643, 1822 Nr. 3. Umgekehrt dagegen ist die Genehmigung enthalten.[149]

Die Entscheidung darüber, ob die Genehmigung zu erteilen ist, trifft das Familiengericht unter Beachtung der Elternrechte orientiert am Wohl des Kindes[150]. Der familiengerichtliche Genehmigungsvorbehalt ist eine Ausnahme vom Grundsatz der Elternautonomie. Die Genehmigung darf daher nur versagt werden, wenn das in Aussicht genommene Geschäft nach den im Zeitpunkt der Entscheidung zu beurteilenden Gesamtumständen, das sind alle möglichen Vor- und Nachteile, nicht dem Interesse des Kindes entspricht. Vorteile, Risiken, Erträge und Aufwendungen sind abzuwägen. Den Eltern verbleibt dabei eine Dispositionsbefugnis, die nur beschränkt zur Überprüfung des Familiengerichts

---

149 Staudinger/Engler § 1645 Rn. 4.

150 BGH FamRZ 1986, 970; nach früher geltendem Recht war das Vormundschaftsgericht zuständig.

steht. Nicht jedes Risiko soll von dem unter elterlicher Sorge stehenden Kind ferngehalten werden[151].

Die Genehmigungsverpflichtungen werden weiterhin abgesichert durch § 1644 BGB. Die Eltern können einen Vermögensgegenstand, den sie nur mit Genehmigung des Vormundschaftsgerichtes veräußern dürfen, dem Kind auch nicht überlassen weder zur freien Verfügung noch zur Erfüllung eines vom Kind geschlossenen Vertrages. Andernfalls könnten die Genehmigungsverpflichtungen dadurch umgangen werden, dass das Kind den Vertrag selbst abschließt und die Eltern die zur Erfüllung notwendigen Mittel überlassen.

d) Verwendung der Einkünfte des Kindesvermögens. § 1649 Abs. 1 BGB sieht eine Rangfolge der erlaubten Verwendung der Einkünfte aus dem Kindesvermögens vor. Sie sind in erster Linie für die Verwaltung des Vermögens zu benutzen. Zu den Verwaltungsaufwendungen gehören nicht nur die laufenden Kosten wie Steuern, Versicherungen und Reparaturen, sondern auch wirtschaftlich sinnvolle Investitionen und Rücklagen[152]. So weit sie für die ordnungsgemäße Verwaltung des Vermögens nicht benötigt werden, können sie für den Unterhalt des Kindes verwendet werden. Erst wenn die Vermögenseinkünfte nicht ausreichen, dürfen die Eltern für den Unterhalt des Kindes dessen Einkünfte aus Erwerbstätigkeit oder aus dem Betrieb eines Erwerbsgeschäftes benutzen (Abs. 1 S. 2). Nach Abs. 2 können die Eltern die Einkünfte des Vermögens, die zur ordnungsgemäßen Verwaltung des Vermögens und zum Unterhalt des Kindes nicht benötigt werden, für ihren eigenen Unterhalt und für den Unterhalt der minderjährigen unverheirateten Geschwister des Kindes verwenden. Ausdrücklich erlaubt sind zur Verwendung der Familie nur die Einkünfte aus dem Vermögen, nicht die aus der Erwerbstätigkeit. Diese Regelung soll einen angemessenen Ausgleich schaffen, falls es innerhalb der Familie unterschiedliche Vermögensverhältnisse gibt.

Der Stamm des Vermögens ist für den Unterhalt des Kindes nur zu verwenden, wenn die Eltern nicht leistungsfähig sind (§ 1603 Abs. 2 S. 3 BGB).

e) Haftung des Kindes. Durch das Gesetz zur Beschränkung der Haftung Minderjähriger vom 25. 8. 1998[153] wurde mit Wirkung zum 1. 1. 1999 die Vorschrift des § 1629 a BGB eingefügt. Danach ist die Haftung eines Kindes für Verbindlichkeiten, die dessen vertretungsberechtigte Personen im Rahmen ihrer Vertretungsmacht durch Rechtsgeschäft oder auf andere Art und Weise begründet haben, bei Eintritt der Volljährigkeit auf das zu diesem Zeitpunkt vorhandene Vermögen be-

---

[151] OLG Zweibrücken FamRZ 2001, 1236.
[152] Weinreich/Klein/Ziegler § 1648 Rn. 2.
[153] BGBl. I 2487.

schränkt. Dies gilt nicht für Verbindlichkeiten aus dem erlaubten selbstständigen Betrieb eines Erwerbsgeschäftes. Es gilt auch nicht für Verbindlichkeiten aus Rechtsgeschäften, die allein der Befriedigung seiner persönlichen Bedürfnisse gedient haben. Die Regelung war notwendig geworden aufgrund einer Entscheidung des Bundesverfassungsgerichtes, welches entschieden hatte, dass die umfassende Vertretungsmacht der Eltern, die zu einer Haftung des Minderjährigen mit dem Bestand seines Vermögens hinaus auf die Zeit nach der Volljährigkeit führt, mit der Verfassung nicht vereinbar sei[154]. Diese **Haftungsbeschränkung** tritt allerdings nicht kraft Gesetzes ein. Vielmehr muss der gerade volljährig Gewordene sich von seiner Haftung befreien und dafür sorgen, dass er mit künftigem Vermögen nicht mehr für die fremd verursachten Verbindlichkeiten haften muss.

Es handelte sich um eine Einrede, auf die die Vorschriften der Erbenhaftung nach §§ 1990, 1991 Anwendung finden. Das volljährig gewordene Kind muss die Einrede sofort erheben, sobald er in Anspruch genommen wird. Sie muss bereits im Erkenntnisverfahren geltend gemacht werden und ein entsprechender Vorbehalt in das Urteil (Kostengrundentscheidung) aufgenommen werden, damit sie wirksam auch im Kostenfestsetzungsverfahren berücksichtigt werden kann[155]. Wird dies versäumt, so ist das Kind mit der Einrede nach § 767 Abs. 2 ZPO präkludiert. Ist die Forderung schon zu Zeiten der Minderjährigkeit gegen das Kind tituliert worden, dann kann er sich nach Eintritt der Volljährigkeit mit der Vollstreckungsgegenklage wehren[156]. Während der Minderjährigkeit kann die Einrede noch nicht berücksichtigt werden, auch nicht im Wege eines Hilfsantrages[157]. Ein Vorbehalt der Haftungsbeschränkung ist in der Entscheidung, durch die die Verbindlichkeit eines Minderjährigen festgestellt wird, nicht aufzunehmen, da das Kind während seiner Minderjährigkeit voll haftet. Die Haftungsbeschränkung greift erst mit Volljährigkeit ein[158]. Tritt die Volljährigkeit während des Prozesses ein, dann muss die Haftungsbeschränkung noch vor Erlass des Urteils einredeweise geltend gemacht werden, ansonsten ist die Kostenentscheidung gegen den jetzt Volljährigen durch den Kostenfestsetzungsbeschluss vollstreckbar[159].

Der Haftungsbeschränkung unterfallen alle diese Verbindlichkeiten, die Eltern im Rahmen ihrer Vertretungsmacht durch Rechtsgeschäft

---

[154] BVerfG FamRZ 1986, 769.

[155] OLG Köln FamRZ 2010, 1927.

[156] Weinreich/Klein/Rausch § 1629 a Rn. 4.

[157] BFH FamRZ 2004, 195; OLG Hamm FamFR 2011, 523, FamRZ 2012, 146.

[158] Claudia Bittner, Die Einrede der beschränkten Haftung auf das Volljährigkeitsvermögen aus § 1629 a BGB, FamRZ 2000, 325.

[159] AG Siegburg FamRZ 2010, 1928.

oder auf andere Art und Weise begründet haben. Darunter fallen zum Beispiel auch Rückforderungen von Leistungen zur Sicherung des Lebensunterhaltes nach dem SGB II[160]. Über die Verweisungsvorschriften in den §§ 1793 und 1915 gilt dies auch für Verbindlichkeiten, die von einem Vormund oder einem Ergänzungspfleger im Rahmen ihrer Vertretungsmacht begründet worden sind. Ausgenommen von der Befreiungsmöglichkeit sind außer den im Gesetz genannten Forderungen auch Verbindlichkeiten aus Delikt, Gefährdungshaftung und Unterhaltspflicht[161]. Die Haftungsbeschränkung greift auch dann, wenn die Rechtsgeschäfte vom Vormundschaftsgericht genehmigt worden sind.

Ein weiterer Minderjährigenschutz ist in § 1629 a Abs. 4 BGB für die Beteiligung des Minderjährigen an einer GbR oder einer Erbengemeinschaft vorgesehen. Er hat ein Sonderkündigungsrecht für die Gesellschaft, welches allerdings nur binnen drei Monaten ab Kenntnis von der Gesellschafterstellung ausgeübt werden kann. Bei Beteiligung an einer Erbengemeinschaft kann der Volljährige die Auseinandersetzung Nachlasses binnen drei Monaten verlangen, auch wenn der Erblasser die Auseinandersetzung der Gemeinschaft ausgeschlossen hat.

In § 1629 a Abs. 4 sind des Weiteren Gläubigerschutzvorschriften enthalten. Zu Gunsten der Gläubiger wird vermutet, dass Verbindlichkeiten erst nach Eintritt der Volljährigkeit entstanden sind, wenn nicht binnen drei Monaten nach Eintritt der Volljährigkeit eine Gesellschaft gekündigt bzw. die Auseinandersetzung der Erbengemeinschaft verlangt wird. Bei Verbindlichkeiten aus dem Betrieb eines Handelsgeschäftes greift die Vermutung ebenso ein, wenn dieses Handelsgeschäft nicht binnen drei Monaten nach Eintritt der Volljährigkeit eingestellt wird. Außerdem wird vermutet, dass das gegenwärtige Vermögen des volljährig Gewordenen bereits bei Eintritt der Volljährigkeit vorhanden war und dadurch der – nur den Neuerwerb betreffenden – Haftungsbeschränkung nicht unterliegt. Bei den Regelungen handelt es sich um eine Beweislastumkehr. Die Haftungsbegrenzung nach Abs. 1 kann von dem Volljährigen weiter geltend gemacht werden ohne die zeitliche Beschränkung des Abs. 4[162].

f) Haftung der Eltern, Schadensersatz. Bei Verstößen der Eltern gegen die ihnen auferlegten Verpflichtungen zum Schutz des Kindes sind sie bei dem Eintritt eines Schadens ihrem Kind schadensersatzpflichtig. Anspruchsgrundlage ist dafür § 1664 Abs. 1[163].

Diese Vorschrift bestimmt zugleich den Haftungsmaßstab der Eltern. Sie haben dem Kind gegenüber nur für die Sorgfalt einzustehen, die sie

---

160 BSGE 108, 289 = BeckRS 2011, 69495.
161 Weinreich/Klein/Rausch § 1629 a Rn. 4.
162 Weinreich/Klein/Rausch § 1629 a Rn. 6.
163 BGHZ 73, 190.

in eigenen Angelegenheiten anzuwenden pflegen. Das befreit die Eltern aber nicht von der Haftung für grobe Fahrlässigkeit. Grob fahrlässig handelt derjenige, der die im Verkehr erforderliche Sorgfalt nach den gesamten Umständen in ungewöhnlich hohem Maße verletzt und unbeachtet lässt, was im gegebenen Fall jedem hätte einleuchten müssen. Im Gegensatz zur einfachen Fahrlässigkeit muss auch in subjektiver Hinsicht ein unentschuldbares Fehlverhalten vorliegen, dass ein gewöhnliches Maß erheblich übersteigt[164].

Eine Rechtsverletzung im Rahmen der Vermögenssorge liegt jedenfalls dann vor, wenn die Eltern aus dem Vermögen des Kindes Aufwendungen machen, für die sie von diesem nicht gemäß § 1648 I Ersatz verlangen können. Ein solcher Aufwendungsersatzanspruch besteht insbesondere dann nicht, wenn den Eltern aufgrund der ihnen obliegenden Unterhaltspflicht die Aufwendungen selbst zur Last fallen. Sie können daher nicht mit der Begründung, sie hätten die (schwerstbehinderten) Kinder gepflegt, einen Vergütungsanspruch dem Anspruch des Kindes auf Schadensersatz wegen eigennütziger Verwendung von Kindesvermögen entgegenhalten[165]. Es entspricht auch nicht einer wirtschaftlichen Vermögensverwaltung, wenn die Eltern mit dem Geld der Kinder bedürftige Verwandte unterstützen, auch nicht in Form von Darlehen, auch nicht, wenn diese an der Pflege der Kinder beteiligt sind.[166] Auch ein Verstoß gegen die Regelung, welche Einkünfte des Kindes für seinen Unterhalt verwendet werden dürfen, kann zum Schadensersatz führen. Vom Sparguthaben des Kindes dürfen weder Unterhaltszahlungen noch Aus- und Weiterbildungskosten des Kindes bezahlt werden, erst Rrecht keine Urlaubsreisen der Familie[167].

Im Rahmen der Vermögenssorge liegt eine Pflichtverletzung der Eltern auch dann vor, wenn sie gegen die Anlageverpflichtung verstoßen und das Geld der Kinder nicht gewinnbringend anlegen. Nach einer Entscheidung des BGH darf der Rechtsanwalt, der einen Minderjährigen vertritt, für diesen vereinnahmte Geldbeträge nicht an den Kindesvater weiterleiten, ohne sich dessen sorgerechtliche Unbedenklichkeit durch das Vormundschaftsgericht bescheinigen zu lassen oder sich nachweisen zu lassen, dass das Konto mit einem Sperrvermerk versehen ist, wenn ihm eine angespannte Vermögenslage des Kindesvaters bekannt ist[168]. Es mag dahinstehen, ob ein Rechtsanwalt in dieser Allgemeinheit davon ausgehen muss, dass ein Elternteil sich pflichtwidrig Kindesvermögen aneignet, selbst wenn dessen Vermögenslage ange-

[164] BGH NJW 2007, 2988.

[165] OLG Saarbrücken FamRZ 2012, 235; GesR 2011, 606 (sehr lesenswert, umfassene Darstellung) mit Anm. Vogelgesang, AnwZert FamR 5/2012 Anm 1.

[166] OLG Saarbrücken aaO.

[167] AG Nordhorn FamRZ 2002, 341.

[168] BGH FF 2003, 177.

spannt ist. Offen bleibt allerdings, auf welche gesetzliche Vorschrift eine solche vormundschaftsgerichtliche Unbedenklichkeitsbescheinigung gestützt werden sollte.

Eine **Pflichtverletzung im Bereich der Personensorge** kann ebenfalls einen **Schadensersatzanspruch** auslösen. Das gilt insbesondere bei einem Verstoß gegen die Aufsichtspflicht[169]. Es ist umstritten, ob dort die Haftungserleichterung des § 1664 Abs. 1. ebenfalls greift, wenn es nicht nur um die Verletzung rein familienrechtlicher Pflichten geht, sondern zugleich auch um die Verletzung deliktischer Verhaltenspflichten, insbesondere bei der Teilnahme am Straßenverkehr. Überwiegend wird diese Frage wohl bejaht, jedenfalls dann, wenn ein innerer Zusammenhang mit der elterlichen Sorge gegeben ist, dies insbesondere auch in solchen Fällen, in denen Eltern ihr Kind im Straßenverkehr nicht durch ein verkehrswidriges Verhalten als Kraftfahrer schädigen[170]. Das ist zum Beispiel dann der Fall, wenn es um die Aufsicht einer Fußgängerin gegenüber ihrem Kind geht. Sie handelt nicht grob fahrlässig, wenn sie in der Annahme, die Straße sei frei, eine leichte Vorwärtsbewegung macht, dann ein nahendes Fahrzeug bemerkt, abbremst, während der im Straßenverkehr erfahrene und angeleitete Sechsjährige losläuft[171]. Eine Mutter handelt nicht grob fahrlässig wenn sie es zugelassen hat, dass ein fünfjähriges Kind ohne Fahrradhelm in einem Kindersitz transportiert wird[172].

Die Eltern haften gegebenenfalls als Gesamtschuldner[173]. Wenn aber die Haftung der Eltern mit einem Gesamtschuldner nur auf Verletzung der Aufsichtspflicht beruht, haftet der andere allein.[174] Auch ein Mitverschuldenseinwand gemäß § 254 Abs. 2 BGB wegen eines etwaigen Verschuldens der erziehungsberechtigten Eltern kommt in der Regel nicht in Betracht. Das wäre nur dann der Fall, wenn eine rechtliche Sonderverbindung bestehen würde. Eine solche Sonderverbindung besteht insbesondere nicht bei einer entgeltfreien Aufsicht über fremde Kinder im Rahmen von Besuchen beim jeweils anderen Elternpaar zum spielen und zur Beaufsichtigung. Hierbei handelt es sich um eine Gefälligkeit ohne vertragsrechtliche Bindung[175].

---

[169] OLG Hamm NJW 1993, 542.

[170] OLG Stuttgart NJW-RR 2011, 239 für deliktischen Anspruch, offen gelassen für Straßenverkehr; OLG Hamm NZV 1994, 68; OLG Karlsruhe FamRZ 2009, 707; Palandt/Götz § 1664 Rn. 4; MüKoBGB/Huber § 1664 Rn. 7 dagegen OLG Stuttgart VersR 1980, 952; Staudinger/Engler § 1664 Rn. 32.

[171] OLG Bamberg NJW 2012, 1820.

[172] OLG Celle NJW 2008, 2353.

[173] OLG Düsseldorf NJW-RR 1999, 1042, FamRZ 2000, 438.

[174] BGH NJW 1980, 2348.

[175] BGH NJW 1968, 1874.

3. Die Beistandschaft

a) Aufgabenkreis. Das Beistandschaftsgesetz vom 4. 12. 1997[176] hat durch die Einführung der freiwilligen Beistandschaft die zuvor bestehende Amtspflegschaft für nichteheliche Kinder abgelöst. Die Ziele der Beistandschaft orientieren sich an den zentralen Themen der Vormundschaftsrechtsreform:[177]

- Verbesserung der Kinderrechte und Stärkung des Kindeswohls.
- Stärkung der Rechtspositionen der Eltern und die Förderung von Autonomie und eigenverantwortlichem Handeln der Eltern.
- Abbau der rechtlichen Unterscheidung zwischen ehelichen und nichtehelichen Kindern[178].

In Erweiterung der Aufgaben der Amtspflegschaft, die ausschließlich für die Wahrnehmung der Rechte von nichtehelichen Kindern geschaffen war, steht die Beistandschaft für alle Kinder offen. Im Wirkungskreis der Vaterschaftsfeststellung hat die Beistandschaft zwar bei ehelichen Kindern keine Bedeutung, im Bereich der Unterhaltssicherung besteht das Bedürfnis für eine Hilfestellung an die Eltern jedoch auch bei ehelichen Kindern, so dass die Reform insoweit auch einer Annäherung der Rechte ehelicher und nichtehelicher Kinder schaffen sollte.[179] Die Beistandschaft kommt nur auf Antrag zu Stande und kann durch einseitige Erklärung des antragstellenden Elternteils wieder beendet werden. Die Beistandschaft kann bereits vor der Geburt des Kindes beantragt werden. Sie ist eine Ergänzung zu den sonstigen Beratungsverpflichtungen des Jugendamtes. Wie bei allen anderen Beratungsmöglichkeiten seitens des Jugendamtes ist auch im Rahmen der Beistandschaft ein Über-Unterordnungsverhältnis zwischen dem Beistand und dem sorgeberechtigten Elternteil nicht gegeben, sondern das Verhältnis ist partnerschaftlich angelegt. Ohne gesonderte gesetzliche Regelung ist allerdings selbstverständlich, dass die Beratungsinhalte der Verschwiegenheit unterliegen.[180]

Beistand ist ein Mitarbeiter des Jugendamtes gemäß § 55 Abs. 2 SGB VIII. Das Jugendamt kann die Führung der Beistandschaft auf freie Träger der Wohlfahrtspflege delegieren, wenn dies durch Landesgesetz vorgesehen ist. (Art. 144 EGBGB). Eine eigenständige Wahrnehmung der Aufgaben der Beistandschaft ohne landesrechtliche Regelung durch Träger der freien Hilfe ist, da die Beistandschaft zu den anderen Aufgaben im Sinne von § 2 Abs. 3 SGB VIII gehört, nicht möglich. Das Jugendamt ist zur Übernahme der Beistandschaft verpflichtet und kann

---

176 BGBl. I 2846.
177 Rüting JAmt 2004, 223, 224.
178 BT-Drucks. 13/4899, 29.
179 BT-Drucks. 13/892, 26.
180 Rüting JAmt 2004, 223, 225.

diese auch nicht durch einseitige Erklärung beenden.[181] Bei der Führung der Beistandschaft ist das Jugendamt an Weisungen des Elternteils nicht gebunden. Eine solche Weisungsbefugnis ist auch nicht notwendig, da der antragstellende Elternteil die Beistandschaft im Falle von Konflikten ohnehin von sich aus ohne weiteres beenden kann.

Der Gegenstand der Beistandschaft ist in § 1712 abschließend geregelt. Zu den Aufgaben des Jugendamtes als Beistand gehören (nur noch)
- die Feststellung der Vaterschaft,
- die Geltendmachung von Unterhaltsansprüchen.

Die Beistandschaft berechtigt das Jugendamt zur Vertretung des Kindes, ohne dass eine Einschränkung des Sorgerechtes vorliegt (§ 1716). Hinsichtlich der Vertretungsbefugnis des antragstellenden Elternteiles im Prozess gilt § 53a ZPO. Wenn das Kind den Rechtsstreit durch einen Beistand vertreten wird, so ist die Vertretung durch den sorgeberechtigten Elternteil ausgeschlossen. Der sorgeberechtigte Elternteil ist im Prozess Dritter.[182]

Eine Vertretungsbefugnis des Jugendamtes für außergerichtliche Tätigkeit für das Kind ergibt sich nur im Rahmen einer Beistandschaft. Besteht eine wirksam begründete Beistandschaft nicht, so wird das Jugendamt lediglich beratend tätig. Eine wirksame Mahnung zur Zahlung von Kindesunterhalt oder ein Auskunftsverlangen gegenüber dem verpflichteten Elternteil können dementsprechend nicht wirksam erfolgen.[183]

Zwar wird das Sorgerecht des antragstellenden Elternteil durch die Beistandschaft nicht berührt, § 53a ZPO regelt aber die Kollision zwischen dem sorgeberechtigten Elternteil und dem Beistand im Falle des Prozesses dahingehend, dass im Rechtsstreit das Kind durch den Beistand vertreten wird, und insoweit das Kind die Parteistellung erlangt, während der sorgeberechtigte Elternteil Dritter ist.

b) Antrag und Antragsberechtigung. Eine Beistandschaft tritt nur auf Antrag eines Elternteiles ein.

Der Antrag bedarf der Schriftform (§ 126 BGB). Es besteht kein Formularzwang, auch ist kein bestimmter Inhalt des Antrages erforderlich. Eine Protokollierung des Antrages beim Jugendamt reicht nicht aus.[184] Dem Formerfordernis ist allerdings Genüge getan, wenn eine eigenhändige Unterschrift auf einem Formular des Jugendamtes vorliegt.[185] Allerdings muss bei einer formularmäßigen Abwicklung von vornherein durch den Antragsteller bestimmt sein, ob eine Beistandschaft in vollem

---

181 Meysen JAmt 2008, 120 (125).
182 Zöller/Vollkommer § 53 a Rn. 2.
183 OLG Naumburg FamRZ 2004, 63.
184 Meysen JAmt 2008, 120 (1219.
185 FamRefK/Sonnenfeld § 1712 Rn. 7.

Umfang oder beschränkt auf einen der beiden Aufgabenkreise beantragt werden soll. Im Zweifel ist von einer Beistandschaft in vollem Umfang auszugehen.

Formulierungsvorschlag: *Ich beantrage die Beistandschaft für mein Kind…., geb. am…, für das mir allein/ gemeinsam mit dem Vater / gemeinsam mit der Mutter die elterliche Sorge zusteht. Die Beistandschaft soll beschränkt sein auf die Regelung des Unterhaltes / auf die Vaterschaftsfeststellung.*

Das Erfordernis der Antragstellung für den Eintritt einer Beistandschaft ist lediglich Konsequenz der Freiwilligkeit in Abgrenzung zur vorhergehenden Regelung der Amtspflegschaft. Es bedeutet nicht, dass das Jugendamt über diesen Antrag entscheiden muss oder darf, das folgt aus § 1714, der bestimmt, dass die Wirkungen der Beistandschaft eintreten, sobald der Antrag beim Jugendamt eingeht. Der Antrag ist demnach eine Gestaltungserklärung und kein Antrag im verfahrensrechtlichen Sinne.[186] Das Antragsrecht steht lediglich dem Elternteil zu, es ist ein höchstpersönliches Recht, so dass eine Vertretung ausgeschlossen ist.[187]

aa) Elternteil mit alleiniger elterlicher Sorge. Nach Abs. 1 Satz 1 ist der Elternteil antragsberechtigt, dem die elterliche Sorge für den Aufgabenkreis, für welchen die beantragte Beistandschaft gelten soll, zusteht. Es reicht aus, wenn dem Elternteil der Bereich der elterlichen Sorge zusteht, in welchen der beantragte Wirkungskreis der Beistandschaft fällt. So ist es unschädlich, wenn ein anderer Teil des Sorgerechtes dem antragstellenden Elternteil wegen § 1666 entzogen wurde.[188]

bb) Elternteil mit gemeinsamer elterlicher Sorge. Erst durch das Kinderrechteverbesserungsgesetz vom 9. 4. 2002 mit Wirkung zum 12. 4. 2004 ist die Beistandschaft auch für Elternteile mit gemeinsamer elterlicher Sorge eröffnet worden. Zuvor war in der Rechtsprechung und Literatur überwiegend die Auffassung vertreten worden, dass bei gemeinsamer elterliche Sorge eine Beistandschaft nicht erreicht werden kann und auch keine Notwendigkeit hierfür bestehe, da bei Konflikten über das Unterhaltsrecht ohnehin Zweifel an der Fortführung der gemeinsamen elterlichen Sorge bestehen würden.[189] Somit bleiben Verfahren zur Regelung der elterlichen Sorge, die allein deshalb geführt werden, um eine Beistandschaft des Jugendamtes zu erreichen, erspart.[190]

---

186 Palandt/Götz § 1712 | Rn. 9; Schulz/Hauß/Hüßtege § 1712 Rn. 12.

187 Schulz/Hauß/Hüßtege § 1712 Rn. 12.

188 Palandt/Götz | § 1713 Rn. 3.

189 MüKoBGB/v. Sachsen Gessaphe § 1713 Rn. 6, bereits vorher anders AG Tempelhof-Kreuzberg FamRZ 2002, 1280.

190 Palandt/Götz | § 1713 Rn. 4; BT-Drucks.ache 14/8131 S. 10.

Außerdem sollten bei der Sorgerechtsregelung im Hinblick auf das Kindeswohl tunlichst Auseinandersetzungen um den Kindesunterhalt außen vor bleiben.

Jetzt wurde wieder streitig vertreten, dass durch den noch nicht geschiedenen obhutsausübenden Elternteil eine Beistandschaft für die Kinder nach § 1629 Abs. 3 Satz 1 BGB nicht beantragt werden kann.[191] Während der Anhängigkeit einer Ehesache besteht gemäß § 1629 Abs. 3 eine gesetzliche Prozessstandschaft des Elternteils, bei dem das Kind lebt. Sinn dieser Vorschrift ist, dem ehelichen Kind Konflikte zu ersparen, und es nicht am Scheidungsverfahren der Eltern teilhaben zu lassen.[192] Wird das Kind aber durch einen Beistand vertreten, würde es die Parteistellung erhalten, die gerade vermieden sein soll. Daraus wird teilweise geschlossen, dass während der Anhängigkeit des Scheidungsverfahrens die Geltendmachung von Unterhaltsansprüchen durch einen Beistand ausgeschlossen sein soll.[193] Die h.M vertritt aber die Auffassung, dass auch während des anhängigen Scheidungsverfahrens die Befugnis des Beistandes, das Kind gerichtlich zu vertreten, die Prozessstandschaft gemäß § 1629 Abs. 3 BGB verdrängt.[194] Der Antrag kann bei gemeinsamer Sorge von dem Elternteil gestellt werden, in dessen Obhut sich das Kind befindet. Der Begriff der Obhut ist gleich lautend mit dem in § 1629 Abs. 2 S. 2. Obhut ist die tatsächliche Fürsorge für das Kind, also die Befriedigung der elementaren Bedürfnisse des Kindes durch Pflege, Verköstigung, Gestaltung des Tagesablaufs, Erreichbarkeit bei Problemen und emotionale Zuwendung.[195] Dabei kommt es auf die grundsätzliche Ausübung der Obhut an. Weder ein längerer Ferienaufenthalt noch ein umfangreiches Umgangsrecht führen zu einem Obhutswechsel.[196] Auch wenn die Eltern innerhalb einer gemeinsamen Wohnung voneinander getrennt leben, kann die Beantragung einer Beistandschaft zulässig sein. Das wird allerdings nur dann anzunehmen sein, wenn die tatsächliche Obhut im täglichen Lebensablauf überwiegend von einem Elternteil wahrgenommen wird.[197] Wenn das Kind bei dritten Personen untergebracht ist, kann eine Beistandschaft beantragt werden, wenn der antragstellende Elternteil weiterhin prägenden Ein-

---

[191] OLG Celle JurBüro 2012, 382.

[192] P/W/W/Ziegler § 1629 Rn. 16.

[193] Zöller/Vollkommer § 53 a Rn. 2; Staudinger/Rauscher § 1713 Rn. 6c.; AG Regensburg JAmt 2003, 366.

[194] OLG Stuttgart JAmt 2007, 40, mit zust. Anm. Knittel; KG Berlin NJW 1998, 262; HK-FamR/Hüßtege § 1713 Rn. 5; MüKoBGB/v. Sachsen-Gessaphe § 1713 Rn. 5; DJuF Gutachten JAmt 2002, 2002; Wendl/Klinkhammer § 2 Rn. 316A; Meysen JAmt 2008, 120; Palandt/Götz § 1713 Rn. 3; AnwK-BGB/Zempel § 1712 Rn. 19.

[195] OLG Frankfurt/Main FamRZ 1992, 575.

[196] Palandt/Götz § 1629 Rn. 31.

[197] Meysen JAmt 2008, 120 (122); DIJuF-Gutachten JAmt 2002, 244.

fluss auf die Betreuung und Erziehung des Kindes hat, und die Unterbringung herbeigeführt hat.[198]

Bei einem **Wechselmodell** kommt es auf das Schwergewicht der tatsächlichen Betreuung an. Selbst wenn das Umgangsrecht in einem Umfang praktiziert wird, dessen Ausgestaltung sich bereits einer Mitbetreuung annähert, bleibt es bei einer Obhut des betreuenden Elternteils, solange dieser die Hauptverantwortung für das Kind trägt.[199] Eine Aufteilung von 2/3 zu 1/3 reicht nicht aus.[200] Bei einem echten Wechselmodell dagegen kommt eine Beistandschaft nicht infrage, da die Obhut eines Elternteiles nicht gegeben ist. Hier dürfte auch eine gerichtliche Entscheidung bei Meinungsverschiedenheiten der Eltern gemäß § 1628 nicht einschlägig sein, da eine solche Übertragung der Alleinentscheidungsbefugnis nur bei einzelnen, situativen Entscheidungen sinnvoll ist. Damit die Kindesunterhaltsansprüche dennoch geregelt werden können, kommt hier die Einrichtung einer Ergänzungspflegschaft in Betracht.[201]

Nach Abs. 1 S. 3 kann der Antrag auch von einem nach § 1776 benannten Vormund bestellt werden. Es handelt sich hierbei um eine Ausnahmevorschrift für die Vormünder, die von den Eltern im Testament bestimmt worden sind. Der vom Gericht ausgewählte und bestellte Vormund hat kein Antragsrecht.[202] Eine Notwendigkeit hierfür besteht nicht, da bei einer Bestellung und Auswahl durch das Gericht von vornherein eine Person ausgewählt werden muss (§ 1779), die in der Lage ist, die Vaterschaftsfeststellung zu betreiben und Unterhaltsansprüche geltend zu machen.[203]

Das Antragsrecht ist ein höchstpersönliches Recht, so dass die Vertretung durch dritte Personen mit Ausnahme der gesondert geregelten Fälle ausgeschlossen ist. Damit soll zunächst verhindert werden, dass dritte Personen auf die Entscheidung der Eltern, eine Beistandschaft zu beantragen, Einfluss nehmen.[204]

Der Eintritt der Beistandschaft hängt nur von folgenden Voraussetzungen ab:
- Formwirksamer Antrag
- Antragsberechtigung
- Zuständigkeit
- Aufenthaltsort im Inland

---

[198] DIJuF-Gutachten JAmt 2004, 25.

[199] BGH FamRZ 2006, 1015.

[200] BGH FamRZ 2007, 707 mit Anm Oldenburger-Miltz jurisPR-FamR 11/2007 Anm 1; Clausius jurisPR-FamR 16/2008 Anm. 8; Viefhues jurisPR-FamR 17/08 Anm 7.

[201] Schulz/Hauß/Hüßtege § 1713 Rn. 4.

[202] Staudinger/Rauscher § 1713 Rn. 12.

[203] Palandt/Götz § 1713 Rn. 5.

[204] Wiesner SGB VIII § 55 Rn. 32.

Bei Vorliegen der gesetzlichen Voraussetzungen **tritt die Beistandschaft von Amts wegen ein.** Es folgt auch keine formelle Bescheinigung des Eintrittes der Beistandschaft. Das Jugendamt weist den Eintritt der Beistandschaft durch Vorlage des schriftlichen Antrages nach. Im Streitfall hat der Beistand ebenfalls nachzuweisen, dass er vom Jugendamt mit der Führung der Beistandschaft beauftragt worden ist. Unabhängig von der Prüfung des Eintritts der Beistandschaft durch das Jugendamt, kann das Gericht im Einzelfall prüfen, ob eine ordnungsgemäße Antragsberechtigung vorlag.[205] Führt die Prüfung des Antrages beim Jugendamt zu dem Ergebnis, dass der Antrag fehlerhaft ist, erhält der Antragsteller einen entsprechenden Bescheid, der wiederum Verwaltungsakt ist. Gegen diesen Bescheid ist dann der Verwaltungsrechtsweg eröffnet.[206]

c) Beendigung. Derjenige, der die Beistandschaft beantragt hat, ist auch berechtigt, ihre Beendigung wieder zu verlangen. Ein Grund muss nie angegeben werden. Die Beendigung tritt auch dann ein, wenn sie zur Unzeit geschieht, oder wenn ersichtlich ist, dass der Erzeuger eines Kindes seine Vaterschaftsfeststellung durch massive Beeinflussung der Mutter zu verhindern versucht.[207] Auch während eines laufenden Verfahrens ist die Beendigung der Beistandschaft zulässig. Das Jugendamt ist ab Zugang der Beendigungserklärung nicht mehr berechtigt, das Kind im Verfahren zu vertreten und muss das Gericht über die Beendigung der Beistandschaft informieren. Auch wenn ein Prozess gerade nicht weitergeführt wird, um zum Beispiel die Vaterschaftsfeststellung zu verhindern, muss das Jugendamt dies hinnehmen.[208] Für die Beendigung gelten insoweit die gleichen Grundsätze wie für den Eintritt der Beistandschaft. Ein weiteres Tätigwerden des Jugendamtes kann nach Beendigung nur erfolgen, wenn die Voraussetzungen einer Kindeswohlgefährdung gemäß § 1666 vorliegen. Gegebenenfalls kann dem sorgeberechtigten Elternteil wegen der Beendigung der Beistandschaft zur Unzeit für die Feststellung der Vaterschaft oder auch für die Geltendmachung von Unterhaltsansprüchen die elterliche Sorge entzogen und ein Pfleger bestellt werden.[209] Gemäß § 50 SGB VIII hat das Jugendamt dann dem Familiengericht Mitteilung von der Beendigung der Beistandschaft zu machen und das Gericht anzurufen, wenn es dessen Tätigwerden für erforderlich hält.

Wie der Antrag bedarf auch das Verlangen auf Beendigung der **Schriftform.** Die Beendigung der Beistandschaft tritt ein, sobald die

---

[205] OLG Naumburg FamRZ 2002, 834.

[206] Staudinger/Rauscher § 1713 Rn. 4; Schulz/Hauß/Hüßtege § 1714 Rn. 6; Palandt/Götz § 1714 Rn. 1.

[207] Palandt/Götz § 1715 Rn. 2.

[208] Schulz/Hauß/Hüßtege § 1715 Rn. 5.

[209] BT-Drucks. 13/892, 39.

Beendigungserklärung beim Jugendamt zugeht. Sonstige Beendigungsgründe sind der Wegfall der Voraussetzungen gemäß § 1715 Abs. 2, bei Verlust und Änderung des Sorgerechtes. Bei Wegfall des Sorgerechtes durch die Volljährigkeit des Kindes endet die Beistandschaft.[210] Außerdem endet die Beistandschaft beim Tod des Kindes.[211] Wird das Sorgerecht für ein Kind auf den anderen Elternteil gemäß § 1626 übertragen, oder ein Kind adoptiert,[212] tritt die Beendigung der Beistandschaft ebenfalls automatisch ein. Wenn der Antragsteller verstirbt, ist die Beistandschaft ebenfalls beendet. Sonstige Änderungen des Sorgerechtes führen auch zu einer Beendigung der Beistandschaft. Das können die Eheschließung nicht miteinander verheirateter Eltern oder die Abgabe einer wirksamen Sorgeerklärung sein, so dass diese die gemeinsame elterliche Sorge erhalten. Außerdem kommt die Aufhebung einer das Sorgerecht eines Elternteils entziehenden Entscheidung gemäß § 1696 Abs. 2 in Betracht. Besteht für das Kind gemeinsame elterliche Sorge und war der antragstellende Elternteil nach § 1713 Abs. 1 S. 2 antragsbefugt, so endet die Beistandschaft, wenn das Kind in die Obhut des anderen Elternteils wechselt. Dagegen endet die Beistandschaft nicht, wenn der Elternteil, in dessen Obhut sich das Kind befindet, nachträglich allein sorgeberechtigt wird. Wenn der andere Elternteil das alleinige Sorgerecht erhält, der antragstellende Elternteil das Kind aber noch in Obhut hat, so endet die Beistandschaft ebenfalls.[213] In diesem Fall geht die Sorgeberechtigung der Obhut vor.

Ist der Antragsteller ein benannter Vormund, so endet die Beistandschaft ebenfalls mit der Volljährigkeit des Kindes. Außerdem endet die Beistandschaft bei Aufhebung der Vormundschaft oder Entlassung des Vormundes gemäß § 1882, 1886.

Grundsätzlich endet die vorgeburtliche Beistandschaft nicht mit der Geburt des Kindes. Sie endet, wenn die allein sorgeberechtigte Mutter bei der Geburt des Kindes stirbt oder das Kind nicht lebend geboren wird. Außerdem endet die Beistandschaft, wenn die Mutter noch vor der Geburt des Kindes heiratet (§ 1626 a Abs. 1 Nr. 2) oder eine Sorgeerklärung mit dem Kindesvater abgibt (§ 1626 B Abs. 2).[214] Nach der Geburt des Kindes muss daher der Antrag auf Beistandschaft neu gestellt werden. Endet die Schwangerschaft auf andere Art und Weise als durch die Geburt des Kindes, ist die Beistandschaft ebenfalls beendet.[215]

---

210 OLG Karlsruhe JAmt 2001, 302; OLG Naumburg FamRZ 2003, 160.

211 Staudinger/Rauscher § 1715 Rn. 12.

212 Palandt/Götz § 1715 Rn. 5.

213 Staudinger/Rauscher § 1715 Rn. 12a.

214 Schulz/Hauß/Hüßtege § 1715 Rn. 9, MüKoBGB/ v. Sachsen Gessaphe § 1715 Rn. 9.

215 BT-Drucks. 13/892, 40.

Vor Geburt des Kindes endet die Beistandschaft immer dann, wenn der Antragstellerin, wäre das Kind schon geboren, nicht die alleinige elterliche Sorge zustünde, es sei denn die Voraussetzungen des § 1713 Abs. 2 dauern an, also das Kind stünde, wäre es geboren unter Vormundschaft.[216] Wenn die werdende Mutter bei der Antragstellung eingeschränkt geschäftsfähig war und ihr Antragsrecht nach § 1713 Abs. 2 S. 1 selbst ausgeübt hat, so endet die Beistandschaft, wenn die Mutter voll geschäftsfähig wird und ihr nicht gleichzeitig das alleinige Sorgerecht zusteht. Bei der mit dem Kindesvater nicht verheirateten Mutter tritt dann allerdings mit Geburt des Kindes Alleinsorge ein, so dass die Beistandschaft fortbesteht. Wenn die beschränkt geschäftsfähige Mutter nach der Geburt des Kindes immer noch beschränkt geschäftsfähig oder geschäftsunfähig ist, so endet die Beistandschaft mit der Geburt des Kindes. Das Antragsrecht aus § 1713 Abs. 2 ist an die Zeit vor der Geburt des Kindes geknüpft und steht ihr dann nicht mehr zu. Im Ürigen tritt dann mit der Geburt die gesetzliche Amtsvormundschaft ein nach § 1791 c, so dass auch deshalb die Voraussetzungen nicht mehr vorliegen.[217]

Das Jugendamt ist nicht berechtigt, die Beistandschaft von sich aus zu beenden. Auch bei Konflikten mit dem antragstellenden Elternteil darf der Beistand nicht verlangen, dass die Beistandschaft beendet wird. Eine solche einseitige Lösungsmöglichkeit des Jugendamtes ist im Gesetzgebungsverfahren diskutiert worden. Der Gesetzgeber hat sich aber eindeutig dagegen ausgesprochen, weil sonst das Jugendamt im Einzelfall den Sorgeberechtigten durch Drohung mit der Niederlegung der Beistandschaft hätte disziplinieren können.[218] Der Elternteil, der die Beistandschaft beenden will, sollte sich zum Nachweis seiner eigenen Vertretungsbefugnis den Zugang des Aufhebungsschreibens beim Jugendamt bestätigen lassen.

d) Verhältnis zum Sorgerecht. Auch nach Eintritt der Beistandschaft bleibt die Vertretungsbefugnis des Elternteiles gemäß § 1626 erhalten. Zusätzlich wird der Beistand gesetzlicher Vertreter des Kindes gemäß §§ 1793, 1915. Das erfordert eine Abstimmung der Vorgehensweise zwischen Jugendamt und Eltern, wobei sich je nach Einzelfall unterschiedliche Informationsbedürfnisse und Mitwirkungsanteile an der Wahrnehmung der konkreten Aufgabe ergeben werden.[219] Es obliegt dem fachlich geschulten Mitarbeiter des Jugendamtes, diesen Dialog zu steuern und die konkreten Aufgaben in der Beistandschaft zu ermitteln und festzulegen.[220] Insbesondere ist der antragstellende Elternteil be-

216 MüKoBGB/v. Sachsen Gessaphe § 1715 Rn. 9.
217 Erman/Roth § 1715 Rn. 4.
218 Staudinger/Rauscher § 1715 Rn. 3.
219 Schulz/Hauß/Hüßtege § 1716 Rn. 2.
220 Rüting JAmt 2004, 223 (226).

rechtigt, auch neben der Beistandschaft einen Rechtsanwalt mit der Wahrnehmung der Interessen des Kindes zu beauftragen. Teilweise wird dann vom antragstellenden Elternteil verlangt, die Beistandschaft zu beenden. Das ist unzulässig. Es ist zwar nachvollziehbar, dass die Beauftragung eines Rechtsanwaltes durch den antragstellenden Elternteil beim Beistand nicht auf Begeisterung stößt, ist es doch Ausdruck eines gewissen Misstrauens gegen die Amtsführung des Beistandes oder an der Effektivität seiner Maßnahmen. Auf Seiten des Beistandes ist aber eine professionelle Vorgehensweise zu erwarten. Wenn Beistandschaft und anwaltliche Tätigkeiten nebeneinander laufen, bedarf es einer regelmäßigen Erarbeitung von Absprachen zwischen Beistand und Rechtsanwalt, damit eine effektive Arbeit noch möglich ist.[221] Unabhängig davon kann auch das Jugendamt als Beistand im Namen des Kindes Prozesskostenhilfe beantragen. Es ist im Einzelfall zu prüfen, ob die Beiordnung eines Rechtsanwaltes angesichts der Fachkenntnisse des Jugendamtes notwendig ist. Die Beiordnung eines Rechtsanwaltes ist nicht nur deshalb geboten, weil die andere Seite anwaltlich vertreten ist.[222]

Bei der außergerichtlichen Wahrnehmung von Interessen des Kindes insbesondere im Hinblick auf Unterhaltsansprüche besteht die Gefahr divergierender Vorgehensweisen zwischen Elternteil und Beistand.[223] Die Wirksamkeit von Rechtshandlungen bei Vorliegen abweichender Handlungen bestimmt sich nach allgemeinen Grundsätzen. Liegt die abweichende Handlung in einer Verfügung, so gilt das Prioritätsprinzip.[224] Einen Verzicht auf Kindesunterhalt wird das Jugendamt ohnehin nur sehr eingeschränkt aussprechen dürfen. Eine Vereinbarung über den Unterhaltsanspruch sowie sonstige Rechtsgeschäfte und geschäftsähnliche Handlungen wie Mahnung, Stundung, Vereinbarung über die Höhe können nacheinander liegend oder gleichzeitig erfolgt bei sich widersprechendem Inhalt allerdings Schwierigkeiten bereiten. Die von einem Beistand erklärte Stundung eines Unterhaltsanspruchs lässt dessen Fälligkeit entfallen, so dass die nachfolgende Mahnung des sorgeberechtigten Elternteil oder Vormundes ins Leere gehen würde.[225] Verhandeln Jugendamt und Elternteil gleichzeitig über die Höhe des Unterhaltes und schließt der Elternteil eine Vereinbarung über die Höhe mit dem Unterhaltsschuldner, so gilt diese Vereinbarung. Ein höherer Unterhaltsanspruch kann dann vom Jugendamt nur noch über eine wirksame Änderungsvereinbarung mit dem Unterhaltsschuldner erreicht werden.[226] Dieses Ziel wird in der Praxis schwer zu erreichen sein. Das Kind muss

---

221 Meysen JAmt 2008, 120 (125).
222 OLG Zweibrücken FamRZ 2003, 1936; OLG Hamm JAmt 2003, 545.
223 MüKoBGB/v. Sachsen Gessaphe § 1716 Rn. 4.
224 Palandt/Götz § 1716 Rn. 3; Schulz/Hauß/Hüßtege § 1716 Rn. 3.
225 MüKoBGB/v. Sachsen Gessaphe § 1716 Rn. 6; Roth KindPrax 1998, 148.
226 Schulz/Hauß/Hüßtege § 1716 Rn. 3; Palandt/Götz § 1716 Rn. 3.

sich die Rechtshandlungen beider Vertreter entgegenhalten lassen. Setzt ein Elternteil den Unterhaltsschuldner in zu geringer Höhe in Verzug, kommt eine rückwirkende Erhöhung seitens des Jugendamtes nicht mehr in Betracht.[227] Hier besteht allerdings die Gefahr, dass ein Unterhaltsschuldner durch gegenseitiges Ausspielen der beiden gesetzlichen Vertreter versucht, einen Vorteil für sich zu ziehen. Unter Umständen kann dann der Arglisteinwand weiterhelfen.[228]

Eine analoge Anwendung von § 53 a ZPO auch für die außergerichtliche Wahrnehmung der Kindesinteressen kommt nicht in Betracht.[229] Zunächst würde diese im Widerspruch zu § 1716 stehen, da durch einen steten Vorrang der Handlungen des Jugendamtes im Ergebnis eine faktische Aushöhlung des Sorgerechtes im Bereich der Beistandschaft verbunden wäre. Zudem liegen die Begründungen für § 53 a ZPO im prozessrechtlichen Raum, eine Anwendung auf Rechtsgeschäfte scheidet aus.

Gemäß § 53 a ZPO i. V. m. § 9 FamFG ist die Kollision zwischen Beistand und Elternteil für gerichtliche Verfahren dahingehend geregelt, dass die Vertretung durch den sorgeberechtigten Elternteil ausgeschlossen ist, wenn das Kind in dem Rechtsstreit durch einen Beistand vertreten ist. Auch darin liegt eine Einschränkung des Sorgerechtes nicht. Durch die Möglichkeit des Elternteiles, sich durch einseitige Erklärung gegenüber dem Jugendamt aus der Beistandschaft zu lösen, ist gewährleistet, dass eine **Prozessführung nicht gegen den Willen des antragsberechtigten Elternteiles** erfolgen kann.[230] Der Vorrang des Beistandes gilt nur soweit und solange er ein Verfahren für das Kind führt. Das bedeutet nicht, dass die Entscheidung über die Führung eines Prozesses allein beim Beistand liegt und der Sorgeberechtigte nicht als Ausdruck seines Sorgerechts selbstständig ein Verfahren einleiten kann. Wenn der Sorgeberechtigte auf eigene Veranlassung ein Verfahren für das Kind beantragt, kann der Beistand in ein derartiges Verfahren eintreten und dadurch die Vertretung des Kindes ab diesem Zeitpunkt übernehmen.[231] Das gilt ebenso, wenn in einem Passivprozess gegen das Kind die Beistandschaft nicht genannt wird, die Klage dem Sorgeberechtigten zugestellt wird und dieser die Sache dem Jugendamt übergibt.[232]

e) Praktische Hinweise. In der anwaltlichen Tätigkeit stellt sich die Auswirkung von § 1716 häufig problematisch dar, wenn während der bestehenden Beistandschaft anwaltliche Hilfe gesucht wird. Zwar ist der häufig anzutreffende Hinweis, die Beauftragung eines Anwalts

---

227 Schulz/Hauß/Hüßtege § 1716 Rn. 3.
228 Palandt/Götz § 1716 Rn. 3.
229 P/W/W-Friederici § 1716 Rn. 2.
230 Zöller/*Vollkommer* § 53 a Rn. 2.
231 Staudinger/Rauscher § 1716 Rn. 7; Schulz/Hauß/Hüßtege § 1716 Rn. 5.
232 Schulz/Hauß/Hüßtege § 1716 Rn. 5; DIJuF-Gutachten JAmt 2001, 39.

während der Beistandschaft sei unzulässig, unzutreffend. Den Anwalt trifft aber die Verpflichtung zu erwägen, ob ein **Nebeneinander von Beistandschaft und Anwaltstätigkeit** sinnvoll, oder sogar schädlich ist. Spätestens bei der gerichtlichen Geltendmachung ist dies nicht mehr der Fall, da bei einer Übernahme des Verfahrens durch den Beistand die anwaltliche Tätigkeit obsolet wird und darüber hinaus auch der Beantragung von Prozesskostenhilfe Bedenken entgegenstehen dürften im Hinblick auf eine mögliche Mutwilligkeit der Handlung des antragstellenden Elternteiles.[233]

II. Kindeswohlgefährdung

Der Begriff der Kindeswohlgefährdung ist Maßstab für verschiedene Tatbestände. Die Kernvorschriften sind § 1666 BGB, die Eingriffsmöglichkeit des Gerichts bei Gefährdung im Rahmen der Personensorge sowie § 1667, die Regelungsbefugnis des Gerichts bei Gefährdungen im Rahmen der Vermögenssorge.

1. Begriff

Eine Gefährdung ist dann anzunehmen, bei einer gegenwärtigen, in solchem Maß vorhandenen Gefahr, dass sich bei der weiteren Entwicklung des Kindes eine erhebliche Schädigung mit ziemlicher Sicherheit voraussehen lässt[234].

Eine Definition lautet: Wenn die begründete Besorgnis besteht, dass bei Nichteingreifen des Gerichts das Wohl des Kindes beeinträchtigt wird, was wiederum nur Schädigungen relevant sein lässt, die mit ziemlicher Sicherheit vorauszusehen sind, was wiederum erfordert, das Kindeswohl fallbezogen hinreichend genau zu konkretisieren[235].

Es muss eine
- aktuelle Gefährdungslage
- mit einem wesentlichen Gefährdungsgrad gegeben sein, was eine
- erhebliche Schädigung des Kindes
- bei seiner weiteren Entwicklung mit ziemlicher Sicherheit erwarten lässt[236].

Bei dem Eingriff hat das Gericht den Grundsatz der Verhältnismäßigkeit zu beachten, es muss immer das mildeste Mittel wählen. Der Grundsatz ist konkretisiert in § 1666 a, wonach Maßnahmen, mit denen eine Trennung des Kindes von der elterlichen Familie verbunden ist,

---

233 Abl. OLG Frankfurt BeckRS 2003, 30301643.

234 BGH FamRZ 1956, 350.

235 Palandt/Götz § 1666 Rn. 8.

236 Röchling § 10 Rn. 44.

nur zulässig sind, wenn der Gefahr nicht auf andere Weise, auch nicht durch öffentliche Hilfen, begegnet werden kann.

Die gesamte Personensorge darf nur entzogen werden, wenn andere Maßnahmen erfolglos geblieben sind oder wenn anzunehmen ist, dass sie zur Abwendung der Gefahr nicht ausreichen.

2. Verschulden

Ein Verschulden ist nicht erforderlich[237].

3. Fallgruppen

Eine Kindeswohlgefährdung kann liegen

- in der mangelnden Versorgung des Kindes[238].
- Betäubungsmittelkonsum, erst recht, wenn BTM an Kinder abgegeben werden[239].
- Seelisch-geistige Verwahrlosung wegen mangelnder Betreuung in einer Großfamilie[240].
- Verstößen gegen die Schulpflicht.
- Sexuellem Mißbrauch oder nicht ausreichendem Schutz des Kindes vor einem wegen sexuellem Mißbrauchs vorbestraften Menschen[241].

4. Gefährdung des Kindesvermögens

Bei einer Gefährdung des Kindesvermögens stehen dem Gericht verschieden abgestufte Eingriffsmöglichkeiten zur Verfügung. (§ 1667 BGB).

- Das Familiengericht kann anordnen, dass die Eltern ein Verzeichnis des Vermögens des Kindes einreichen und über die Verwaltung Rechnung legen.
- Das Familiengericht kann anordnen, dass das Geld des Kindes in bestimmter Weise anzulegen und dass zur Abhebung seine Genehmigung erforderlich ist.
- Das Familiengericht kann dem Elternteil, der das Vermögen des Kindes gefährdet, Sicherheitsleistung für das seiner Verwaltung unterliegende Vermögen auferlegen. Die Sicherheitsleistung darf nur dadurch erzwungen werden, dass die Vermögenssorge gemäß § 1666 Abs. 1 ganz oder teilweise entzogen wird.
- Als letztes Mittel bleibt die Entziehung der Vermögenssorge nach § 1666.

---

[237] OLG Brandenburg ZFE 2009, 391, umfangreiche Nachweise bei Palandt/Götz § 1666 BGB.

[238] OLG Brandenburg FamFR 2011, 235.

[239] OLG Bremen FamRZ 2011, 1306.

[240] OLG Köln JAmt 2008, 45.

[241] OLG Brandenburg ZFE 2009, 391.

III. Verfassungsrechtliche Vorgaben

1. Verfassungsrechtlicher Maßstab

Das Elternrecht ist durch eine Verknüpfung von Rechten und Pflichten geprägt. Die Ausgestaltung des Sorgerechtes im Bürgerlichen Gesetzbuch ist der Stellung des Kindes als Grundrechtsträger mit eigener Menschenwürde und eigenem Recht auf Entfaltung seiner Persönlichkeit nur dann gerecht, wenn die elterliche Sorge nicht als Machtanspruch der Eltern gegenüber ihren Kindern zu verstehen ist. Das wird mit dem Begriff elterliche Sorge in den §§ 1626 ff BGB klargestellt.[242]

Das elterliche Sorgerecht ist ein absolutes Recht im Sinne des § 823 Abs. 1 BGB.[243] Damit gewährleistet es den Eltern ein Abwehrrecht gegenüber Eingriffen Dritter.

Das Elternrecht steht den Eltern gemeinschaftlich zu, die Verfassung enthält weder eine Regelung eines Rangverhältnisses zwischen den Eltern, noch unterscheidet sie zwischen ehelichen und nichtehelichen Eltern.

Das bedeutet indessen nicht, dass einfach- gesetzliche Regelungen Differenzierungen zwischen verheirateten und nicht verheirateten Eltern nicht enthalten dürfen. Maßstab der Unterscheidung ist das Kindeswohl. Dies ist auch Rechtfertigung dafür, dass der Gesetzgeber einem Elternteil die Hauptverantwortung für die Erziehung zuordnen kann, wenn die Voraussetzungen für eine gemeinsame Ausübung der elterlichen Sorge fehlen[244].

Die wesentlichen Vorgaben der Verfassung enthält **Art. 6 GG.**

(1) Ehe und Familie stehen unter dem besonderen Schutze der staatlichen Ordnung.
(2) 1 Pflege und Erziehung der Kinder sind das natürliche Recht der Eltern und die zuvörderst ihnen obliegende Pflicht. 2 Über ihre Betätigung wacht die staatliche Gemeinschaft.
(3) Gegen den Willen der Erziehungsberechtigten dürfen Kinder nur auf Grund eines Gesetzes von der Familie getrennt werden, wenn die Erziehungsberechtigten versagen oder wenn die Kinder aus anderen Gründen zu verwahrlosen drohen.
(4) Jede Mutter hat Anspruch auf den Schutz und die Fürsorge der Gemeinschaft.
(5) Den unehelichen Kindern sind durch die Gesetzgebung die gleichen Bedingungen für ihre leibliche und seelische Entwicklung und ihre Stellung in der Gesellschaft zu schaffen wie den ehelichen Kindern.

---

[242] BVerfG NJW 1994, 1645.
[243] BGH FamRZ 1990, 966.
[244] BVerfG FamRZ 1995, 789.

2. Abwehrrecht gegen den Staat

Art. 6 Abs. 2 GG schützt die Beziehung zwischen Eltern und Kindern. Die Erziehung des Kindes ist in erster Linie in die Hand der Eltern gegeben. Mit der Bezeichnung des Rechtes als natürliches Recht der Eltern ist klargestellt, dass dieses Recht nicht vom Staat verliehen worden ist, sondern vom Staat als natürliches vorgegebenes Recht anerkannt wird[245]. Neben seiner Bedeutung als Richtlinie ist Art. 6 Abs. 2 GG zugleich ein Abwehrrecht gegen unzulässige Eingriffe des Staates in das elterliche Erziehungsrecht und bindet insoweit auch die Gerichte als unmittelbar geltendes Recht.[246]

3. Wächteramt des Staates

Gleichzeitig stellt Art. 6 Abs. 2 GG die Ausübung der elterlichen Sorge unter die „Wacht" durch die staatliche Gemeinschaft. Dies rechtfertigt als immanente Schranke den Eingriff in das Grundrecht der elterlichen Erziehungsverantwortung, der aber nur aufgrund Gesetzes erfolgen darf. (z.B. § 1666 BGB[247]). Den Eltern wird die zum Elternrecht korrespondierende Verpflichtung zu Pflege und Erziehung auferlegt. Diese Verpflichtung besteht nicht nur gegenüber dem Staat, sondern auch direkt dem Kind gegenüber. Die Eltern schulden dem Kind als Rechtssubjekt und Grundrechtsträger, ihr Handeln an seinem Wohl auszurichten. Durch die Einräumung des Rechtes, in erster Linie die Entscheidungen für eine anderen Person zu treffen, auf diese Person einzuwirken und auf ihre Persönlichkeitsentfaltung maßgeblich einzuwirken, sind die Eltern verpflichtet, bei der Ausübung diesen Rechtes ihr Handeln maßgeblich am Wohl des anderen auszurichten. Besonders deshalb, weil das Kind noch nicht selbst Verantwortung tragen kann und der Unterstützung seiner Eltern lebensnotwendig bedarf. Daraus resultiert die Überlegung, dass das Kindeswohl maßgebliches Kriterium für die Auslegung sowohl von Art. 6 GG als auch der einfachgesetzlichen Vorschriften ist.

4. Art. 2 Abs. 1 i.V. Art 1 Abs 1 GG

Zum durch das allgemeine Persönlichkeitsrecht geschützten Bereich gehören auch der familiäre Bereich und die persönlichen Beziehungen zu anderen Familienmitgliedern. Darunter fällt auch die Beziehung zwischen Elternteil und Kind, wobei diese Beziehung nicht zum unantastbaren Bereich privater Lebensgestaltung gehört, denn sie weist einen er-

---

245 BVerfGE 59, 360 (376).
246 BVerfGE 4, 52 = FamRZ 1954, 242.
247 BVerfGE 4, 52 (60).

heblichen sozialen Bezug zum betroffenen Kind auf, dessen Interessen und Persönlichkeitssphäre von dieser Entscheidung berührt werden.[248]

Mit der Zuordnung der Beziehung in die Privatsphäre, aber nicht zum inneren Kern der Privatsphäre wird die Prüfung verfassungsrechtlicher Schranken eröffnet.

5. Europäische Menschenrechtskonvention

a) Anwendbarkeit. Die europäische Menschenrechtskonvention (EMRK), ein völkerrechtlicher Vertrag, enthält einen Katalog von Grundrechten und Menschenrechten. Es handelt sich um eine Konvention des Europarates, die am 3. September 1953 in Kraft getreten ist. In Deutschland ist sie am 5. 12. 1952 ratifiziert worden[249], und ist damit zu einem nationalen Gesetz einfachgesetzlicher Natur geworden. Der Grundrechtskatalog entspricht weitgehend dem des Grundgesetzes. Die Einhaltung der Menschenrechte-Konvention wird durch den Europäischen Gerichtshof für Menschenrechte in Straßburg überwacht. Gleichzeitig hat der Gerichtshof die Aufgabe, darauf zu achten, dass sein Auslegungsergebnis die Rechtseinheit in Europa gewährleistet[250]. Jeder Bürger eines Vertragsstaates kann vor dem Gerichtshof Klage erheben, wenn er der Auffassung ist, in einem Recht aus der EMRK verletzt zu sein. Voraussetzung dafür ist, dass der Rechtsweg im eigenen Land erschöpft ist.

b) Aufgabe des Europäischen Gerichtshofs für Menschenrechte. Laienhaft wird oft die Vorstellung vertreten, das europäische Recht stünde über dem deutschen Recht und über alles wache das Völkerrecht. Der EGMR hat aber ebenso wie das BVerfG in seinen Entscheidungen klargestellt, dass er keine „Superrevisionsinstanz“ ist. Seine Aufgabe ist die Überwachung der Einhaltung der Konvention, nicht die Anwendung nationalen einfachen Rechts[251]. Über die Kollision und die Rangfolge zwischen nationalem Verfassungsrecht und der EMRK hat das Bundesverfassungsgericht mehrfach Entscheidungen treffen müssen. Auf eine Verletzung der Europäischen Menschenrechtskonvention (auch nicht auf eine Verletzung der Menschenrechtserklärung der vereinigten Nationen) kann eine Verfassungsbeschwerde nicht gestützt werden[252]. Dabei wird die völkerrechtsfreundlichen Tendenz des Grundgesetzes betont[253]. Letztendlich bedeutet die Stellung des Gesetzes aber, dass dem Grundgesetz das letzte Wort bleibt. Das nationale

---

[248] Herleitung aus BVerfGE 96, 56.
[249] BGBl. 1952 II 686.
[250] Volkmer, S. 96.
[251] EGMR FamRZ 2011, 1432.
[252] BVerfGE 41, 88 = NJW 1976, 952; BVerfGE 74, 102.
[253] BVerfGE 45, 83.

Recht einschließlich der Verfassung ist im Lichte der Menschenrechtskonvention auszulegen[254].

Eine neue Qualität bei der Be- bzw. Missachtung der Entscheidungen des EGMR entfaltete der Fall *Görgülü*. Das gab dem Bundesverfassungsgericht Gelegenheit, die Grundsätze in einer umfassenden Entscheidung neu darzustellen[255]:

> *… Die Behörden und Gerichte der Bundesrepublik Deutschland sind verpflichtet, unter bestimmten Voraussetzungen die Europäische Menschenrechtskonvention in der Auslegung durch den Gerichtshof bei ihrer Entscheidungsfindung zu berücksichtigen. Dieser Verpflichtung wird die angegriffene Entscheidung des Oberlandesgerichts nicht gerecht, weil das Gericht das in dem Fall des Beschwerdeführers ergangene Urteil des Gerichtshofs vom 26. Februar 2004 nicht in ausreichendem Maße würdigt …*
>
> *… Die Europäische Menschenrechtskonvention gilt in der deutschen Rechtsordnung im Range eines Bundesgesetzes und ist bei der Interpretation des nationalen Rechts – auch der Grundrechte und rechtsstaatlichen Garantien – zu berücksichtigen. Die Bindungswirkung einer Entscheidung des Gerichtshofs erstreckt sich auf alle staatlichen Organe und verpflichtet diese grundsätzlich, im Rahmen ihrer Zuständigkeit und ohne Verstoß gegen die Bindung an Gesetz und Recht (Art. 20 Abs. 3 GG) einen fortdauernden Konventionsverstoß zu beenden und einen konventionsgemäßen Zustand herzustellen. Die Art und Weise der Bindungswirkung hängt von dem Zuständigkeitsbereich der staatlichen Organe ab und von dem Spielraum, den vorrangig anwendbares Recht lässt. Gerichte sind zur Berücksichtigung eines Urteils, das einen von ihnen bereits entschiedenen Fall betrifft, jedenfalls dann verpflichtet, wenn sie in verfahrensrechtlich zulässiger Weise erneut über den Gegenstand entscheiden und dem Urteil ohne materiellen Gesetzesverstoß Rechnung tragen können. Ein Beschwerdeführer kann die Missachtung dieser Berücksichtigungspflicht als Verstoß gegen das in seinem Schutzbereich berührte Grundrecht in Verbindung mit dem Rechtsstaatsprinzip rügen…*
>
> *… Diese Rangzuweisung führt dazu, dass deutsche Gerichte die Konvention wie anderes Gesetzesrecht des Bundes im Rahmen methodisch vertretbarer Auslegung zu beachten und anzuwenden haben. Die Gewährleistungen der Konvention beeinflussen jedoch die Auslegung der Grundrechte und rechtsstaatlichen Grundsätze des Grundgesetzes. Der Konventionstext und die Rechtsprechung des Europäischen Gerichtshofs für Menschenrechte dienen auf der Ebene des Verfassungsrechts als Auslegungshilfen für die Bestimmung von Inhalt und Reichweite von Grundrechten und rechtsstaatlichen Grundsätzen des Grundgesetzes, sofern dies nicht zu einer - von der Konvention selbst nicht gewollten (vgl. Art. 53 EMRK) - Einschränkung oder Minderung des Grundrechtsschutzes nach dem Grundgesetz führt (vgl. BVerfGE 74, 358 <370>; 83, 119 <128>; Beschluss der 3. Kammer des Zweiten Senats des Bundesverfassungsgerichts vom 20. Dezember 2000 – 2 BvR 591/00 –, NJW 2001, S. 2245ff.)…*

[254] BVerfG NJW 1987, 2427.

[255] BVerfG FamRZ 2004, 1857 m. Anm. Rixe.

Eine besondere Bedeutung für das Konventionsrecht als Völkervertragsrecht haben die Entscheidungen des Europäischen Gerichtshofs für Menschenrechte, weil sich in ihnen der aktuelle Entwicklungsstand der Konvention und ihrer Protokolle widerspiegelt. Das Konventionsrecht selbst misst den Sachentscheidungen des Gerichtshofs unterschiedliche Rechtswirkungen zu. Nach Art. 42 und Art. 44 EMRK werden die Urteile des Gerichtshofs endgültig und erwachsen damit in formelle Rechtskraft. Die Vertragsparteien haben sich durch Art. 46 EMRK verpflichtet, in allen Rechtssachen, in denen sie Partei sind, das endgültige Urteil des Gerichtshofs zu befolgen. Aus dieser Vorschrift folgt, dass die Urteile des Gerichtshofs für die an dem Verfahren beteiligten Parteien verbindlich sind und damit auch begrenzte materielle Rechtskraft haben.
Der Gerichtshof hat nicht die Befugnis, Urteile zu kassieren. Er kann allerdings den betroffenen Staat verpflichten, einen Schadensersatz in Geld an den Kläger zu zahlen.
Die Vertragsparteien haben sich mit der Ratifikation verpflichtet, sicherzustellen, dass ihre innerstaatliche Rechtsordnung mit der Konvention übereinstimmt (Art. 1 EMRK). Folglich ist es Sache des beklagten Staates, jedes Hindernis im innerstaatlichen Recht zu beseitigen, das einer Wiedergutmachung der Situation des Beschwerdeführers entgegensteht. Sowohl die fehlende Auseinandersetzung mit einer Entscheidung des Gerichtshofs als auch deren gegen vorrangiges Recht verstoßende schematische „Vollstreckung" können deshalb gegen Grundrechte in Verbindung mit dem Rechtsstaatsprinzip verstoßen[256].

c) Die wichtigsten Regelungen der EMRK. Die für das Familienrecht maßgeblichen Konventionsvorschriften sind:

Art 8. Recht auf Achtung des Familienlebens
„(1) Jede Person hat das Recht auf Achtung ihres Privat- und Familienlebens, ihrer Wohnung und ihrer Korrespondenz.
(2) Eine Behörde darf in die Ausübung dieses Rechts nur eingreifen, soweit der Eingriff gesetzlich vorgesehen und in einer demokratischen Gesellschaft notwendig ist für die nationale oder öffentliche Sicherheit, für das wirtschaftliche Wohl des Landes, zur Aufrechterhaltung der Ordnung, zur Verhütung von Straftaten, zum Schutz der Gesundheit oder der Moral oder zum Schutz der Rechte und Freiheiten anderer."

Ein Verstoß gegen Art. 8 EMRK wurde angenommen in der Entscheidung *Anayo/Deutschland,* wegen der fehlenden Möglichkeit des biologischen Vater bei einer anderweitigen sozio-familiären Beziehung des Kindes ein Umgangsrecht durchzusetzen[257]. Im Schutzbereich des Art. 8

[256] BVerfG aaO.
[257] EGMR NJW 2011, 65, ebenso bei Schneider/Deutschland FamRZ 2011, 1715.

EMRK sind ebenso wie beim Schutzbereich des Art. 6 GG die Pflegeeltern mit inbegriffen[258].

Große Bedeutung im Rahmen des Familienrechts hatte auch die Rechtsprechung des Gerichtshofs zur **Korrektur überlanger Verfahrensdauer.** Maßgebliche Vorschrift ist Art. 6 EMRK.

Art. 6 Recht auf ein faires Verfahren

(1) Jede Person hat ein Recht darauf, dass über Streitigkeiten in bezug auf ihre zivilrechtlichen Ansprüche und Verpflichtungen oder über eine gegen sie erhobene strafrechtliche Anklage von einem unabhängigen und unparteiischen, auf Gesetz beruhenden Gericht in einem fairen Verfahren, öffentlich und innerhalb angemessener Frist verhandelt wird. Das Urteil muß öffentlich verkündet werden; Presse und Öffentlichkeit können jedoch während des ganzen oder eines Teiles des Verfahrens ausgeschlossen werden, wenn dies im Interesse der Moral, der öffentlichen Ordnung oder der nationalen Sicherheit in einer demokratischen Gesellschaft liegt, wenn die Interessen von Jugendlichen oder der Schutz des Privatlebens der Prozeßparteien es verlangen oder – soweit das Gericht es für unbedingt erforderlich hält – wenn unter besonderen Umständen eine öffentliche Verhandlung die Interessen der Rechtspflege beeinträchtigen würde.

(2) Jede Person, die einer Straftat angeklagt ist, gilt bis zum gesetzlichen Beweis ihrer Schuld als unschuldig.

(3) Jede angeklagte Person hat mindestens folgende Rechte:

a) innerhalb möglichst kurzer Frist in einer ihr verständlichen Sprache in allen Einzelheiten über Art und Grund der gegen sie erhobenen Beschuldigung unterrichtet zu werden;

b) ausreichende Zeit und Gelegenheit zur Vorbereitung ihrer Verteidigung zu haben;

sich selbst zu verteidigen, sich durch einen Verteidiger ihrer Wahl verteidigen zu lassen oder, falls ihr die Mittel zur Bezahlung fehlen, unentgeltlich den Beistand eines Verteidigers zu erhalten, wenn dies im Interesse der Rechtspflege erforderlich ist;

d) Fragen an Belastungszeugen zu stellen oder stellen zu lassen und die Ladung und Vernehmung von Entlastungszeugen unter denselben Bedingungen zu erwirken, wie sie für Belastungszeugen gelten;

e) unentgeltliche Unterstützung durch einen Dolmetscher zu erhalten, wenn sie die Verhandlungssprache des Gerichts nicht versteht oder spricht.

Insbesondere in Fällen, die das Verhältnis einer Person zu ihrem Kind betreffen, besteht die Verpflichtung zur größtmöglichen Beschleunigung des Verfahrens, da die Gefahr besteht, dass allein der fortschreitende Zeitablauf zu einer faktischen Entscheidung der Sache führt. Das gilt vor allem, wenn ein sehr kleines Kind betroffen ist. Die Gerichte haben

[258] EGMR FamRZ 2012, 429.

besondere Vorsichtsmaßnahmen zu ergreifen, um jegliche unnötige Verzögerung zu vermeiden, insbesondere durch Einhaltung eines engen Zeitplans sowie die genaue Überwachung der Beweisaufnahme. Dementsprechend kann die Gesamtdauer eines Umgangsverfahrens eine angemessene Verfahrensdauer gemäß Art. 6 Abs. 1 EMRK auch dann überschreiten, wenn keine übermäßigen Phasen gerichtlicher Untätigkeit festzustellen sind. Ein Umgangsverfahren von vier Jahren und zehn Monaten in erster Instanz betreffend ein bei Verfahrensbeginn 1 1/2 Jahre altes Kind verstößt gegen Art. 6 Abs. 1 EMRK[259]. Ebenso ein hoch streitiges Umgangsverfahren, das in drei Instanzen (Bundesverfassungsgericht) sechs Jahre und fünf Monate gedauert hat. Dies gilt selbst dann, wenn die überlange Verfahrensdauer auf die Komplexität des Falles und die Blockadehaltung der beteiligten Mutter zurückzuführen ist[260].

Außerdem nahm das Gericht einen Verstoß gegen **Art. 13 EMRK** an, da kein effektiver Rechtsbehelf zur Verfügung stand, der das Umgangsverfahren hätte beschleunigen oder in Bezug auf bereits eingetretene Verzögerungen angemessene Abhilfe hätte schaffen können. Das führte zur Einführung des zuvor gesetzlich nicht geregelten Instrumentes der **Verzögerungsrüge.** Durch das Gesetz über den Rechtsschutz bei überlangen Gerichtsverfahren und strafrechtlichen Ermittlungsverfahren vom 24. 11. 2011, in Kraft seit dem 3. 12. 2011,[261] wurde § 198 GVG eingeführt. Ein Beteiligter eines überlangen Gerichtsverfahrens kann seitdem eine Wiedergutmachung und ggf. Entschädigung in Geld verlangen. Voraussetzung ist, dass der Antragsteller dann, wenn Anlass zu der Besorgnis besteht, das Verfahren könne nicht in angemessener Zeit beendet werden, beim Gericht eine Verzögerungsrüge erhebt (§ 198 Abs. 3 GVG). Es bleibt abzuwarten, ob dieses Instrument ein geeigneter Rechtsbehelf wird, Verfahren zu beschleunigen. Insbesondere unter Berücksichtigung der Tatsache, dass der zuvor außerordentliche Rechtsbehelf der Untätigkeitsbeschwerde, die teilweise zugelassen wurde[262], nach herrschender Meinung seit Einführung der Verzögerungsrüge nicht mehr möglich ist[263], scheint hier aus praktischer Sicht ein gewisser Zweifel angebracht.

---

259 EGMR FamRZ 2011, 1183, außerdem FamRZ 2011, 533.

260 EGMRFamRZ 2011, 1125.

261 BGBl. I 2302.

262 OLG Saarbrücken FamFR 2012, 285; OLG Schleswig NJW 2011, 1823; OLG Köln ZKJ 2012, 156.

263 OLG Düsseldorf NJW 2012, 1455, OLG Jena FamRZ 2012, 728; OLG Brandenburg FamRZ 2012, 1076.

Der Genuss der in dieser Konvention anerkannten Rechte und Freiheiten ist ohne Diskriminierung insbesondere wegen des Geschlechts, der Rasse, der Hautfarbe, der Sprache, der Religion, der politischen oder sonstigen Anschauung, der nationalen oder sozialen Herkunft, der Zugehörigkeit zu einer nationalen Minderheit, des Vermögens, der Geburt oder eines sonstigen Status zu gewährleisten.

Das **Diskriminierungsverbot** in Verbindung mit Art. 8 spielt insbesondere in den Verfahren der nichtehelichen Väter eine entscheidende Rolle. **Artikel 14** bietet im Hinblick auf den Genuss der nach der Konvention garantierten Rechte und Freiheiten Schutz vor Ungleichbehandlung von Menschen in vergleichbaren Situationen, wenn es dafür keine sachlichen und vernünftigen Gründe gibt[264]. Das war die grundlegende Feststellung im Verfahren *Zaunegger/ Deutschland*. Die fehlende Möglichkeit des Vaters, gegen den Willen der Mutter den Zugang zur gerichtlichen Prüfung der gemeinsamen Sorge zu erhalten, verstößt gegen das Diskriminierungsverbot. Eine Rechtfertigung der Ungleichbehandlung gegenüber ehelichen Vätern in Zugang zur gemeinsamen elterlichen Sorge war nicht erkennbar. Eine unterschiedliche Behandlung i. S. von Art. 14 EMRK ist dann diskriminierend, wenn es für sie keine objektive und angemessene Rechtfertigung gibt, d. h., wenn sie kein legitimes Ziel verfolgt oder zwischen den eingesetzten Mitteln und dem angestrebten Zweck kein angemessenes Verhältnis besteht[265]. Der Beurteilungsspielraum der Mitgliedsstaaten ist dabei umso enger, desto eher sich ein Konsens über die betreffende Frage bei den Mitgliedsstaaten herausgestellt hat[266].

Aus diesem Grund ist die Beschwerden des nichtehelichen Vaters, der eine Feststellung seiner Vaterschaft bei bestehender sozio-familiärer Beziehung des Kindes zum rechtlichen Vater durchsetzen wollte, abgewiesen worden. Die Begründung des Gesetzgebers für die Ungleichbehandlung des Vaters gegenüber der Mutter, dem rechtlichen Vater und Kind bezüglich der Anfechtung der Vaterschaft, dass das Kind und seine soziale Familie vor äußeren Störeingriffen geschützt werden sollten überzeugte. Im Hinblick auf die bereits angeführten Erwägungen hinsichtlich der Verhältnismäßigkeit des Eingriffs in das Recht des Beschwerdeführers auf Achtung seines Privatlebens, insbesondere den fehlenden Konsens in den Mitgliedstaaten, war der Gerichtshof der Auffassung, dass die Entscheidung, der bestehenden familiären Beziehung zwischen dem Kind und seinen rechtlichen Eltern Vorrang vor seiner Beziehung zu seinem leiblichen Vater einzuräumen, in Bezug auf seine rechtliche Stellung in den Beurteilungsspielraum des Staates fällt[267].

---

[264] Grundlegend dazu *Zaunegger/Deutschland* EGMR NJW 2010, 501 = FamRZ 2010, 103 m. Anm. Henrich und Schorpe.

[265] EGMR aaO.

[266] Zuletzt EGMR FF 2012, 263.

[267] EGMR FF 2012, 263.

6. § 1626 BGB Gemeinsame elterliche Sorge kraft Gesetzes

Sind die Eltern eines Kindes bei der Geburt miteinander verheiratet, so tritt kraft Gesetzes automatisch mit der Geburt des Kindes die gemeinsame elterliche Sorge ein (§ 1626 BGB). Auch vor der Geburt des Kindes tragen die Eltern bereits Verantwortung für das Kind[268]. Beendet werden kann die elterliche Sorge durch einen gerichtlichen Eingriff, durch das Erreichen der Volljährigkeit des Kindes, mit dem Tod des Elternteiles oder mit dem Tod des Kindes. Gemeinsame elterliche Sorge bedeutet nicht, dass die Eltern die Erziehungsverantwortung für das Kind zu gleichen Teilen ausüben (müssen). Das Gesetz enthält zwar keine Erklärung dazu, in welchem Verhältnis das Sorgerecht des einen Elternteiles zum Sorgerecht des anderen Elternteiles steht. In einer intakten Beziehung der Eltern geht das Gesetz aber davon aus, dass die Eltern ein gedeihliches Zusammenwirken für das Kind erreichen, wobei die Ausübung des Sorgerechtes mehr an den einen Elternteil als an den anderen Elternteil überlassen sein kann. § 1627 BGB verpflichtet sie dazu, so versuchen, sich zu einigen.

7. Ausübung des Sorgerechtes durch Dritte.

Die Eltern können die Ausübung des Sorgerechtes faktisch an dritte Personen überlassen. Das ist alltäglich mit der Betreuung im Kindergarten, Schule oder Hort der Fall. Gemäß § 1687 b BGB kann der allein sorgeberechtigte Elternteil seinem Ehegatten (Stiefeltern) sorgerechtliche Befugnisse einräumen, nämlich die Mitentscheidung in Angelegenheiten des täglichen Lebens. Bei Gefahr in Verzug bestehen für den Stiefelternteil noch weitergehende Befugnisse, wobei der sorgeberechtigte Elternteil sofort von getroffenen Maßnahmen zu unterrichten ist. Auch die Pflegepersonen eines Kindes in Familienpflege sind gemäß § 1630 BGB befugt Angelegenheiten des täglichen Lebens zu entscheiden. Sofern die Eltern ausfallen, üben auch ein Vormund oder ein Pfleger ihre Aufgaben aus, wobei das Gesetz bei ihnen ausdrücklich nicht von elterlicher Sorge spricht. Die Übertragung des Sorgerechtes an Nicht-Eltern ist vom Gesetz nicht vorgesehen.

8. Verhinderung und Tod eines Elternteiles

Wenn die elterliche Sorge den Eltern gemeinsam zusteht und ein Elternteil stirbt, so steht nach § 1680 BGB das Sorgerecht dem anderen Elternteil zu, ohne dass es einer gerichtlichen Regelung bedarf. Gleiches gilt nach § 1678 Abs 1, wenn ein Elternteil tatsächlich verhindert ist oder wenn die elterliche Sorge ruht.

---

[268] BVerfG NJW 1975, 573 = FamRZ 1975, 262.

Die elterliche Sorge eines Elternteils ruht, wenn er geschäftsunfähig ist gemäß § 1673 Abs. 1. Gleiches gilt bei beschränkter Geschäftsfähigkeit nach § 1673 Abs. 2, allerdings verbleibt ihm dann die Personensorge für das Kind. Eine Besonderheit gilt, wenn der gesetzliche Vertreter ein Vormund oder ein Pfleger ist. Bei einer Streitigkeit geht dann die Meinung des minderjährigen Elternteiles vor.

Eine partielle Geschäftsunfähigkeit reicht zum Ruhen der elterlichen Sorge aus, wenn sie sich teilweise auf Bereiche der elterlichen Sorge erstreckt[269]. Die elterliche Sorge lebt automatisch wieder auf, wenn der Elternteil seine Geschäftsfähigkeit wieder erlangt[270].

Ein weiterer Grund des Ruhens der elterlichen Sorge ist geregelt in § 1674. Die elterliche Sorge ruht, wenn das Familiengericht feststellt, dass der Elternteil auf längere Zeit die elterliche Sorge tatsächlich nicht ausüben kann. Der Beschluss des Familiengerichts hat insoweit rechtsgestaltende Wirkung. Voraussetzung einer tatsächlichen Verhinderung ist, dass dieser Zustand für eine gewisse Dauer anhalten wird. Das muss bei einem längeren Auslandsaufenthalt nicht gegeben sein, wenn aufgrund der Erreichbarkeit eine Einwirkungsmöglichkeit gegeben ist. Das ist bei minderjährigen unbegleiteten Flüchtlingen nicht der Fall. Ein Elternteil, der sich für längere Zeit im Strafhaft befindet, ist nicht in der Lage, die elterliche Sorge auszuüben wegen fehlender Einwirkungsmöglichkeit.[271] Ein tatsächliches Ausübungshindernis kann auch in der geistigen oder psychischen Behinderung eines Elternteiles liegen, die noch nicht die Schwelle zur Geschäftsunfähigkeit erreicht[272].

Im Gegensatz zu der kraft Gesetzes eintretenden Wirkungen im § 1673 tritt das Ruhen der elterlichen Sorge nach § 1674 erst durch die Entscheidung des Familiengerichts ein. Gleiches gilt für das Wiederaufleben der elterlichen Sorge. Im Falle des § 1674 bedarf es zur Wiederherstellung der elterlichen Sorge der Entscheidung des Familiengerichts § 1674 Abs. 2 BGB.

9. Übertragung der Alleinentscheidungsbefugnis nach § 1628 BGB

§ 1628 BGB gibt die Möglichkeit, bei Meinungsverschiedenheiten der Eltern das Recht zur alleinigen Entscheidung auf einen Elternteil zu übertragen. Die Eltern müssen in gleichem Umfang zur Ausübung der elterlichen Sorge berechtigt sein. Die Meinungsverschiedenheit muss eine Angelegenheit der elterlichen Sorge betreffen. Im Gegensatz zur Übertragung der elterlichen Sorge nach § 1671 ist für eine Übertragung

---

[269] Palandt/Götz § 1673 Rn. 2.
[270] Weinreich/Klein/Ziegler, § 1673 Rn. 3.
[271] BayObLG NJW 1975, 1082.
[272] BayObLG FamRZ 1981, 595.

des Alleinentscheidungsrechtes nach § 1628 nicht Voraussetzung, dass geprüft wird, ob die Aufhebung der gemeinsamen Sorge dem Kindeswohl entspricht. Die Begründung für den Antrag liegt allein im Dissens der Eltern. Betrifft die Meinungsverschiedenheit der Eltern nur eine Angelegenheit, dann ist der Übertragung nach § 1628 wegen des geringeren Eingriffs der Vorzug vor einer Übertragung der elterlichen Sorge zu geben. Oftmals findet die Regelung gerade Anwendung bei der Übertragung im Bereich der Religionsausübung, bei der Entscheidung über die Taufe[273]. Der Streit muss eine Angelegenheit von erheblicher Bedeutung betreffen. Angelegenheiten von erheblicher Bedeutung sind begrifflich identisch mit denen des § 1687. Angelegenheiten des täglichen Lebens sind solche, die häufig vorkommen und keine entscheidende Auswirkung auf das weitere Leben des Kindes haben.

IV. Sorgerecht nach Trennung der Eltern

1. Gemeinsame elterliche Sorge

Nach der Trennung und nach der Scheidung bleibt es bei der gemeinsamen elterlichen Sorge. Eine gerichtliche Entscheidung von Amts wegen ist nicht nötig. Die Ausgestaltung der gemeinsamen elterlichen Sorge nach der Trennung ist geregelt in § 1687 BGB. Für Entscheidungen in Angelegenheiten, die für das Kind von erheblicher Bedeutung sind, ist das gegenseitige Einvernehmen der Eltern erforderlich. Der Elternteil, bei dem das Kind seinen gewöhnlichen Aufenthalt hat, sei es aufgrund Einvernehmens der Eltern oder aufgrund einer gerichtlichen Entscheidung hat die Befugnis zur alleinigen Entscheidung in Angelegenheiten des täglichen Lebens. Das Gesetz gibt auch eine Legaldefinition des Begriffes der Angelegenheiten des täglichen Lebens. Es sind solche, die häufig vorkommen und die keine schwer abzuändernden Auswirkungen auf die Entwicklung des Kindes haben. Es hat sich mittlerweile eine recht umfangreiche Rechtsprechung entwickelte, welche Streitfragen der Eltern zu den Angelegenheiten des täglichen Lebens zu zählen sind, und welche von den Eltern gemeinsam entschieden werden müssen.

a) Angelegenheiten des täglichen Lebens

- Abholen des Kindes von Kindergarten, Hort oder Schule. (OLG Bremen FamRZ 2009, 355)
- Angelegenheiten der Gesundheitsvorsorge einschließlich empfohlener Schutzimpfungen (OLG Frankfurt FamRZ 2011,47).

---

[273] OLG Oldenburg FamRZ 2010 mit Anm. Almuth Zempel, jurisPR-FamR 17/2010 Anm. 1.

- Beantragung eines Kinderausweises (OLG Bremen FamRZ 2008, 810).
- Entschuldigung in der Schule im Krankheitsfall, Nachhilfe (OLG Naumburg FamRZ 2006, 1058
- Kontakte des Kindes zu Freunden etc.

b) Angelegenheiten von grundsätzlicher Bedeutung

- Aufenthaltsort des Kindes
- Umgang mit dem anderen Elternteil (BGH NJW 2008, 994)
- Vorname (OLG Dresden FPR 2005, 219
- Reise in Krisengebiete (AG Heidenheim FamRZ 2003, 1404)
- Geplante Operation (NomosKommentarBGB/Rakete-Dombek § 1628 Rn. 9)
- Ausbildungs- und Berufswahl (OLG Celle FamRZ 1955, 213
- Unterbringung im Internat (OLG Hamburg FamRZ 2001, 1088
- Wahl des religiösen Bekenntnisses (OLG Frankfurt FamRZ 1999, 182)

2. Alleinsorge eines Elternteiles

Nach § 1671 BGB kann ein Elternteil, dem die elterliche Sorge gemeinsam mit dem anderen Elternteil zusteht und der nicht nur vorübergehend getrennt lebt, beim Familiengericht den Antrag stellen, dass ihm die elterliche Sorge oder einen Teil der elterlichen Sorge allein übertragen wird.

a) Übertragung bei Zustimmung Abs. 2 Nr. 1. Dem Antrag ist stattzugeben, wenn der andere Elternteil zustimmt. Das Kind, welches das 14. Lebensjahr vollendet hat, steht ein Vetorecht zu. Außerdem hat das Familiengericht eine Kindeswohlprüfung vorzunehmen. Das folgt aus Abs. 3, dem Antrag ist nicht stattzugeben, wenn die elterliche Sorge aufgrund einer anderen Vorschrift abweichend geregelt werden muss. Wenn das Kind dem Antrag nicht zustimmt, muss das Gericht eine Übertragung nach Abs. 2 Nummer zwei prüfen. Das Kind kann also eine Sorgerechtsübertragung nicht verhindern, sondern nur eine weitergehende Prüfung durch das Gericht veranlassen[274].

b) Übertragung bei Elternstreit Abs. 2 Nr. 2. Nach Trennung ist eine Entscheidung über das Sorgerecht erforderlich, wenn die Eltern sich hinsichtlich der Ausübung der elterlichen Sorge insgesamt oder in Teilbereichen nicht einigen können.

Vor der Entscheidung darüber, auf welchen Elternteil die elterliche Sorge zu übertragen ist, ist zunächst zu prüfen, ob nicht ein **milderer Eingriff als die Übertragung des Sorgerechtes ausreicht,** um das Kindeswohl zu sichern. Besteht zum Beispiel nur hinsichtlich einer Frage Streit zwischen den Eltern, so ist auch an die Übertragung des

---

[274] Löhnig/Gietl/Preisner Rn. 103.

Alleinentscheidungsrechtes nach § 1628 zu denken. Außerdem kommt infrage, das Ruhen der elterlichen Sorge anzuordnen.[275]

c) Aufhebung der gemeinsamen elterlichen Sorge. Im Rahmen der Kindeswohlprüfung ist als nächstes zu entscheiden, ob die Aufhebung der gemeinsamen Sorge dem Kindeswohl entspricht. Dies ist dann der Fall, wenn sich die Eltern in einer Frage von grundsätzlicher Bedeutung nicht mehr einigen können. Steht eine solche Frage nicht zur Entscheidung an, kann eine Übertragung des Sorgerechtes trotzdem in Betracht kommen, wenn die Kommunikationsfähigkeit der Eltern derartig eingeschränkt ist, dass dies mit dem Wohl des Kindes nicht mehr vereinbar ist.

Allein aus der Formulierung in § 1671 ist keine Entscheidung des Gesetzgebers herzuleiten, dass ein Regel-/Ausnahmeverhältnis zu Gunsten des Fortbestandes der gemeinsamen elterlichen Sorge besteht[276]. Es besteht auch keine gesetzliche Vermutung dafür, dass die gemeinsame Sorge nach der Trennung der Eltern im Zweifel die für das Kind beste Form der Wahrnehmung elterlicher Verantwortung ist.[277] Für die allgemein gehaltene Aussage, dass eine gemeinsame elterliche Sorge nach der Trennung der Eltern dem Kindeswohl prinzipiell förderlicher sei als die Alleinsorge eines Elternteils, besteht in der psychologischen und familiensoziologischen Forschung auch weiterhin keine empirisch gesicherte Grundlage[278].

Allerdings gilt es bei der Aufhebung der gemeinsamen elterlichen Sorge und der Übertragung der Alleinsorge auf einen Elternteil den **Grundsatz der Verhältnismäßigkeit zu beachten.** Denn damit verbunden ist ein Eingriff in das Elternrecht, welches durch Art. 6 Abs. 2 GG geschützt ist, demnach kommt eine Aufhebung der gemeinsamen elterlichen Sorge nur in Betracht, wenn dem Kindeswohl nicht durch für den betroffenen Elternteil milderen Mitteln begegnet werden kann[279].

Eine dem Wohl des Kindes entsprechende gemeinsame Verantwortung setzt ein Mindestmaß an Übereinstimmung in wesentlichen Bereichen der elterlichen Sorge voraus und außerdem eine tragfähige soziale Beziehung zwischen den Eltern[280].

Dazu gehört unter anderem die Entscheidung über den persönlichen Umgang des Kindes mit dem nichtbetreuenden Elternteil und die anderen Angelegenheiten von erheblicher Bedeutung im Sinne des § 1687 Abs. 1 Satz 1 BGB[281].

---

[275] OLG Naumburg FamRZ 2002, 258; OLG Dresden FamRZ 2003, 1038.
[276] BT-Drucks. 13/4899 S. 63; BGH FamRZ 1999, 164:6.
[277] BGH FamRZ 2005, 1167; BVerfG FamRZ 2004, 354.
[278] BGH aaO unter Verweis auf Staudinger/Coester § 1671 Rn. 112ff.
[279] OLG Frankfurt FamFR 2012, 310 mit Anm. Finke; FamRB 2012, 338.
[280] BVerfG FamRZ 2004, 354; 1015, 1016.
[281] BGH FamRZ 1999, 1646.

Außerdem ist eine fehlende Konsensbereitschaft dann zu bejahen, wenn zwischen den Eltern mehrere streitige Verfahren, insbesondere Gewaltschutzverfahren mit anschließender strafrechtlicher Verurteilung geführt worden sind.[282]

Kontrovers diskutiert wurde, wie die **fehlende Kommunikationsfähigkeit** zu bewerten ist, wenn sie auf dem pflichtwidrigen Verhalten eines Elternteils beruht. Das ist insbesondere dann von Bedeutung, wenn es sich dabei um den das Kind betreuenden Elternteil handelt.

Der BGH bejaht eine Verpflichtung der Eltern, sich zu einigen. Gleichzeitig ist er der Auffassung, dass die bloße Pflicht zur Verständigung das tatsächliche Nichtbestehen der Verständigungsmöglichkeit nicht zu ersetzen vermag.[283] Das pflichtwidrige Verhalten in Form der **Kooperationsunwilligkeit eines Elternteiles** darf demnach nicht mit einer ihm aufgezwungenen gemeinsamen elterlichen Sorge sanktioniert werden, um auf diese Weise den Elternrechten des anderen, sich pflichtgemäß verhaltenden Elternteils Geltung zu verschaffen.[284] Das ist folgerichtig daraus hergeleitet, dass sich die Sorgerechtsentscheidung am Kindeswohl zu orientieren hat. Wenn angesichts der Entwicklungen in der Vergangenheit die begründete Besorgnis besteht, dass die Eltern auch in Zukunft nicht in der Lage sein werden, ihre Streitigkeiten in wesentlichen Bereichen der elterlichen Sorge konstruktiv und ohne gerichtliche Auseinandersetzungen beizulegen, dann führt ein fortgesetzter destruktiver Streit für ein Kind zwangsläufig zu erheblichen Belastungen und zwar unabhängig davon, welcher Elternteil die Verantwortung für die fehlende Verständigungsmöglichkeit trägt.[285]

Wenn aber eine Belastung des Kindes durch fehlende Kommunikation der Eltern nicht eingetreten ist und auch nicht zu befürchten ist, weil der Kindesvater die Ausübung der elterlichen Sorge faktisch der Kindesmutter überlässt und auch bereit ist, diese insoweit eine Vollmacht zu erteilen, ist die Aufhebung der gemeinsamen elterlichen Sorge nicht geboten.[286]

Wenn eine solche Sorgevollmacht besteht und ansonsten bislang keine Streitigkeiten der Eltern aufgetreten sind, dann reichen auch fehlender Umgang und der Wunsch des Kindes für eine Alleinsorge nicht aus[287].

---

[282] OLG Saarbrücken FamRZ 2012, 1064.

[283] BGH FamRZ 2008, 110.

[284] So aber OLG Dresden FamRZ 2000, 109; OLG Karlsruhe FamRZ 2002, 1209.

[285] BGH FamRZ 2008, 110.

[286] OLG Frankfurt FamFR 2012, 310.

[287] OLG Schleswig FamRZ 2012, 1066, NJW-RR 2012, 520.

Dagegen reicht die fehlende Konsensbildung der Eltern nicht aus, die Kinder aus der gewohnten Umgebung herauszunehmen bzw. ihre Fremdunterbringung aufrechtzuerhalten.[288]

Das Gericht hat also zuerst zu prüfen, ob die Aufhebung der gemeinsamen elterlichen Sorge dem Kindeswohl entspricht. Wenn beide Elternteile nicht in der Lage sind, ihre Auffassungen zum künftigen Aufenthaltsort des Kindes zu überdenken, dann ist eine Aufhebung der gemeinsamen elterlichen Sorge im Teilbereich Aufenthaltsbestimmungsrecht notwendig[289].

d) Wechselmodell. Neben der Regelung, dass das Kind seinen überwiegenden Aufenthaltsort bei einem Elternteil hat, und den jeweils anderen Elternteil besucht, praktizieren Eltern auch die Regelung, dass das Kind seinen Aufenthaltsort bei beiden Elternteilen hat. Von einem Wechselmodell spricht man dann, wenn das Kind zeitlich in gleichem Umfang von Mutter und Vater betreut wird. Diese Regelung bietet Vorteile und Nachteile. Vorteil ist, dass das Kind keinen der Elternteile in zeitlicher Hinsicht verliert und die Eltern so Alltag als auch Freizeit mit dem Kind erleben. Zum Nachteil kann es aber auch werden, wenn das Kind bei dieser Lösung empfindet, das ist kein Zuhause mehr hat, die Organisation zu schwierig wird und sich für das Kind so ein Gefühl der Zerrissenheit einstellt.[290] Voraussetzung eines funktionierenden Wechselmodells ist neben den geeigneten räumlichen Gegebenheiten in jedem Fall, dass eine **überdurchschnittliche Kommunikationsfähigkeit der Eltern** gegeben ist. Gegen den Willen eines Elternteiles kann ein Wechselmodell nicht gerichtlich angeordnet werden, auch dann nicht, wenn die Betreuung im Rahmen eines Wechselmodelles dem Kindeswohl am besten entsprechen würde.[291] Maßstab für die Frage, ob ein Wechselmodell praktiziert werden darf, ist immer das Kindeswohl. Das ist auch bei einer einvernehmlichen Entscheidung der Eltern zu beachten und vom Gericht zu überprüfen. Es bestätigt die Gefahr, dass Eltern sich für ein Wechselmodell entscheiden oder sich in eine solche Entscheidung hinein drängen lassen aus der Erwägung heraus, besser ein Wechselmodell zu praktizieren als im Sorgerechtsstreit zu unterliegen und auf ein geringeres Umgangsrecht verwiesen zu sein. Dann ist aber Elternwohl anstelle des Kindeswohls gesetzt.

Die Anordnung eines Wechselmodells kommt nur in Betracht, wenn die Kindeseltern in der Lage sind, ihre Konflikte einzudämmen, beide hoch motiviert und an den Bedürfnissen des Kindes ausgerichtet sind,

---

[288] OLG Brandenburg ZKJ 2012, 308.

[289] OLG Brandenburg FamFR 2010, 547.

[290] So z. B bei OLG Köln Beschluss vom 21. 2. 2012, 4 UF 258/11, BeckRS 2012, 06517.

[291] OLG Düsseldorf ZKJ 2011, 256.

kontinuierlich kommunizieren und kooperieren, willens und in der Lage sind, sich über ein einheitliches Erziehungskonzept zu einigen, sowie die Vorstellungen des jeweils anderen in der Frage der Erziehung zu tolerieren.[292]

e) Sorgerechtskriterien. Für die Entscheidung der Frage, welcher Elternteil zur Ausübung der elterlichen Sorge besser geeignet ist, haben sich verschiedene Kriterien herausgebildet.

aa) Kontinuitätsgrundsatz. Eines der wichtigsten Kriterien ist das Weiterleben des Kindes mit der vertrauten Bezugsperson im vertrauten Umfeld. Nach mehrjährigem Aufenthalt bei einem Elternteil bedarf es für einen Obhutswechsel triftiger Gründe und spätere, nicht einigermaßen sicher absehbare Fehlentwicklungen reichen nicht aus.[293] Das Kontinuitätsprinzip hat dementsprechend unterschiedliche Bedeutung: zum einen die Kontinuität im Hinblick auf die Betreuungsperson, zum anderen im Hinblick auf die äußeren Gegebenheiten, die Wohnung, Schule und häusliches Umfeld. Es muss je nach Bedürfnis der Kinder entschieden werden, ob die räumliche Kontinuität oder die erzieherische Kontinuität von größerer Bedeutung ist. Ist das Zusammenleben mit der vertrauten Bezugspersonen von größerer Bedeutung, dann ändert auch ein bevorstehender Umzug nichts daran, dass das Kontinuitätsprinzip für diesen Elternteil streitet[294].

Wenn die übrigen Sorgerechtskriterien zu keinem eindeutigen Vorrang eines Elternteiles führen, ist insbesondere im einstweiligen Anordnungsverfahren zu berücksichtigen, dass **mehrfache Aufenthaltswechsel** eines Kindes nach Möglichkeit **vermieden werden** sollen.[295] Bleibt es dabei, dass beide Eltern das alleinige Aufenthaltsbestimmungsrecht im Hauptsacheverfahren begehren und hat das Verfahren ergeben, dass sowohl die Erziehungs-und Betreuungsmöglichkeiten der Eltern als auch die Bindungen des Kindes zu beiden Eltern gleich gut sind, dann hat der Kontinuitätsgrundsatz, der dem Aufbau von Verhaltenskonstanten und der Gewährleistung einheitlicher gleichmäßiger Erziehungsverhältnisse dienen soll und die Belastung des Kindes durch Betreuungs- und Umgebungswechsel verhindern soll, ausschlaggebende Bedeutung.[296]

bb) Ertrotzte Kontinuität. Im Hinblick auf die zitierte Rechtsprechung, dass insbesondere im einstweiligen Anordnungsverfahren ein

[292] OLG Hamm, FamFR 2012, 287 mit Anm Altrogge FamFR 2012, 297; OLG Brandenburg NJW-RR 2010, 18 175; OLG Nürnberg, FamRZ 2011, 18 03.

[293] BVerfG FamRZ 2007, 1797.

[294] OLG Brandenburg FamFR 2012, 499.

[295] BVerfG FamRZ 2009, 189; OLG Brandenburg FamRZ 2009, 445; OLG Karlsruhe FamRZ 2008, 633; OLG Celle ZKJ 2012, 446.

[296] OLG Köln FamRZ 2011, 1151.

Aufenthaltswechsel des Kindes nur im Ausnahmefall gerechtfertigt sein kann, kommt der Kontinuität eine entscheidende Bedeutung zu. Allein im Hinblick auf den Zeitablauf eines Hauptsacheverfahrens werden damit Fakten geschaffen durch die tatsächliche Betreuung der Kinder zu Beginn eines Sorgerechtsstreites. Das gilt auch dann, wenn ein Elternteil eigenmächtig bei der Trennung die Kinder mitnimmt. Mit dieser „ertrotzten Kontinuität“ hat sich das Bundesverfassungsgericht bereits auseinandergesetzt. Auch im einstweiligen Anordnungsverfahren ist die Ertrotzung der Kontinuität angemessen zu berücksichtigen, weil sich vorläufige Sorgerechtsregelungen regelmäßig faktisch zu Gunsten des Elternteiles auswirken, der das Kind anlässlich der Trennung eigenmächtig mitnimmt. Deshalb entspricht die rasche Rückkehr des Kindes an den Ort seines gewöhnlichen Aufenthaltes regelmäßig dem Kindeswohl. Deshalb müssen sowohl im Einzelfall als auch unter generalpräventiven Aspekten solche Eilverfahren vorrangig und beschleunigt bearbeitet werden.[297] Ein Obhutswechsel kommt bei einer bereits vollzogenen einstweiligen Anordnung nur ausnahmsweise in Betracht. Eine Ausnahme kann im Falle der sogenannten „ertrotzten“ Kontinuität vorliegen[298].

cc) Förderungsgrundsatz. Ein weiteres Kriterium ist die Ermittlung, welcher Elternteil das bessere Erziehungskonzept hat und die verlässlichere Bezugsperson für das Kind ist.[299] Maßgeblich ist die Eignung, Bereitschaft und Möglichkeit der Eltern zur Übernahme der dem Kindeswohl gemäßen Erziehung und Betreuung.[300] Dabei sind sowohl das Betreuungskonzept, die Vereinbarkeit von Berufstätigkeit und Betreuung, der Umgang des Elternteiles mit dem Kind als auch die Bereitschaft des Elternteiles, mit Kindergarten, Schule zusammen zu arbeiten, von Bedeutung. Die Unzuverlässigkeit eines Elternteiles, die sich zum Beispiel auch darin ausdrücken kann, dass im Verfahren Termine bei Gericht und beim Jugendamt nicht wahrgenommen werden, das zeitweilig Anschrift und Telefonnummer nicht bekannt sind, spricht gegen eine Erziehungseignung im Rahmen des Förderungsgrundsatzes.[301]

Ebenso liegt auf der Hand, dass im Rahmen der Erziehungseignung zu berücksichtigen ist, welche Erziehungsmethoden ein Elternteil einsetzt. Das spricht für die Sorgerechtsübertragung auf den Elternteil, der das Gebot der gewaltfreien Erziehung umsetzt[302].

---

[297] BVerfG FamRZ 2009, 189; Völker/Clausius, Ertrotzte Kontinuität im Blickwinkel geltenden und künftigen Familienverfahrensrechtes, FF 2009, 54.

[298] OLG Hamm FamFR 2012, 454, ZKJ 2012, 449 mit Anm. Yvonne Poetz.

[299] OLG Brandenburg FamRZ 2003, 1949.

[300] OLG Brandenburg Beschluss vom 22. 3. 2012, 3 UF8/12 = BeckRS 2012, 08554.

[301] OLG Brandenburg FamFR 2009, 172.

[302] OLG Jena FamRZ 2008, 806.

Im Rahmen der Erziehungseignung spielt auch eine Rolle, welches Betreuungskonzept der Elternteil vorträgt. Die Betreuung durch den Elternteil hat in der Regel Vorrang vor einer Fremdbetreuung. Allein die Tatsache, dass ein Elternteil berufsbedingt mehr Zeit für das Kind zur Verfügung hat, rechtfertigt aber nicht die Übertragung der elterlichen Sorge auf ihn[303].

dd) Elternbindung. Die Bindungstheorie ist eine psychologische Theorie, die im Wesentlichen von dem britischen Kinderpsychiater *John Bowlby* und der kanadischen Psychologin *Mary Ainsworth* entwickelt wurde. Sie beruht auf der Annahme, dass es dem Menschen ein angeborenes Bedürfnis ist, enge und von intensiven Gefühlen geprägte Beziehungen zum Mitmenschen aufzubauen.[304] Das Kind bindet sich automatisch an die Personen, die sich hauptsächlich mit ihm beschäftigen. Die Bindung dient unterschiedlichen Bedürfnissen des Kindes, je nachdem, an welche Personen es gebunden ist. Die Tatsache, dass eine Bindung existiert, sagt noch nichts über die Qualität der Bildung aus. Die Qualität einer Bindung zeigt sich am Vertrauen des Kindes in die Zuwendung und Beruhigungsfähigkeit der Bindungsperson beim Umgang mit Belastungen.[305]

Mary Ainsworth unterscheidet mittels des Fremde-Situations-Test für 12-14 Monate alte Säuglinge **vier Bindungstypen.** Bei dem Test wird die Mutter eines etwa einjährigen Kindes aus dem Wartezimmer gerufen, in dem das Kind spielt und die unterschiedliche Reaktionen des Kindes werden dabei beobachtet:

Sichere Bindung: Kinder die sicher gebunden sind, suchen die Nähe der Mutter, lassen sich von ihr trösten, kaum aber von Fremden. Sie benutzen die Mutter als sichere Basis für Erkundungsverhalten. Das Kind bleibt ruhig sitzen und spielt weiter. Auch nachdem die Mutter zurückkehrt, wendet sich das Kind den Spielsachen zu und ignoriert die Mutter. Dieser Bindungstyp ist der ideale für eine spätere Entwicklung.

Unsicher-vermeidende Bindung: Diese Kinder zeigen keine deutliche Trennungsreaktion, ignorieren die Mutter bei Wiederkehr und vermeiden zunächst Nähe und Körperkontakt. Sobald die Mutter den Raum verlassen hat, fängt das Kind an zu weinen und hört nicht auf, bis die Mutter zurückkommt und es in den Arm nimmt. Erst dann kann es sich entspannen.

Unsicher-ambivalente Bindung: Kinder dieses Bindungstyps sind ängstlich, zeigen starke Trennungsreaktionen, lassen sich auch bei der Wiederkehr der Mutter kaum beruhigen und zeigen gemischtes Verhalten. Das Kind reagiert sehr heftig und wütend auf das Hinausgehen der

---

303 OLG Brandenburg FamFR 2012, 499.

304 Quelle : Wikipedia.

305 Haug-Schnabel/Bensel, Grundlagen der Entwicklungspsychologie, S. 38 f.

Mutter, hört jedoch auch in ihren Armen nicht auf zu weinen. Will trotzdem nicht abgesetzt werden.

Unsicher-desorganisierte Bindung: Kinder, die nicht in die drei ersten Bindungstypen einzuordnen sind. Sie zeigen bizarre, stereotype oder andere auffällige Verhaltensweisen wie Grimassieren oder Erstarren.[306]

Es gilt also, Qualität und Intensität der Bindung des Kindes an den jeweiligen Elternteil festzustellen und zu bewerten. Bei gleicher Eignung der Eltern kann die stärkere Bindung des Kindes an die Mutter den Ausschlag dafür geben, dass Aufenthaltsbestimmungsrecht auf die Mutter zu übertragen.[307].

ee) Geschwisterbindung. Wenn mehrere Kinder in der Familie leben, dann ist auch die Geschwisterbindung des betroffenen Kindes von Bedeutung. Besteht zwischen den Kindern dagegen eine Konkurrenzsituationen, oder sind andere Kriterien von größerer Bedeutung, dann tritt die Geschäftsverbindung als Kriterium zur Sorgerechtsübertragung auf einen Elternteil zurück.[308]

ff) Bindungstoleranz. Bindungstoleranz ist die Fähigkeit eines Elternteils, die Kontakte des Kindes zum anderen Elternteil zuzulassen. Es handelt sich um ein sehr wichtiges Kriterium, welches bei sonst annähernd ähnlicher Erziehungseignung der Elternteile oftmals den Ausschlag gibt.

Bindungstoleranz beinhaltet:

- Einsicht in die Bedeutung des anderen Elternteils für die gesamte Entwicklung eines Kindes nach der Paartrennung der Eltern.
- Respekt vor der Beziehung des Kindes vom anderen Elternteil
- Förderung ihrer Beziehung durch Förderung des ungehinderten Kontaktes.
- Trennung zwischen dem eigenen Bedürfnis nach Distanzierung von den anderen Elternteil und dem Bedürfnis des Kindes nach Nähe und Zuwendung beider Eltern.
- Verzicht auf abwertende Bewertung des anderen Elternteil vor dem gemeinsamen Kind[309].

gg) Wille des Kindes. Eines der wichtigsten Kriterien im Rahmen der Sorgerechtsentscheidung und gleichzeitig dasjenige, welches von den

---

[306] Bowlby, John & Ainsworth, Mary D. Salter (2001). Frühe Bindung und kindliche Entwicklung. München, Basel: E. Reinhardt. Stangl, W. (2003). Die frühkindliche Bindung an die Bezugsperson. WWW: http://arbeitsblaetter.stangl-taller.at/ERZIEHUNG/Bindung.shtml (03–03-21).

[307] OLG Köln FamFR 2011, 498, mit Anm Harms.

[308] OLG Brandenburg FamRZ 2010, 911.

[309] Quelle: Dipl.-Psych Ursula Kodjoe, Freiburg, unveröffentlicht.

Verfahrensbeteiligten am häufigsten benutzt wird, ist der Kindeswille. Unstreitig sind folgende Grundsätze:

Je älter das Kind ist, desto schwerwiegendere Gründe sind erforderlich, eine Entscheidung zu treffen, die dem Kindeswillen widerspricht.[310] Der Wille eines Kleinkindes mag geringeres Gewicht haben, als der Wille eines älteren Kindes, aber auch er ist zu berücksichtigen[311].

Voraussetzung für die Berücksichtigung des Kindeswillens ist es, dass das Kind in dem gerichtlichen Verfahren die Möglichkeit erhält, seine persönlichen Beziehungen zu den Eltern erkennbar werden zu lassen. Gegebenenfalls muss das Gericht zur Ermittlung des Kindeswillens einen Verfahrensbeistand (Verfahrenspfleger) beiziehen oder ein Sachverständigengutachten einholen.[312]

Die Fähigkeit des Kindes oder Jugendlichen, einen eigenen, von der Umgebung unbeeinflussten Willen zu bilden, kann nicht, auch wenn es verlockend erscheint, einfach am Alter festgemacht werden.

Im Rahmen der Entwicklungspsychologie ist von Bedeutung, dass Kinder im Alter von 3-4 Jahren einen enormen Entwicklungssprung machen und sie ab diesem Zeitpunkt verstehen, dass sie selbst oder andere etwas annehmen können, was nicht richtig ist.[313] Etwa in diesem Alter erwerben Kinder alle notwendigen psychischen Kompetenzen, um einen autonomen und stabilen Willen haben und äußern zu können. Deshalb ist der Kindeswille ab drei Jahren familienrechtlich bedeutsam und sollte in Personensorgeangelegenheiten ab diesem Zeitpunkt festgestellt werden.[314]

Bei der Ermittlung des Willens ist insbesondere zu prüfen, ob die Äußerungen des Kindes tatsächlich den Kindeswillen wiedergeben und inwieweit dieser gegebenenfalls auf äußerer Beeinflussung beruht[315]. Auch dies ist eine schwierige Aufgabe, denn die Willensbildung unterliegt naturgemäß der Beeinflussung durch äußere Faktoren. Bei einem kleinen Kind kann die Willensbildung noch dadurch beeinflusst sein, dass es auf die sofortige Befriedigung seiner Bedürfnisse und auch Wünsche ausgerichtet ist und entwicklungsbedingt noch egozentrisch agiert. Dagegen kann die Verstrickung eines älteren Kindes in die Gefühlswelt der Eltern schon so stark sein, dass der dadurch entstehende Loyalitätskonflikt den eigenen Willen überlagert.

Ist dagegen der Entzug der elterlichen Sorge und die Herausnahme der Kinder aus der Familie erforderlich, hat auch die Beachtung des

[310] OLG München FamRZ 2007, 753.

[311] BVerfG FamRZ 2007, 1078 mit Anm Völker FamRB 2007, 235 und Funk juris-PR-FamR 26/2007.

[312] BVerfG FamRZ 2007, 105; NJW 2007, 1266.

[313] Dettenborn S. 71 f.

[314] Dettenborn S. 77.

[315] BVerfG FamRZ 2007, 1797.

Kindeswillens in seiner individuellen Ausprägung dahinter zurückzutreten. Die Abwägung muss also berücksichtigen, ob die drohenden Gefahren für das Kind bei der Missachtung seines Willens geringer ausgeprägt ist, als die objektiven Gefahr, denen das Kind bei einem Belassen bei den Eltern ausgesetzt ist.[316]

Bei der Ermittlung des Kindeswillens gibt es Mindestanforderungen, die erfüllt sein müssen, um überhaupt vom Vorliegen eines kindlichen Willens ausgehen zu können.

- Zielorientierung: Beim Kind besteht eine Vorstellung darüber, was sein soll oder was nicht sein soll. Es besteht eine leitende Ausrichtung auf einen erstrebten Zustand.
- Intensität: Dabei geht es um die Nachdrücklichkeit und Entschiedenheit, mit der Ziele angestrebt werden. Man kann sie erkennen am Beharrungsvermögen bei Hindernissen und Widerständen.
- Stabilität: Ein stabiler Kindeswille soll über eine angemessene zeitliche Dauer gegenüber verschiedenen Personen und unter verschiedenen Umständen beibehalten werden.
- Autonomie: Der Wille soll Ausdruck des individuellen, selbst initiierten Strebens des Kindes sein, ein Beweis für die Selbstwirksamkeitsüberzeugung des Kindes. Bei der Formierung des Willens können Fremdeinflüsse beteiligt sein[317].

hh) Beeinflussung durch einen Elternteil. Bei den meisten Eltern kommt es in einer Phase direkt nach der Trennung dazu, dass die Verletzungen so tief sind, dass auch die Erziehungseignung des anderen Elternteils infrage gestellt wird. Die meisten Eltern schaffen es aber auch, dieses Stadium zu überwinden, und zwischen den Konflikten auf der Paarebene und ihrer Beziehung zu den Kindern zu unterscheiden.

In einer Anzahl von Fällen kommt es aber dazu, dass ein Kind einen Elternteil völlig ablehnt, ihn sogar hasst, und den anderen Elternteil dafür liebt. Die Aufspaltung der Eltern wird seit etwa 30 Jahren unter dem Begriff des **Parental Alienation Syndrome** diskutiert. Beobachtet und diskutiert wurden die Entwicklung zunächst in den USA, überwiegend von dem dortigen Sachverständigen[318] *Richard A Gardner.*

Laut *Gardner* tritt das Syndrom dann auf, wenn im Kontext eines Sorgerechtstreits ein Elternteil bewusst oder unbewusst versucht, das Kind vom anderen Elternteil zu entfremden. *Gardner* zufolge äußert sich das Syndrom in Form von acht Symptomen, die sich im Verhalten des Kindes zeigen. Diese Symptome sind Hass und Abwertung eines Elternteils durch das Kind; schwache, absurde, oder alberne Be-

---

[316] OLG Köln, Beschluss v. 17. 4. 2012, 4 UF 17/11 = BeckRS 2012, 09293.
[317] Dettenborn, S. 69-71.
[318] R. A. Gardener, Recent Trends in Divorce and Custody Litigation, 1985,.

gründungen für diesen Hass und diese Abwertung; Fehlen der üblichen Ambivalenz gegenüber dem entfremdeten Elternteil; starkes Bestehen des Kindes darauf, dass es allein seine Entscheidung war, einen Elternteil abzulehnen; reflexartige Unterstützung des bevorzugten Elternteils während des Sorgerechtsstreits; Fehlen von Schuldgefühlen bezüglich des Verhaltens gegenüber dem entfremdeten Elternteil.[319] Es wurde heftig diskutiert, ob es eine solche kindliche Störung überhaupt gibt, wie sie entsteht und insbesondere, dass für das Entstehen dieser ablehnenden Haltung des Kindes allein eine Beeinflussung der Elternteil verantwortlich sei. Zur Durchbrechung der kindlichen Ablehnung werden mehrere Strategien vertreten. Wichtig ist in diesem Zusammenhang eine frühzeitige Intervention seitens des Gerichtes, Kompetente Angebote zur Beratung, Mediation und Begleitung der Eltern.

- frühe präventive Maßnahmen,
- ausführliche Familien- und Kinderexploration zu Beginn des Prozesses,
- familientherapeutische Arbeit (Einzel-Paar-Eltern/Kind-Familie),
- klare richterliche Beschlüsse zur Wahrung der Eltern- und Kinderrechte.[320]

In der Rechtsprechung besteht durchaus Streit darüber, ob bei Vorliegen einer massiven Ablehnung eines Elternteiles bei einem Kind zur Durchbrechung des Widerstandes des Kindes auch ein Entzug des Sorgerechtes bei den betreuenden Elternteil in Betracht kommt. Das OLG Koblenz kommt nach Einholung zweier Sachverständigengutachten zu dem Ergebnis, dass bei dem betroffenen Kind von einem PAS auszugehen sei und bestätigt auch die Einschätzung der Sachverständigen, dass deshalb von einer Kindeswohlgefährdung auszugehen sei[321]. Das Gericht setzt sich mit der Begründung der Gutachten auseinander, kommt aber zu dem Ergebnis, dass ein Entzug des Aufenthaltsbestimmungsrechtes bei der beeinflussenden Kindesmutter nicht in Betracht kommt, eine Übertragung auf den Kindesvater ebenso wenig, da dieser aus anderen Gründen nicht zur Ausübung der elterlichen Sorge in der Lage war. Das OLG Koblenz schließt aber grundsätzlich wegen der Gefahr einer Schädigung des Kindes durch den von der Mutter gesteuerten Kontaktabbruch eine Übersiedlung des Kindes zu dem anderen Elternteil als Maßnahme nicht aus.

---

[319] R. A Gardener: Denial of the Parental Alienation Syndrome Also Harms Women. In: American Journal of Family Therapy. 30, Nr. 3, 2002, S. 191–202.

[320] Kodjoe, Ein Überblick zur aktuellen Forschungslage bei Elternentfremdung. Quelle: http://www.kinderschutz-zentren.org.

[321] OLG Koblenz FamRZ 2008, 1973.

In anderen Entscheidungen wird das Vorliegen einer Entfremdung des Kindes und die damit verbundene Ablehnung eines Elternteiles durch das Kind nicht mit der Systematik des PAS begründet, dieses abgelehnt und in der Folge in der Regel das Umgangsrecht des nicht betreuenden Elternteils ausgeschlossen[322]. Obwohl also die Gewährung des Umgangsrechtes eine Verpflichtung des betreuenden Elternteils ist und darüber hinaus in jedem Fall unstreitig ist, dass die Entfremdung eines Kindes vom nicht betreuenden Elternteil nach der Trennung nicht dem Kindeswohl entspricht, ist die „Drohung", bei Verstoß gegen die Wohlverhaltenspflicht könne auch das Sorgerecht entzogen werden, im allgemeinen leere Drohung. Dass ist insoweit verständlich, als nicht der Eindruck entstehen darf, die Entziehung des Sorgerechtes käme als Sanktion gegen den betreuenden Elternteil in Betracht, weil der sich falsch verhält[323]. Eine Übertragung des Sorgerechtes hat sich am Kindeswohl zu orientieren, und nicht an Elterninteressen. Richtig ist also eine fundierte Auseinandersetzung aus psychologischer Sicht mit der Frage, ob und welche Mechanismen es gibt, das Kind wieder an den abgelehnten Elternteil heranführen zu können und ob es insbesondere auch mit dem Kindeswohl zu vereinbaren ist, bei einer Instrumentalisierung des Kindes dieses vom beeinflussenden Elternteil zu trennen und zur anderen Elternteil zu geben, notfalls nach einer Übergangszeit.

Die Kritik am PAS richtet sich zum einen auf die fehlende wissenschaftliche Begründung wegen nicht valider Forschung. Außerdem vereinfache es die Ursachen von Umgangsverweigerung weshalb es angeblich zur Rechtfertigung des Umgangsbegehrens von Missbrauchstätern oder gewalttätigen Elternteilen genutzt werde. Das ist sicherlich ebenso wenig zutreffend wie die allgemeine Behauptung, Umgangsverweigerung sei grundsätzlich auf das Verhalten des betreuenden Elterteils zurückzuführen. Des Weiteren richtet sich die Kritik gegen die praktischen Lösungsvorschläge, insbesondere hinsichtlich der Herausnahme des Kindes beim beeinflussenden Elternteil[324]. Mittlerweile hat sich auch eine differenzierte Betrachtung gebildet, die das PAS als einen Phänotyp von mehreren in der Umgangsverweigerung ansieht[325]. In der differenzierten Betrachtung wird gefordert, den Eigenanteil des Kindes[326] ernst zu nehmen und verschiedene, dem Fall angepasste Lösungen zu entwickeln. Wichtig ist dabei Folgendes:

---

[322] KG FamRZ 2005, 1768; OLG Nürnberg FamRZ 2009, 1687.
[323] Dettenborn, S. 127.
[324] Dettenborn S. 112, bejaht bei Gerhardt/Büte Kap. 5 Rn. 558.
[325] Behrendt S. 170 f.
[326] Dettenborn S. 113.

Das Konzept „Parental Alienation Syndrome" wird durch drei Elemente definiert:

1. Ablehnung oder Verunglimpfung eines Elternteils, die das Ausmaß einer Kampagne erreichen, d. h. andauernd und nicht nur als gelegentliche Episode.
2. Die feindselige Ablehnungshaltung ist irrational, d. h. die Entfremdung ist nicht eine angemessene Reaktion auf das Verhalten des abgelehnten Elternteils und beruht nicht auf tatsächlich gemachten negativen Erfahrungen mit dem zurückgewiesenen Elternteil.
3. Sie ist Teilresultat des Einflusses des entfremdenden Elternteils [und/oder anderer wichtiger Bezugspersonen].

Wenn eins dieser Elemente fehlt, kann nicht von einem PAS gesprochen werden[327].

[327] Von Boch-Galhau, Eltern-Kind-Entfremdung und ihre Folgen (Parental Alienation Syndrome – PAS) im Rahmen von Trennung und Scheidung.

C. Neue Rechtslage

I. Rechtspolitische Diskussion

Durch die Entscheidung des Bundesverfassungsgerichts vom 21. Juni 2010 wurde der Gesetzgeber aufgefordert, eine neue Regelung des Sorgerechts zu schaffen, die den Vorgaben des Bundesverfassungsgerichtes (und des Europäischen Gerichtshofes für Menschenrechte) gerecht wird. Das Bundesverfassungsgericht hat davon abgesehen, eine Übergangsfrist zu bestimmen und stattdessen selbst eine Übergangsregelung geschaffen, die nichtehelichen Vätern zumindest die Möglichkeit gab, in der Zwischenzeit eine gerichtliche Überprüfung der Weigerung der Mutter, der gemeinsamen Sorge zuzustimmen, herbeizuführen.

Im August 2007 kündigte dann das Bundesjustizministerium in einer Pressemitteilung an, eine gesetzliche Neukonzeption der Sorge nicht miteinander verheirateter Eltern vorzunehmen.

In der politischen Diskussion standen sich zwei Meinungen gegenüber. Auf der einen Seite die Konstruktion, dass es bei der alleinigen elterlichen Sorge der Mutter mit der Geburt des Kindes bleiben solle und der Vater auf Antrag die gemeinsame elterliche Sorge erlangen solle. (Antragslösung). Auf der anderen Seite die Konstruktion, das mit Geburt des Kindes und der Vaterschaftsanerkennung automatisch die gemeinsame elterliche Sorge des die Vaterschaft anerkennenden Mannes und der Mutter gegeben sein soll. Die Mutter soll dann die Möglichkeit haben, innerhalb einer Frist die alleinige elterliche Sorge zu beantragen, wenn sie mit der gemeinsamen Sorge nicht einverstanden ist. Diese beiden Modelle wurden in unterschiedlichen Ausprägungen vertreten.

Für die elterliche Sorge mit Anerkennung der Vaterschaft waren die Fraktionen der SPD und der Linken[328] in eigenen Entwürfen. Für die Antragslösungen sprach sich die CDU/CSU aus. Die Grünen brachten ebenfalls einen eigenen Gesetzentwurf ein, den sie als Widerspruchslösung bezeichneten[329]. Er sah die Alleinsorge der Mutter, eine Sorgeerklärung des Vaters und ein Widerspruchsrecht der Mutter vor. Bei Widerspruch der Mutter soll das Familiengericht entscheiden. Die Unterschiede lagen im Detail bei der Rolle des Jugendamtes, den Fristen und der Ausgestaltung des Verfahrens.

---

328 BT-Drucks. 17/9492.

329 BT-Drucks. 17/3219.

Dagegen haben die Fachverbände weit überwiegend die Meinung, dass ein gemeinsames Sorgerecht der Eltern nach Feststellung der Vaterschaft und einer Sorgeerklärung des gerichtlich festgestellten Vaters bestehen solle. Die gerichtliche Überprüfbarkeit der Sorgeregelung sollte dann gemäß § 1671 Abs. 2 Nr 2 bei Widerspruch der Eltern gegen die gemeinsame Sorge gegenüber durch familiengerichtliche Regelung erfolgen.[330]

Bereits im Jahr 2009 hatte das Bundesjustizministerium im Hinblick auf die Rechtsprechung des Bundesverfassungsgerichtes eine umfangreiche Studie in Auftrag gegeben, die sich mit dem Sorgerecht nicht miteinander verheirateter Eltern befasste. Insbesondere sollte in diesem Forschungsprojekt geprüft werden, welche Eltern Sorgeerklärungen abgegeben haben und welche Gründe entgegenstehen, insbesondere in wieweit seitens der Kindesmutter kindeswohlrelevante Gründe geltend gemacht werden.

Das Ergebnis dieser Studie lag Ende 2010 vor. Das BMJ fasste die Ergebnisse wie folgt zusammen.

Zusammenfassung der Ergebnisse[331]

Die wesentlichen Ergebnisse des Vorgezogenen Endberichts zum Forschungsvorhaben lassen sich wie folgt zusammenfassen:

Kurzbefragung von Eltern

Im Rahmen der Studie „Gemeinsames Sorgerecht nicht miteinander verheirateter Eltern“ wurde zunächst eine schriftlich-postalische Kurzbefragung von 1.034 Eltern durchgeführt, die im Zeitraum 2005-2007 ein Kind bekamen, ohne mit dem anderen Elternteil verheiratet zu sein.

Die Analysen basieren hinsichtlich der Einbeziehung von städtischen und ländlichen Regionen und hinsichtlich der Ost- West- sowie Nord-Süd-Verteilung auf einer tragfähigen Datenbasis; eine gewisse Verzerrung ergibt sich lediglich daraus, dass wesentlich mehr Mütter als Väter erreicht werden konnten (64 % Mütter und 36 % Väter) und daraus, dass die Bildung unter den Beteiligten eher hoch ist. Zentraler Gegenstand waren Fragen zur Partnerschaftsentwicklung, zur Begründung des gemeinsamen Sorgerechts und ggf. zu Gründen, die Eltern davon abgehalten haben, die gemeinsame Sorge zu begründen. Die zentralen Ergebnisse lassen sich wie folgt zusammenfassen:

- Nicht miteinander verheiratete Eltern leben bei Geburt des Kindes zu 77 % in einem gemeinsamen Haushalt (NEL – nichteheliche Lebensgemeinschaft), 12 % in Partnerschaften mit separatem Haushalt (LAT – „Living apart together“) und 11 % sind Eltern ohne Partnerschaft.

[330] So z. B. die Stellungnahme des DFGT – Kinderrechtekommission vom 4. 6. 2012, Stellungnahmen 30/2012 des Deutschen Anwaltsvereins vom 7. 5. 2012, und ISUV.

[331] Quelle Homepage des BMJ.

- Die Mehrzahl der nichtehelichen Partnerschaften erweist sich als stabil, wobei unverheiratet zusammenlebende Eltern (NEL) im Vergleich zu solchen mit separatem Haushalt (LAT) die stabileren und tragfähigeren Beziehungen haben. LAT trennen sich in den ersten drei bis fünf Lebensjahren des Kindes wesentlich häufiger als NEL.
- Nur rund die Hälfte der Befragten hat eine Beratung beim Jugendamt in Anspruch genommen.
- 62 % der Eltern geben kurz vor oder nach dem Geburtstermin die Erklärung zur gemeinsamen Sorge ab. Dies sind mehr Eltern, als durch die Auswertung der amtlichen Statistik zu erwarten gewesen wären.
- Von den Eltern, die bei Geburt des Kindes in einer nichtehelichen Lebensgemeinschaft zusammenleben, geben mehr als zwei Drittel Sorgeerklärungen ab, von denen ohne gemeinsame Partnerschaft dagegen lediglich rund ein Viertel. – Eltern, die sich gegen das gemeinsame Sorgerecht entscheiden, geben hierfür sowohl kindeswohlbezogene als auch nicht-kindeswohlbezogene Gründe an. Ein geringer Anteil der Befragten (13,5%) führt Gründe an, die als Risikofaktoren für das Kindeswohl definiert werden können (z.B. Sucht- und Gewaltprobleme). Potenziell kindeswohlrelevante Gründe – vorrangig Partnerschaftsprobleme – werden von Befragten, die bei Geburt mit dem anderen Elternteil zusammenlebten, deutlich seltener als Grund gegen die Begründung des gemeinsamen Sorgerechts genannt (26,4 %) als von LAT-Paaren (45,3%) oder Befragten ohne Partnerschaft mit dem anderen Elternteil (65,4 %). Der Wunsch, im Konfliktfall allein entscheiden zu können, gehört zu den drei wichtigsten Gründen, die für Mütter gegen die gemeinsame Sorge sprechen. Darüber hinaus spielen auch ganz andere Gründe wie z.B. mangelnde Informiertheit der Eltern eine Rolle, gelegentlich z.B. auch die Angst vor einer finanziellen Schlechterstellung.

Intensivbefragung von Eltern

Um differenzierteren Aufschluss über die Rollengestaltung und Kooperation von Eltern zu erlangen, die bei Geburt des Kindes nicht miteinander verheiratet waren, aber eine Partnerschaft mit dem anderen Elternteil hatten, wurde eine entsprechende Teilstichprobe der Kurzbefragung mittels einer ergänzenden Intensivbefragung erneut befragt. Unter den rund 400 teilnehmenden Müttern und Vätern befanden sich 85 Paare, 69% der Befragten waren Mütter.

Die zentralen Ergebnisse lassen sich wie folgt zusammenfassen:

- Die Intensivbefragung bestätigt den Befund aus der Kurzbefragung, dass dann, wenn Eltern, die bei der Geburt zusammengelebt haben, nicht die gemeinsame Sorge erklären, keine kindeswohlrelevanten Gründe dagegen vorliegen. Bei Eltern, die bei Geburt in einer LAT-Partnerschaft gelebt haben und die keine gemeinsame Sorge erklären, geschieht dies demgegenüber in den meisten Fällen aus zumindest potenziell kindeswohlrelevanten Gründen.

- Eltern, die die gemeinsame Sorge durch Erklärung begründet haben, verfügen über eine positivere Einstellung zur Rolle des Vaters und haben ein weniger traditionelles Geschlechtsrollenbild als Eltern, die keine gemeinsame Sorge begründen. Das bedeutet, sie orientieren sich weniger am traditionellen Ernährermodell, das der Frau die Rolle der nichterwerbstätigen Hausfrau und Mutter zuweist und den Mann als Hauptverdiener der Familie konzipiert.
- Untersucht man den Zusammenhang zwischen Partnerschaftssituation bei Geburt des Kindes und späterem Coparenting, so ist festzustellen, dass Eltern, die bei Geburt des Kindes in Haushaltsgemeinschaft mit dem anderen Elternteil lebten (NEL), häufiger eine positive Kooperation mit dem anderen Elternteil in Erziehungsfragen (Coparenting) gelingt als Eltern, die bei Geburt in separaten Haushalten lebten (LAT). – Die Gruppe der inzwischen getrennten Eltern unterscheidet sich hinsichtlich der Kooperation in der Erziehung (Coparenting) signifikant von den mittlerweile verheirateten und stabilen unverheirateten Paaren:.Eltern ohne Partnerschaft weisen die am wenigsten kooperative Erziehungspartnerschaft auf, NEL-Arrangements gelingt es wiederum leichter als LAT-Arrangements, eine positive Form der elterlichen Zusammenarbeit in der Erziehung des Kindes (Coparenting) zu etablieren.
- Die Partnerschaftssituation und die Bereitschaft zur Abgabe von Sorgeerklärungen haben wenig Einfluss auf die Verhaltensentwicklung des Kindes – ausschlaggebend ist hier vielmehr das Erziehungsverhalten der Eltern und deren Coparenting.

Qualitative Eltern-Interviews

Mittels einer qualitativen Befragung von nicht miteinander verheirateten Müttern und Vätern sollten Alltagspraxen und Deutungen untersucht werden, die zu einer Entscheidung für oder gegen das gemeinsame Sorgerecht sprechen. Es wurden 41 Interviews, überwiegend mit zusammenlebenden Paaren, geführt. Die Befunde lassen sich wie folgt zusammenfassen:

- Die befragten zusammenlebenden Eltern, die nicht die gemeinsame Sorge erklären, haben hierfür selten kindeswohlrelevante Gründe. Es fehlt bei ihnen stattdessen oft an einem dezidierten Entscheidungsprozess bezüglich des Sorgerechts oder sie finden die Erklärung zu bürokratisch. Di ese Eltern habe ein großes Vertrauen in die eigene Fähigkeit zur Konfliktbewältigung.
- Für Befragte, die zusammenleben und die das gemeinsame Sorgerecht haben, spielen oftmals Absicherungswünsche – z.B. für den Fall des Todes der Partnerin – eine Rolle. Oft wird die Abgabe der Sorgeerklärungen auch als offizielle Familiengründung betrachtet. Diese Eltern geben in fast allen Fällen kurz vor der Geburt übereinstimmende Sorgeerklärungen ab.
- Die meisten Mütter im vorliegenden Sample leisten den Großteil der Haus- und Betreuungsarbeit. Vor diesem Hintergrund erscheint einigen der befragten Mütter eine gemeinsame Sorge für das Kind als nicht gerechtfertigt. Es kommt vor, dass Mütter von beruflichen und finanziellen Benachteiligungen berichten, die aus einer Hauptverantwortung für Sorge im Alltag resultiert.

- Insbesondere bei Paaren mit eher traditioneller Arbeitsteilung findet sich ein „Entscheidungsvakuum“ bezüglich der Abgabe von Sorgeerklärungen. Während Väter hier eher darauf beharren, dass die Frau für „alles Schriftliche“ zuständig sei, nennen die Mütter die Begründung, dass der Vater sich nicht um die gemeinsame Sorge kümmere.
- Die Belehrungssituation des Jugendamts wird als unpassend, weil zu problemfokussiert, erlebt. Zudem scheint der Vater kaum als Adressat in der Beratung oder im Einladungsschreiben aufzutauchen.
- Die getrennt lebenden Paare in der Stichprobe – und zwar Mütter und Väter – berichten häufiger von Konflikten über Belange des Kindes, und zwar unabhängig vom Sorgerecht. Gleichzeitig finden sich auch getrennte Paare mit gemeinsamem Sorgerecht, die die Situation nach der Trennung kooperativ bewältigen.

Qualitative Experteninterviews
14 Interviews mit Expertinnen und Experten sollten aus der professionellen Perspektive das Sorgerecht nicht miteinander verheirateter Eltern beleuchten. Dazu wurden Interviews mit Urkundspersonen und mit Mitarbeiterinnen und Mitarbeitern des Allgemeinen Sozialen Dienstes (ASD) durchgeführt.
- Ein Kernergebnis aus den Interviews mit den befragten 8 Urkundspersonen ist, dass es ein Dilemma zwischen dem Anspruch einer neutralen Belehrung einerseits und der Erforschung des Willens der Mutter andererseits gibt. Da die Urkundsperson sicherstellen muss, dass die gemeinsame elterliche Sorge nicht gegen den Willen der Mutter erklärt wird, ist der Übergang zwischen Beratung und Belehrung fließend. Die Mutter steht meist im Zentrum der Belehrung, der Vater hingegen wird kaum wertneutral informiert oder angesprochen. Aufgrund ihrer Erfahrungen mit konflikthaften Fällen stehen die befragten Urkundspersonen der gemeinsamen Sorge eher skeptisch gegenüber.
- Nach dem aus den Interviews mit 6 Berater/inne/n des ASD gewonnenen Eindruck ist deren Haltung zur gemeinsamen Sorge deutlich befürwortender, da sie von einem eher sozialpädagogisch beratenden Arbeitsansatz ausgehen. Allerdings spielt die gemeinsame Sorge in den Beratungsgesprächen sehr selten eine Rolle, da es vornehmlich um Konfliktberatungen im Themenfeld Trennung und Scheidung bzw. Erziehung geht. Auch der ASD ist für Information und Beratung zum Thema Sorgerecht weder für Mütter noch für Väter eine geeignete Anlaufstelle.

Juristische Expertise
Darüber hinaus enthält der Vorgezogene Endbericht eine Rechtsprechungs- und Literaturanalyse, des Weiteren einen rechtshistorischen Teil, sowie eine rechtsvergleichende Untersuchung. Zu den zentralen Befunden der juristischen Expertise gehören folgende Erkenntnisse
- Die Auswertung zeigt, dass die rechtspolitischen Diskurse an der Lebenssituation der Kinder und Eltern sowie an dem, was Eltern bei gemeinsamer

oder alleiniger elterlicher Sorge bewegt, weitgehend vorbei bzw. über diese hinweg gehen. Im Blick ist das Sorgerecht und nicht die praktische Ausübung der gemeinsamen oder alleinigen Entscheidungsverantwortung, die den Eltern obliegt. Der Problematik von Eltern, die weder einen gemeinsamen Haushalt noch eine Partnerschaft miteinander haben, mit den begleitenden Problematiken wie Mobilitätsanforderungen, getrennter Freizeitgestaltung und gleichzeitig begrenzten zeitlichen Freiräumen, kann das Sorgerecht, wie der Abgleich mit der sozialwissenschaftlichen Forschung zeigt, mit den bestehenden Regelungen nicht gerecht werden.

- Rechtsvergleichend betrachtet lassen sich zwei Grundmodelle unterscheiden mit weiteren Differenzierungen, je nach ihrer konkreten Ausgestaltung. Entweder der Vater hat grundsätzlich nur dann die Möglichkeit, gemeinsam mit der Mutter das Sorgerecht für sein Kind zu erlangen, wenn die Mutter hiermit einverstanden ist, wobei einige Länder dem Vater auch die Möglichkeit eröffnen, sich gegen den Willen der Mutter in das (gemeinsame) Sorgerecht einzuklagen. Oder aber die Eltern eines Kindes haben auch dann, wenn sie nicht miteinander verheiratet sind, grundsätzlich kraft Gesetzes das gemeinsame Sorgerecht inne, ohne dass es einer Beantragung oder Sorgeerklärung bedarf.

Fazit:

- Der Forschungsbericht bestätigt die Vielgestaltigkeit der Familienmodelle, in denen nicht miteinander verheiratete Eltern leben.
- Bei der Entscheidung für oder gegen das gemeinsame Sorgerecht spielen ganz unterschiedliche Faktoren eine Rolle, bei zusammenlebenden Paaren werden kindeswohlrelevante Gründe allerdings nur in geringem Umfang genannt. Bei Eltern, die bei Geburt des Kindes nicht zusammengelebt haben oder keine Partnerschaft hatten, spielen (potenziell) kindeswohlrelevante Gründe eine stärkere Rolle.
- Die Forscher/innen schlussfolgern aus den Befunden u.a., „dass ein gemeinsames Sorgerecht, das für zusammen gemeldete Paare ab Geburt des Kindes – ggf. je nach Dauer des Zusammenlebens – eingerichtet wird, angemessen erscheint. Die generelle Zuweisung des gemeinsamen Sorgerechts dürfte für diese Elternpaare sogar zu einer Entlastung führen, da bürokratischer Aufwand entfiele. […] Eine generelle Zuweisung des gemeinsamen Sorgerechts auch für getrennt lebende Elternpaare oder Eltern, die keine gemeinsame Partnerschaft haben, erscheint demgegenüber weniger empfehlenswert.“ – Obwohl im Trennungsfall der Umgangskontakt und die Information über die Belange des Kindes oft relevanter sind als das Sorgerecht, ist der Wunsch, allein entscheiden zu können, ein wichtiges Anliegen der nicht mit dem Vater des Kindes verheirateten Mütter. Um diesem Sicherheitsbedürfnis Rechnung zu tragen, könnte die leichtere Übertragbarkeit von Teilbereichen der Sorge im Trennungsfall angedacht

werden, da so die Hürden zur Abgabe einer Sorgeerklärung verringert würden.

- Es erscheint sinnvoll, den Informationsstand der Eltern zur gemeinsamen Sorge zu verbessern, das Beratungsangebot sollte Väter integrieren.
- Der Termin beim Jugendamt wird von den Befragten vielfach als befremdlich wahrgenommen, weil zwischen dem romantischen Empfinden junger (glücklicher) Eltern und dem nüchternen und unfeierlichen Rahmen bei Abgabe der Sorgeerklärung eine große Diskrepanz besteht, zumal sehr deutlich auf die Konsequenzen des Scheiterns einer Verbindung eingegangen wird; eine positive Ausrichtung der Beratung könnte zu einer höheren Bereitschaft zur Abgabe von Sorgeerklärungen führen.

II. Die Entstehung des Entwurfes

Der Regierungsentwurf aus dem Sommer 2012 (siehe auszugsweise im Teil G)[332] sah die alleinige elterliche Sorge der Kindesmutter ab Geburt und die Möglichkeit des Vaters, beim Familiengericht die gemeinsame Sorge zu beantragen vor. Die gemeinsame Sorge sollte eintreten, wenn sie dem Wohl des Kindes nicht widerspricht. Trägt die Kindesmutter keine Gründe vor, die kindeswohlerheblich sind, so soll das Familiengericht in einem vereinfachten Verfahren ohne Anhörung des Jugendamtes und ohne Anhörung der Beteiligten im schriftlichen Verfahren entscheiden. Er wurde nach der ersten Lesung im November 2012 im Bundesrat beraten, und abgelehnt. Der Rechtsausschuss des Bundestages hörte zum Entwurf der Bundesregierung sowie zu den Entwürfen der Fraktionen von SPD[333], BündnisGrünen[334] und Linken[335] eine Expertenrunde an und gab die Empfehlung ab, den Regierungsentwurf unter Änderungen anzunehmen[336].

Der SPD-Entwurf sah vor, die Bundesregierung aufzufordern, einen Gesetzentwurf vorzulegen, der vorsehe, dass die elterliche Sorge nicht miteinander verheirateten Eltern gemeinsam zusteht, wenn sie eine gemeinsame Sorgeerklärung abgeben, einander heiraten oder das Familiengericht die gemeinsame Sorge anordnet. Bei der standesamtlichen Registrierung des Kindes soll der Standesbeamte nicht miteinander verheiratete Eltern über die Möglichkeit einer gemeinsamen Sorgeerklärung aufklären und die Eltern auffordern, sich zu der gewünschten Aus-

---

332 BT-Drucks. 17/11048.

333 BT-Drucks. 17/8601 vom 8. 2. 2012.

334 BT-Drucks. 17/3219 vom 6. 10. 2010.

335 BT-Drucks. 17/9402 vom 24. 4. 2012.

336 BT-Drucks. 17/12198.

gestaltung der Sorge zu äußern. Können die Eltern vor dem Standesamt kein Einvernehmen erzielen, müssen die Eltern vom Jugendamt aufgefordert werden, sich innerhalb einer bestimmten Frist zu der gewünschten Ausgestaltung der Sorge zu äußern. Ist das Votum der Eltern nicht einvernehmlich und kann auch durch das Jugendamt keine Einigung der Eltern erwirkt werden, erstellt das Jugendamt eine Stellungnahme und stellt beim Familiengericht einen Antrag auf Entscheidung zur elterlichen Sorge. Die rechtlichen und tatsächlichen Folgen der Neuregelung sollen nach spätestens drei Jahren wissenschaftlich evaluiert werden. Über die Ergebnisse soll der Deutsche Bundestag zeitnah durch einen schriftlichen Bericht der Bundesregierung unterrichtet werden müssen.

Der Antrag der Fraktion DIE LINKE. hatte zum Ziel, nichtverheiratete und verheiratete Väter weitgehend gleichzustellen und beiden Elternteilen unbürokratisch das gemeinsame oder alleinige Sorgerecht zu ermögliche, somit einen Gesetzentwurf vorzulegen, mit dem die Eltern unabhängig von ihrem eherechtlichen Status mit der Anerkennung der Vaterschaft ein gemeinsames Sorgerecht erhalten, sofern der Vater die Übernahme der gemeinsamen Sorge erklärt. Sind sich beide Elternteile darüber einig, dass kein gemeinsames Sorgerecht entstehen soll und sind sie sich über die Alleinsorge einig, soll die Alleinsorge der Mutter oder des Vaters durch gemeinsame Willenserklärung der Eltern gegenüber dem Jugendamt entstehen. Will ein Elternteil das alleinige Sorgerecht gegen den Willen des anderen Elternteils erreichen, soll dies bei der Vaterschaftsanerkennung ebenfalls gegenüber dem Jugendamt erklärt werden. Das Jugendamt soll von Amts wegen verpflichtet sein, beide Eltern über die Möglichkeit des gemeinsamen und des alleinigen Sorgerechts sowie über die davon unabhängigen Rechte des Kindes auf Umgang und Unterhalt zu informieren. Können sich die Eltern nicht auf ein gemeinsames oder alleiniges Sorgerecht einigen, soll das Jugendamt verpflichtet sein, ein Mediationsverfahren anzubieten. Findet dieses nicht statt oder führt es zu keinem Erfolg, solle der Rechtsweg offenstehen.

Der Antrag der Fraktion BÜNDNIS 90/DIE GRÜNEN sah vor, wenn es dem Kindeswohl nicht widerspreche, seien Vater und Mutter gleichberechtigt zu behandeln.

Zu diesem Zweck hatte der Antrag einen Beschluss des Deutschen Bundestages zum Ziel, mit dem die Bundesregierung unter anderem dazu aufgefordert werden soll, einen Gesetzentwurf vorzulegen, der ein gemeinsames elterliches Sorgerecht für nicht miteinander verheiratete Eltern ermöglicht. Die Rechtsprechung des EGMR und des BVerfG erfordere auch bei nicht miteinander verheirateten Eltern eine gleichberechtigte Behandlung von Vater und Mutter, wenn dies dem Kindeswohl nicht widerspricht.

Väter, die nicht mit der Mutter des gemeinsamen Kindes verheiratet sind und die die Vaterschaft anerkannt haben oder deren Vaterschaft gerichtlich festgestellt wurde, sollen beim zuständigen Jugendamt einen Antrag auf gemeinsame elterliche Sorge stellen können. Das Jugendamt hat die Aufgabe, die Mutter des gemeinsamen Kindes über den Antrag des Vaters zu informieren und ihr eine Frist von acht Wochen zu setzen, in der sie dem Antrag widersprechen kann. Die Frist soll ab Kenntnis des Antrags des Vaters beginnen. Ihr Lauf ist aber gehemmt innerhalb der Mutterschutzfrist (sechs Wochen vor und acht Wochen nach der Geburt), wenn die Mutter während der Achtwochenfrist eine entsprechende Mitteilung macht. Dem Antrag des Vaters wird stattgegeben und die gemeinsame Sorge wird erteilt, wenn die Mutter nicht innerhalb dieser Zeit widerspricht und dem Jugendamt keine Erkenntnisse über eine offensichtliche Kindeswohlgefährdung durch den Vater vorliegen. Im Falle eines Widerspruchs der Mutter soll der Vater einen Antrag auf gemeinsames Sorgerecht beim Familiengericht stellen können. Ebenso soll der Vater die Möglichkeit bekommen, einen Antrag beim Familiengericht zu stellen, wenn das Jugendamt aufgrund von Erkenntnisse über eine Kindeswohlgefährdung die gemeinsame Sorge nicht erteilt hat. Das Familiengericht soll dem Antrag stattgeben, sofern die gemeinsame elterliche Sorge dem Kindeswohl nicht widerspricht. Auch die Mutter soll die Möglichkeit bekommen, beim Jugendamt zu beantragen, dass der Vater mit ihr gemeinsam das Sorgerecht erhält. In den Fällen, in denen die Mutter der Antragstellung des Vaters widersprochen hat und die gemeinsame Sorge durch eine familiengerichtliche Entscheidung erteilt wurde, sollen beide Eltern auf die Möglichkeit der Beratung nach den §§ 16, 17 und 18 des Achten Buches Sozialgesetzbuch (SGB VIII) oder Angebote der Mediation hingewiesen werden. Hat die Mutter die alleinige elterliche Sorge inne und will der Vater die Alleinsorge übertragen bekommen, kann der getrennt lebende Vater sie beim Familiengericht beantragen. Entsprechend der Übergangsregelung des Bundesverfassungsgerichts soll der Vater die Alleinsorge erlangen, soweit eine gemeinsame elterliche Sorge nicht in Betracht kommt und zu erwarten ist, dass dies dem Kindeswohl am besten entspricht.

Die Beschlussfassung und Empfehlung des Rechtsausschusses ging dahin, den Entwurf unter leichten Änderungen anzunehmen. Insbesondere wurde die Anwendung des vereinfachten Verfahrens von einer Soll-Regelung in eine Kann-Regelung abgeändert[337].

Der Gesetzentwurf wurde in der Bundestagssitzung vom 31. 1. 2013 in 2. und 3. Beratung angenommen; der Bundesrat stimmte in seiner Sitzung vom 1. 3. 2013 zu. Das Gesetz tritt am 19. 5. 2013 in Kraft[338].

---

337 BT-Drucks. 17/12198 vom 31. 1. 2013.

338 BGBl. Teil I Nr. 18/2013 v. 19. 4. 2013, S. 795.

III. Inhalt der Neuregelung

1. Alleinige elterliche Sorge der Mutter

„§ 1626a Elterliche Sorge nicht miteinander verheirateter Eltern; Sorgeerklärungen
(1) Sind die Eltern bei der Geburt des Kindes nicht miteinander verheiratet, so steht ihnen die elterliche Sorge gemeinsam zu,
1. wenn sie erklären, dass sie die Sorge gemeinsam übernehmen wollen (Sorgeerklärungen),
2. wenn sie einander heiraten oder
3. soweit ihnen das Familiengericht die elterliche Sorge gemeinsam überträgt.

(2) Das Familiengericht überträgt gemäß Absatz 1 Nummer 3 auf Antrag eines Elternteils die elterliche Sorge oder einen Teil der elterlichen Sorge beiden Eltern gemeinsam, wenn die Übertragung dem Kindeswohl nicht widerspricht. Trägt der andere Elternteil keine Gründe vor, die der Übertragung der gemeinsamen elterlichen Sorge entgegenstehen können, und sind solche Gründe auch sonst nicht ersichtlich, wird vermutet, dass die gemeinsame elterliche Sorge dem Kindeswohl nicht widerspricht.
(3) Im Übrigen hat die Mutter die elterliche Sorge."

§ 1626 a BGB regelt nunmehr im Abs. 3 den Grundsatz, dass die elterliche Sorge für das nichteheliche Kind der Mutter zusteht. Nach Abs. 1 gibt es drei Möglichkeiten, durch welche die gemeinsame Sorge beider Elternteile herbeigeführt werden kann. Das ist zum einen unverändert die Sorgeerklärung nach Nr. 1 sowie die Eheschließung der Eltern nach Nr. 2 und – neu- nach Nr. 3 die Übertragung der gemeinsamen Sorge durch das Familiengericht.

Bis zu einer anderweitigen Regelung besteht das alleinige Sorgerecht der Mutter. Alle Entscheidungen, die bis zu diesem Zeitpunkt getroffen werden, trifft die Mutter demnach allein.

Gerade aber direkt nach der Geburt fallen mehr Entscheidungen von grundsätzlicher Bedeutung für das weitere Leben des Kindes an, als jemals wieder. Das ist direkt zu Anfang die Entscheidung über den Namen des Kindes (§ 1617 a BGB), sowohl hinsichtlich der Vornamen als auch hinsichtlich des Nachnamens. Es muss die Entscheidung über den Wohnsitz getroffen werden, mit der Alleinsorge erhält das Kind automatisch auch den Wohnsitz der Mutter. Grundsätzliche medizinische Fragen, wie die Impfungen sind ebenfalls in den ersten Lebenswochen zu treffen und fallen damit in den Zuständigkeitsbereich der Mutter, ohne Einflussmöglichkeit des Vaters. Gerade diese Weichenstellung ohne Einflussmöglichkeit des Vaters war und ist der Hauptkritikpunkt am Antragsmodell.

Das Bundesverfassungsgericht hat in der Entscheidung vom 21.7. 2010[339] allerdings erklärt, dass gegen die grundsätzliche Zuordnung des alleinigen Sorgerechtes zur Mutter eines nichtehelichen Kindes im Hinblick auf das Elternrecht des Vaters keine verfassungsrechtlichen Bedenken bestehen. Das Gericht geht davon aus, dass im Zeitpunkt der Geburt eines nichtehelichen Kindes nicht generell davon ausgegangen werden könne, dass das Kind einen Vater rechtlich zugeordnet werden kann und dieser bereit ist, Verantwortung für das Kind zu tragen. Darüber hinaus hat das Bundesverfassungsgericht auch noch festgestellt, dass das väterliche Elternrecht nicht verlange, mit der wirksamen Anerkennung der Vaterschaft in Bezug auf ein nichteheliches Kind zugleich kraft Gesetzes das gemeinsame Sorgerecht zu bekommen.

Die Entscheidung des Gesetzgebers für ein **Antragsmodell mit anschließender Prüfung durch das Familiengericht** erhält damit die Ungleichbehandlung nichtehelicher Väter gegenüber ehelichen Vätern. Es ist nicht nur, dass sie zur Erreichung der gemeinsamen elterlichen Sorge für ihr Kind einen Antrag stellen müssen, also tätig werden müssen, was ein ehelicher Vater nicht muss, sondern sie müssen auch damit rechnen, sich einen ausdifferenzierten gerichtlichen Verfahren stellen zu müssen[340]. Zum Zeitpunkt der Antragstellung weiß der Vater nicht, wie sich die Kindesmutter einlassen wird. Allein aus der Tatsache, dass sie nicht zustimmt ist, zu sehen, dass ein Konflikt besteht. Und wenn sie auch keine Gründe hat, sondern lediglich die, aus der Untersuchung ersichtlichen Gründen vorhanden sind, dass sie den Vater schlicht nicht beteiligen will, so wird sie welche suchen, ansonsten könnte sie gleich zustimmen.

2. Voraussetzungen der gemeinsamen Sorge

Die elterliche Sorge steht den Eltern gemeinsam zu, wenn sie erklären, dass sie die elterliche Sorge gemeinsam ausüben wollen. Voraussetzung für eine wirksame gemeinsame Sorge ist es demnach, dass die Elternschaft rechtlich festgestellt ist.

Gemäß § 1591 BGB ist Mutter des Kindes die Frau, die es geboren hat. Die Regelungen über die Feststellung der Vaterschaft sind durch das Gesetz über die gemeinsame Sorge nicht geändert worden. Gemäß § 1592 ist Vater des Kindes derjenige, der zum Zeitpunkt der Geburt des Kindes mit der Mutter verheiratet ist, wer die Vaterschaft des Kindes anerkannt hat oder dessen Vaterschaft nach § 1600d BGB oder § 182 FamFG gerichtlich festgestellt ist.

§ 1594 BGB bestimmt die Voraussetzungen der Anerkennung der Vaterschaft. Nach Abs. 2 ist die Anerkennung der Vaterschaft nicht wirk-

---

339 NJW 2010, 3008 = FamRZ 2010, 1403.

340 Holldorf ZKJ 2012, 476.

sam, solange die Vaterschaft eines anderen Mannes besteht. Hauptanwendungsfall ist die Geburt des Kindes während bestehender Ehe der Kindesmutter mit einem Mann, der nicht der leibliche Vater des Kindes ist. Das bedeutet, dass bis zu einer Anfechtung der Vaterschaft, die erst den Weg frei macht für die Anerkennung der Vaterschaft, auch die gemeinsame elterliche Sorge für den biologischen, nichtehelichen Vater, nicht erreichbar ist. Bestehen bleibt die Ausnahme des § 1599 S. 2 BGB. Wird ein Kind nach der Anhängigkeit eines Scheidungsverfahrens geboren und erfolgt binnen eines Jahres nach Rechtskraft der Ehescheidung die Anerkennung der Vaterschaft durch einen anderen Mann, so ist dieser Vater des Kindes. Die Zustimmung des Mannes, der zum Zeitpunkt der Geburt mit der Mutter verheiratet war, ist erforderlich. Die Anerkennung der Vaterschaft kann bereits vor der Geburt des Kindes erklärt werden.

§ 1626a BGB hat folgende Möglichkeiten:

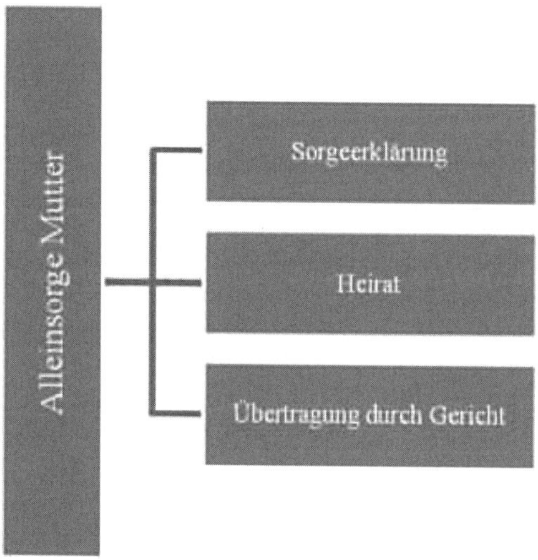

3. Möglichkeiten der Begründung der gemeinsamen elterlichen Sorge

a) Sorgeerklärung. Auch die Sorgeerklärung kann nach § 1626 b Abs. 2 BGB, der bis auf redaktionelle Anpassungen ansonsten unverändert bleibt, bereits vor der Geburt des Kindes erklärt werden. (§ 1626 b Abs. 2 BGB). Nur in diesem Fall steht das Kind mit seiner Geburt unter gemeinsamer elterlicher Sorge.

aa) Form und Zuständigkeit. Die Sorgeerklärung und die Zustimmungserklärung zur Sorgeerklärung müssen öffentlich beurkundet werden (§ 1626 d BGB). Die Eltern können die Sorgeerklärung nur selbst abgeben (§1626 c BGB). Eine Stellvertretung ist nicht zulässig. Wenn ein Elternteil in der Geschäftsfähigkeit beschränkt ist, so benötigt er die

Zustimmung seines gesetzlichen Vertreters. Auch bei der Zustimmung des gesetzlichen Vertreters gelten das Stellvertretungsverbot und die Formerfordernisse. Stimmt der gesetzliche Vertreter des Elternteiles nicht zu, so kann das Familiengericht auf Antrag des Elternteil dessen Zustimmung ersetzen, wenn die Sorgeerklärung dem Wohl des Elternteiles nicht widerspricht (§ 1626 c Abs. 2).

Beurkundet werden die Sorgeerklärungen und die Zustimmungen entweder

- Bei dem Notar (§ 20 Abs. 1 BnotO)
- Bei dem Urkundsbeamten des Jugendamtes (§ 59 Abs 1 Satz 1 iVm § 87 e SGBVIII
- Bei deutschen Auslandsvertretungen, wenn das Kind seinen gewöhnlichen Aufenthalt innerhalb des Geltungsbereichs des Haager Minderjährigenschutzabkommens (MSA) hat und ausschließliche die deutsche Staatsangehörigkeit besitzt (Art 3 MSA iVM Art 3 EGBGB).

Die Beurkundungen können auch durch einen gerichtlichen Vergleich ersetzt werden gemäß § 127 a BGB[341]. Dabei muss eine Sorgeerklärung nicht ausdrücklich vorliegen, Erklärungen der Eltern, wonach sie bekunden, das Sorgerecht gemeinsam ausüben zu wollen, reichen hierfür aus[342].

bb) Mitteilungspflichten. Beim Jugendamt wird eine Liste der Sorgeerklärungen geführt. Gemäß § 58 a SGB VIII kann die Mutter eine schriftliche Bescheinigung verlangen, dass keine Sorgeerklärung abgegeben wurde. Dafür ist das Jugendamt örtlich zuständig, in dessen Bereich die Mutter ihren gewöhnlichen Aufenthalt hat. Deshalb ist die beurkundende Stelle verpflichtet, an das Jugendamt, welches für den Geburtsort des Kindes zuständig ist,(§ 87 c Abs. 6 Satz 2 SGB VIII), die Sorgeerklärung und Zustimmungen unverzüglich mitzuteilen. Die Mitteilung hat das Geburtsdatum und Geburtsort des Kindes sowie den zur Zeit der Beurkundung seiner Geburt von dem Kind geführten Namen zu enthalten.

Dieses Negativattest dient im Rechtsverkehr der Mutter als Beweis ihrer Alleinsorge.

cc) Unwirksamkeit. Nach § 1626 e BGB sind Sorgeerklärungen und Zustimmungen nur dann unwirksam, wenn sie den Vorschriften der Regelung in §§ 1626 a bis d nicht genügen. Eine von beiden Elternteilen unterzeichnete Erklärung, dass sie die elterliche Sorge gemeinsam ausüben wollen, ist unwirksam, wenn sie nicht öffentlich beurkundet wurde.[343] Dagegen sind die Absichten für die Abgabe einer Sorgeerklärung

---

[341] JAmt 2004, 127.

[342] BGH NJW 2011, 2360.

[343] KG FF 2012, 324.

nicht relevant[344]. Etwaige Scheingeschäfte oder Motivirrtümer führen nicht zur Unwirksamkeit der gemeinsamen Sorgeerklärung[345].

Unwirksam ist also eine Sorgeerklärung nur dann, wenn

- sie nicht von den Eltern im Rechtsinne abgegeben wurde, § 1626 a BGB,
- die Erklärung von einem Stellvertreter oder eine Erklärungsboten abgegeben wurde § 1626 c BGB,
- die Sorgeerklärung von einem beschränkt geschäftsfähigen oder geschäftsunfähigen Elternteil ohne Zustimmung des gesetzlichen Vertreters abgegeben wurde, der gesetzliche Vertreter die Zustimmung verweigert und das Gericht die Zustimmung auf Antrag nicht ersetzt § 1626 c Abs. 2 BGB,
- die Form der öffentlichen Beurkundung nicht eingehalten wurde § 1626 d BGB,
- die Sorgeerklärung oder die Zustimmungen des gesetzlichen Vertreters unter einer Bedingung oder Befristung abgegeben wurde § 1626 b, § 1626 c,
- einer Sorgeerklärung abgegeben wurde, obwohl eine gegenläufige gerichtliche Entscheidung im Sinne von § 1626 b Abs. 3 BGB über die elterliche Sorge vorliegt.

Rechtsfolge der Unwirksamkeit der Sorgeerklärung oder der Zustimmungserklärung ist, dass es bei der alleinigen Sorge der Kindesmutter verbleibt.

b) Heirat der Eltern. Die Eltern bekommen kraft Gesetzes die gemeinsame elterliche Sorge, wenn sie einander heiraten. Diese Regelung ist gegenüber dem alten Recht unverändert geblieben. Voraussetzung ist wie bei der Sorgeerklärung die rechtliche Elternschaft beider Elternteile.

c) Übertragung durch das Gericht. Neu eingefügt ist nun in § 1626 a BGB die Möglichkeit des Gerichts, auf Antrag des Kindesvaters die elterliche Sorge den Eltern gemeinsam zu übertragen.

Zuständig für die Übertragung ist das Familiengericht, funktionell zuständig ist der Richter. Damit ist den (Minimal)- Anforderungen des europäischen Gerichtshofes für Menschenrechte Rechnung getragen, der in der Entscheidung vom 3. 12. 2009 den Ausschluss einer gerichtlichen Einzelfallprüfung der alleinigen elterlichen Sorge der Mutter als Verstoß gegen Art. 14 EMRK in Verbindung mit Art. 8 EMRK gesehen hatte.

Das Familiengericht überträgt die elterliche Sorge den Eltern gemeinsam, wenn das gemeinsame Sorgerecht dem Kindeswohl nicht widerspricht. Es bedarf keiner positiven Feststellung dahingehend, dass das

[344] OLG Köln FamRZ 2010, 906.
[345] Palandt/Götz § 1626 e Rn. 2.

gemeinsame Sorgerecht dem Kindeswohl entspricht. Es besteht eine **Vermutung** dahingehend, dass die gemeinsame Sorge dem Kindeswohl nicht widerspricht, wenn der andere Elternteil keine Gründe vorträgt, die der Übertragung der gemeinsamen elterlichen Sorge entgegenstehen oder solche Gründe sonst ersichtlich sind. Diese Vermutung ist widerlegbar, die Widerlegung bedarf aber der Begründung. Aus der Einschränkung folgt, dass die Vermutung nur dann eingreifen kann, wenn die Kindesmutter keine Gründe vorträgt, die der Übertragung der gemeinsamen elterlichen Sorge entgegenstehen und dem Gericht ansonsten auch keine Gründe bekannt sind.

In diesem Fall gilt außerdem das vereinfachte gerichtliche Verfahren welches neu eingeführt wird (dazu unten unter E.IV.)

Der Gesetzgeber sieht in dieser Konstruktion ein Mittelding zwischen der Antragslösung und der automatischen gemeinsamen Sorge kraft Gesetzes. Es werde zum einen verhindert, dass in Fällen, in denen das Kindeswohl gegen die gemeinsame Sorge spricht, eine solche kraft Gesetzes entstehe. Zum anderen komme eine umfassende gerichtliche Prüfung nur dort in Gang, wo sie zum Schutz des Kindes wirklich nötig ist[346].

Für die Antragstellung ist **nicht erforderlich**, dass der Kindesvater bereits eine Sorgeerklärung abgegeben hat. Diese kann auch im Gerichtstermin erklärt werden. Der Kindesvater hat das Wahlrecht, ob er zunächst eine Sorgeerklärung beim Jugendamt abgibt und versucht, die Zustimmung der Kindesmutter zu erhalten, oder ob er bei einer bekannten Weigerung der Kindesmutter direkt einen gerichtlichen Antrag stellt.

aa) Negative Kindeswohlprüfung. Das Gericht nimmt in Zukunft eine „negative Kindeswohlprüfung" vor. Darin liegt ein Unterschied gegenüber der Praxis seit der Entscheidung des Bundesverfassungsgerichts vom 21. 7. 2010[347]. Dort war den Gerichten aufgegeben worden, die elterliche Sorge den Eltern gemeinsam zu übertragen, wenn die dem Kindeswohl entspricht.

Eine positive Feststellung der Kindeswohldienlichkeit war notwendig, der üblicherweise mit allgemeinen Erwägungen entsprochen wurde.

So wurde argumentiert, dass es grundsätzlich dem Wohl des Kindes entspräche, wenn es in dem Bewusstsein lebe, dass beide Elternteile für es gemeinsame Verantwortung tragen[348].

Die Entscheidung darüber, ob die gemeinsame Sorge dem Kindeswohl entspricht, wird auch in Zukunft eine Einzelfallprüfung des Gerichtes sein müssen. Da die Kriterien des neuen Gesetzes der Entscheidung des

---

346 BT-Drucks. 17/11048, 15.

347 FamRZ 2010, 1403; hierzu kritisch Huber/Antomo, FamRZ 2013, 665, 668.

348 OLG Köln FamFR 2012, 336.

Bundesverfassungsgerichtes vom 21.7.2010 weit gehend entsprechen, ist die seit diesem Zeitpunkt bestehende Rechtsprechung zumindest ein Anhaltspunkt dafür, wie die Rechtsprechung zur gemeinsamen elterlichen Sorge unter Anwendung des neuen Gesetzes in Zukunft sich darstellen wird.

bb) Fallgruppen, die für Alleinsorge sprechen.

- *Anhaltende und unüberbrückbare Differenzen*

Bestehen zwischen den Eltern die Belange des Kindes unmittelbar berührende Differenzen und ist deshalb damit zu rechnen, dass die Eltern in Zukunft nicht ohne Mithilfe des Familiengerichtes in der Lage sein werden, wesentliche Fragen für das Kind zu regeln, fehlt eine wesentliche Basis für die Ausübung des gemeinsamen Sorgerechtes. Dafür spricht zum Beispiel, wenn die Eltern trotz Mithilfe des Jugendamtes nicht in der Lage sind, den Umgang zwischen Vater und Sohn einvernehmlich und konfliktfrei zu regeln. Im Bereich des Umgangsrechtes kann außerdem gegen die Ausübung der gemeinsamen elterlichen Sorge sprechen, wenn der Vater gegen seine Wohlverhaltenspflicht aus § 1684 Abs. 2 BGB verstößt indem er das Kind verspätet abholt oder zurückbringt oder das Hausrecht der Mutter missachtet[349]. Ob auch die Nichtzahlung von Kindesunterhalt in dem richtigen Maße ein Indiz dafür ist, dass der Vater wegen eines darin begründeten Mangels an erzieherischer Kompetenz nicht zur Ausübung des Sorgerechtes geeignet sei, wie das Kammergericht annimmt, mag zweifelhaft erscheinen[350]. Als einzelnes Argument dürfte es sicherlich nicht ausreichen, das hat auch das Kammergericht so gesehen. Es ist zwar richtig, dass die wirtschaftliche Existenz Grundlage für ein gedeihliches Aufwachsen des Kindes ist, im Rahmen des Sorgerechtes kann ein Verstoß gegen Unterhaltsverpflichtungen aber nur dann Bedeutung entfalten, wenn mindestens eine subjektive Begründung für die Nichtzahlung des Kindesunterhaltes in ausreichendem Maße im Bereich des Sorgerecht liegt (z.B. die Mutter versorge das Kind nicht ausreichend und verwende den Kindesunterhalt falsch; Sanktion für zu wenig Umgang). Es besteht ansonsten die rein praktische Gefahr, Streitigkeiten über den Kindesunterhalt in den Bereich des Sorgerechtes zu verlagern. Das Kind hat auch keinen Vorteil von einem Vater, der aus Angst, das Sorgerecht verlieren oder nicht zu erhalten, sich zu einer über seine Leistungsfähigkeit hinausgehenden Unterhaltszahlung veranlasst sieht.

- *Fehlende Kommunikation und Kooperation.*

Die Ausübung der gemeinsamen elterlichen Sorge setzt voraus, dass die Eltern über eine ausreichende Fähigkeit zur Kommunikation verfü-

---

[349] KG FF 2012, 324 = ZKJ 2012, 655.
[350] KG aaO.

gen. Weiterhin ist die Bereitschaft erforderlich, mit dem anderen Elternteil zu kooperieren. Die Belange des Kindes müssen mit dem anderen Elternteil besprochen werden, nicht mit dem Kind. Dabei kann eine fehlende Kommunikation in Bereichen, in denen das Alleinentscheidungsrecht eines Elternteiles eingreift, auch dafür sprechen, das grundsätzliche Kommunikationsbereitschaft nicht gegeben ist. (Anschaffung eines Computers gegen den Willen des anderen Elternteils durch den Umgangsberechtigten, Klavierunterricht ohne Absprache, Weigerung dem anderen Elternteil mitzuteilen, wie viel Taschengeld das Kind erhält[351]).

Eine solche fehlende Konsensbereitschaft lässt sich zum Beispiel auch entnehmen, wenn zwischen den Parteien Gewaltschutzverfahren und in der Folge eine strafrechtliche Verurteilung des Kindesvaters gegeben sind und auch der Vortrag im Sorgerechtsverfahren selbst derartig kontrovers ist, dass auf der Hand liegt, dass ein Konsens nicht mehr gegeben ist[352].

Auch die tatsächliche Hinderung des Kindesvaters an der Ausübung der elterlichen Sorge durch eine lebenslange Strafhaft oder eine Haftstrafe, die zumindest bis zur Volljährigkeit des Kindes andauern wird, führt dann nicht zur Anordnung des Ruhens der elterlichen Sorge, sondern zur Aufhebung der gemeinsamen elterlichen Sorge und Übertragung der Alleinsorge auf den anderen Elternteil[353].

Die Eltern sind **zu einer Konsensfindung verpflichtet,** sofern ihnen das zum Wohle ihrer Kinder zuzumuten ist[354]. Allerdings lässt sich diese Verpflichtung nur begrenzt durchsetzen, denn eine Konsensfindung oder elterliche Gemeinsamkeit kann weder verordnet noch erzwungen werden. Insbesondere kann das Gelingen der Kommunikation oder die elterliche Gemeinsamkeit nicht durch den Entzug der elterlichen Sorge sanktioniert werden. Vielmehr ist in einem solchen Fall das Sorgerecht auf den Elternteil allein zu übertragen, bei dem das Kindeswohl eher gewährleistet ist[355]. Auch die Anordnung einer Psychotherapie im Wege der Auflage an die Eltern ist nicht zulässig[356].

Da sich die Entscheidung am Kindeswohl zu orientieren hat, kommt es auch nicht darauf an, weshalb es nicht zu einer vernünftigen Kommunikation und Kooperation der Eltern kommt[357].

Wenn aber die Gründe zur Verweigerung der Zustimmung zur Errichtung der gemeinsamen Sorge nicht am Kindeswohl orientiert sind, dann

---

351 OLG Braunschweig ZKJ 2012, 318.

352 OLG Saarbrücken FamRZ 2012, 1064.

353 OLG Koblenz FamRZ 2012, 726.

354 Palandt/Götz § 1671 Rn. 21.

355 OLG Brandenburg ZKJ 2012, 308.

356 BVerfG FamRZ 2011, 179.

357 KG FF 2012, 324 = ZKJ 2012, 222.

können sie auch nicht tragfähig für den Ausschluss der gemeinsamen elterlichen Sorge sein[358]. Eine schriftliche, in ausreichendem Maß bestehende Kommunikation der Eltern über wesentliche Fragen, gegebenenfalls auch unter Mithilfe anwaltlichen Beistand reicht insoweit aus[359]. Die Anforderungen an die gemeinsame Sorge dürfen auch nicht zu hoch angesiedelt werden. Maßstab muss mindestens das sein, was für die Aufhebung der gemeinsamen elterlichen Sorge nach § 1671 die Voraussetzung sein muss[360].

Im Übrigen ist darauf zu achten, dass Konsensfindung nicht verwechselt wird mit einem bloßen „Abnicken" der mütterlichen Entscheidungsfindung durch den Kindesvater. Das Kind kann nur profitieren von einem sachlichen Dialog und lebt auch in der intakten Beziehung zwischen Eltern in einem Spannungsverhältnis zwischen den Erziehungsauffassungen, Kompetenzen und Persönlichkeiten der Eltern, welches wiederum zu seiner Persönlichkeitsbildung beiträgt. In diesem Bereich trifft das Gericht die Aufgabe, die Grenze zwischen Kindeswohl orientiertem Diskurs und der beabsichtigten Schaffung von Schwierigkeiten in der Erziehung aus Gründen, die in der zerrütteten Paarbeziehung der Eltern liegen, zu finden.

- *Herabwürdigung des anderen Elternteiles*

  Wenn ein Elternteil den anderen Elternteil in erheblichem Umfang beschimpft und herabsetzende Vorwürfe erhebt, kann nicht davon ausgegangen werden, dass die zur Ausübung der gemeinsamen elterlichen Sorge notwendige tragfähige soziale Beziehung zwischen den Eltern besteht (Vorwurf, nur zur Erlangung eines Adelstitels oder einer Aufenthaltsberechtigung geheiratet zu haben; Bezeichnung ihres Verhaltens als Frechheit, Hinterhältigkeit, Falschheit[361]).

- *Streit in Fragen von grundsätzlicher Bedeutung*

  Hauptanwendungsfall bei der Aufhebung der gemeinsamen elterlichen Sorge und Übertragung der Alleinsorge auf einen Elternteil ist, wenn die Eltern eine notwendige Einigung in Fragen von grundsätzlicher Bedeutung für das Kind nicht erzielen können. Grundlage des familiengerichtlichen Verfahrens ist daher in dieser Fallkonstellation ein konkreter Streit zwischen den Eltern, der zur Entscheidungsgrundlage gemacht werden kann.

  Bei der Entscheidung über die Anordnung der gemeinsamen elterlichen Sorge müsste das Gericht dementsprechend anhand der Vergangenheit eine Prognoseentscheidung über die Fähigkeiten der Eltern erstellen,

---

[358] BVerfG NJW 2010, 3008.
[359] OLG Hamm FamRZ 2012, 880 = FamFR 2012, 162.
[360] AG Karlsruhe FamRZ 2011, 1962.
[361] OLG Saarbrücken FF 2011, 326.

in Angelegenheiten von grundsätzlicher Bedeutung eine Einigung zu erzielen. Das fällt unter die Fallgruppe der Kommunikations- und Konsensfähigkeit. Es ist kaum davon auszugehen, dass bei einem akut bestehenden Streit über eine Frage von grundsätzlicher Bedeutung ein Antrag auf Anordnung der gemeinsamen elterlichen Sorge gestellt wird.

4. Kriterien des Gesetzgebers

In der Gesetzesbegründung hat sich der Gesetzgeber ausführlich Gedanken darüber gemacht, welche Motivationen und Fallgruppen als Begründung für eine alleinige elterliche Sorge angeführt werden und welche nach dem Willen des Gesetzgebers davon stichhaltig sein sollen.

„Nimmt die Mutter eine Blockadehaltung erst im Zusammenhang mit dem Begehren des Vaters, an der Sorge beteiligt zu werden, ein, und gibt es Anhaltspunkte dafür, dass Anlass hierfür vor allem der Wunsch ist, die Alleinentscheidungsbefugnis zu behalten, so wird sich diese Haltung durch eine praktizierte gemeinsame Sorge oftmals auflösen lassen. Anders dürfte es sich dagegen in Fällen verhalten, in denen sich womöglich über einen längeren Zeitraum beiderseits eine ablehnende Haltung verfestigt hat, so dass eine Verschärfung der Konflikte zwischen den Eltern zu erwarten ist, wenn man sie durch die Übertragung der gemeinsamen Sorge zwingt, sich über Angelegenheiten der gemeinsamen Sorge zu verständigen.

Leben die Eltern seit längerer Zeit zusammen, wird dies regelmäßig ein Indiz für eine gelingende Kooperation der Eltern sein und es wird des Vortrags gewichtiger Gründe bedürfen, warum trotz Zusammenlebens der Eltern eine gemeinsame Sorge dem Kindeswohl widersprechen würde.[362] *“*

Dabei kann jedoch nicht bereits die Ablehnung einer gemeinsamen Sorge durch die Kindesmutter die Annahme begründen, dass in einem solchen Fall die gemeinsame Sorge dem Kindeswohl widerspricht, denn dann hätte es die Mutter nach wie vor allein in der Hand, ob es zu einer gemeinsamen Sorgetragung kommt oder nicht[363]. Das ist umso wichtiger, als bislang gelegentlich allein die Tatsache, dass gegenläufige Anträge zum Sorgerecht gestellt wurden, als Indiz für die Notwendigkeit der Aufhebung der gemeinsamen elterlichen Sorge angesehen wurde[364]. Angesichts des gesetzlichen Leitbildes, das nunmehr nach Möglichkeit die in gemeinsamer Verantwortung ausgeübte Sorge beider Elternteile vorsieht, ist zu verlangen, dass konkrete Anhaltspunkte dafür dargetan

---

362 BT-Drucks. 17/11048 vom 17. 10. 2012, 17.

363 BT-Drucks. aaO.

364 So z.B. OLG Brandenburg, Beschluss v. 19. 9. 2012, 13 UF 9/11 = BeckRS 2012, 21727.

werden, dass eine gemeinsame Sorge sich nachteilig auf das Kind auswirken würde.

Das Gericht kann den Eltern die elterliche Sorge als Ganzes oder beschränkt auf Teilbereiche gemeinsam übertragen. Wenn nur in Teilbereichen kindeswohlschädliche Differenzen bestehen, die Eltern in anderen Bereichen aber übereinstimmen und kooperieren, dann ist es auch nicht gerechtfertigt, die gemeinsame Sorge gänzlich zu versagen.

Daraus folgen einige Hinweise:

a) Was der Vater in der Begründung seines Antrages auf Einräumung der gemeinsamen elterlichen Sorge vortragen sollte:

- Name und Datum der Geburt des Kindes.
- Wohnsitz des Kindes und Name der Kindesmutter.
- Anerkennung der Vaterschaft.
- Ob er mit der Kindesmutter und dem Kind einen gemeinsamen Haushalt führt oder geführt hat.
- seine Absichtserklärung, für das Kind rechtliche und tatsächliche Verantwortung zu übernehmen.
- nur allgemeine Angaben darüber, wie viel und welche Art der Kommunikation zwischen den Eltern besteht (tägliche Gespräche über das Kind, Gespräche über das Kind bei der Übergabe zwecks Umgangskontakts. Nur schriftliche Kommunikation, nur Telefonate).
- soweit schon geklärt, Angaben zur Unterhaltszahlung.
- Angabe darüber, ob die Beziehung zur Kindesmutter noch besteht und wie lange sie bestanden hat.
- Angaben darüber, ob er an der Schwangerschaft teilgenommen hat (Begleitung zu Vorsorgeuntersuchungen, Beschaffung der Erstausstattung).
- Angaben zu weiteren Kindern.

b) Was der Vater in der Begründung seines Antrages auf Einräumung der gemeinsamen elterlichen Sorge auf keinen Fall vortragen sollte:

- Dass die Kindesmutter zur Versorgung des Kindes auf seine Hilfe angewiesen ist.
- Dass er die Erziehungsfähigkeit der Kindesmutter infrage stellt und ihre Entscheidungen deshalb kontrollieren möchte.
- Dass man mit der Kindesmutter nicht reden könne.

c) Was die Mutter in der Begründung der Ablehnung der gemeinsamen elterlichen Sorge vortragen sollte:

- Konkrete und belegbare Einschränkungen der Erziehungsfähigkeit, Gewaltanwendung, bestehender Alkohol- oder Drogenmissbrauch.
- Konkrete Differenzen über die Erziehung in erheblichem Ausmaß.

- Nicht Erreichbarkeit aufgrund längerem Auslandsaufenthaltes.
- Kriminalität.
- Nachgewiesene, nicht vermutete, Zugehörigkeit zu einer terroristischen Vereinigung.
- Fehlende Kommunikation, die auch nicht wiederhergestellt werden kann.
- Tiefgreifende und lange andauernde Zerwürfnisse.
- Jetzt schon bestehende Auseinandersetzungen in mehreren Fragen von grundsätzlicher Bedeutung.

d) Was die Mutter in der Begründung der Ablehnung der gemeinsamen elterlichen Sorge auf keinen Fall vortragen sollte:

- Pauschale Behauptung, dass man nicht miteinander reden könne.
- Befürchtung, dass der Kindesvater bei Entscheidungen nicht erreichbar ist.
- Neue Partnerschaft.
- Eingliederung des Kindes in die eigene Familie, in der ein anderer Mann die Vaterrolle einnehmen soll.
- Pauschale Behauptung der Unzuverlässigkeit.
- Nicht belegbare und pauschale Behauptung von Alkoholmissbrauch, Drogenkonsum.
- Unterschiedliche Auffassungen geringfügiger Art in Fragen der alltäglichen Fürsorge. (Kleidung, ZuBettgehzeiten, Ernährung)

5. Übertragung der alleinigen elterlichen Sorge auf den Vater

Das Gesetz sieht ebenso die Möglichkeit vor, dass der Vater einen Antrag auf Übertragung der **alleinigen elterlichen Sorge** auf sich selbst stellt. Damit ist der Zustand beendet, dass für eine alleinige elterliche Sorge des nichtehelichen Kindesvaters die Hürde der Kindeswohlgefährdung überwunden werden musste.

Jetzt ist Maßstab wie bei den ehelichen Kindern lediglich die Prüfung, welcher Elternteil für die Ausübung der alleinigen elterlichen Sorge besser geeignet ist. Analog der Regelung bei ehelichen Kindern, dass zuerst zu prüfen ist, ob die Aufhebung der gemeinsamen elterlichen Sorge dem Kindeswohl entspricht, ist hier jetzt auch zunächst zu prüfen, ob die Anordnung der gemeinsamen Sorge in Betracht kommt und erst im zweiten Schritt, auf wen die elterliche Sorge allein zu übertragen ist. Hinsichtlich der Kriterien gelten die Ausführungen zu B.IV.

6. Wirkung von Störungen in der elterlichen Sorge nach neuem und altem Recht

Die Form der elterlichen Sorge hat auch Auswirkungen darauf, welche Maßnahmen mit welchem Maßstab zu treffen sind, wenn Störungen bei der Ausübung des Sorgerechtes eintreten. Nach dem bisherigen Recht war bei der Verhinderung oder dem Tod eines Elternteiles die Rechtslage unterschiedlich je nachdem, ob es sich um Eltern mit gemeinsamer Sorge, mit Alleinsorge kraft gesetzlicher Zuweisung oder mit Alleinsorge kraft richterlicher Zuweisung handelte. Beim Tod eines Elternteiles war bislang für den Vater, der die Übertragung auf sich bei bisheriger Alleinsorge der Mutter die Feststellung der Kindeswohldienlichkeit notwendig, während bei Alleinsorge nach richterlicher Übertragung nach den Vorschriften der §§ 1671, 1672 lediglich festzustellen war, ob die Übertragung auf den Vater dem Kindeswohl widerspricht.

Auch wenn die elterliche Sorge der Kindesmutter nach §1666 entzogen wird, ist nunmehr der Maßstab zur Übertragung der elterlichen Sorge auf den Kindesvater gleich unabhängig davon, ob die Kindesmutter nach § 1626 a oder nach § 1671 allein sorgeberechtigt war[365].

Gleich geblieben ist allerdings die unterschiedliche Behandlung von nichtehelichen Vätern und ehelichen Vätern bei der Ersetzung der Zustimmung zur Adoption. Bei ehelichen Vätern ist eine Ersetzung der Zustimmung zur Adoption nach § 1747 nur möglich, wenn eine gröbliche Pflichtverletzung oder Gleichgültigkeit gegenüber dem Kind vorliegt und die Verweigerung der Adoption für das Kind einen unverhältnismäßigen Nachteil bringen würde. Bei dem nichtehelichen Vater ist dagegen die gröbliche Pflichtverletzung oder Gleichgültigkeit, also das subjektive Element nicht notwendig. Es reicht aus, wenn die Verweigerung der Ersetzung für das Kind einen unverhältnismäßigen Nachteil bringen würde. Die Eingriffsschwelle ist demnach erheblich niedriger. Eine Begründung dafür, weshalb eine Unterscheidung gemacht wird, fehlt im Regierungsentwurf.

Lediglich angepasst wurden die Regelungen zur Abänderung gerichtlicher Entscheidungen nach § 1696 BGB. Die Entscheidungen nach § 1626a Abs. 2, also die Erstübertragung der gemeinsamen elterlichen Sorge werden zunächst nach § 1671 abgeändert. Erst die Entscheidung nach § 1671 wird dann unter den erschwerten Voraussetzungen des § 1696 abgeändert.

---

[365] BT-Drucks. 17/11048 S. 13.

	Gemeinsame Sorge	Alleinsorge § 1626a aF	Alleinsorge nach § 1671, 1672	Neues Recht
Verhinderung eines Elternteils oder Ruhen der elterlichen Sorge	§ 1678 Abs. 1 Der andere Elternteil übt die elterliche Sorge allein aus.	§ 1678 Abs. 2 Übertragung auf den anderen Elternteil durch das Gericht bei dauernder Verhinderung der Mutter, wenn dies dem Wohl des Kindes dient.	§ 1696 Änderung der Sorgeentscheidung durch das Gericht auf Antrag des anderen Elternteils, wenn dies aus triftigen das Kindeswohl nachhaltig berührenden Gründen angezeigt ist.	§ 1678 Abs. 2 Übertragung auf den anderen Elternteil durch das Gericht bei dauernder Verhinderung der Mutter, wenn dies dem Wohl des Kindes nicht widerspricht.
Tod eines Elternteiles	§ 1680 Abs. 1 elterliche Sorge steht dem überlebenden Elternteil zu.	§ 1680 Abs. 2 S. 2 Übertragung auf den Vater, wenn dies dem Kindeswohl dient.	§ 1680 Abs.2 S. 1 Übertragung auf den Vater, wenn dies dem Kindeswohl nicht widerspricht.	§ 1680 Abs. 2 S. 1 Übertragung auf den Vater, wenn dies dem Kindeswohl nicht widerspricht. § 1680 Abs. S. 2 wird aufgehoben.
Entzug der elterlichen Sorge	§ 1680 Abs. 1 elterliche Sorge steht dem überlebenden Elternteil zu	§ 1680 Abs. 2 S. 2 Übertragung auf den Vater, wenn dies dem Kindeswohl dient.	§ 1696 Änderung der Sorgeentscheidung durch das Gericht auf Antrag des anderen Elternteils, wenn dies aus triftigen das Kindeswohl nachhaltig berührenden Gründen angezeigt ist.	1680 Abs. 2 S. 2 Übertragung auf den Vater, wenn dies dem Kindeswohl dient

	Gemeinsame Sorge	Alleinsorge § 1626a aF	Alleinsorge nach § 1671, 1672	Neues Recht
Namensände-rung durch Einbenen-nung	§ 1618 Zu-stimmung des anderen Elternteils notwendig.	§ 1618 Zu-stimmung des anderen Elternteiles nur notwen-dig, wenn das Kind sei-nen Namen führt.	§ 1618 Zu-stimmung des anderen Elternteiles nur notwen-dig, wenn das Kind sei-nen Namen führt.	§ 1618 Zu-stimmung des anderen Elternteiles nur notwen-dig, wenn das Kind sei-nen Namen führt.
Zustimmung zur Adoption	§ 1747 Abs. 1 S. 1 Zustim-mung not-wendig	§ 1747 Abs. 1 S. 1, Abs. 3 Zustimmung notwendig, Erteilung be-reits vor der Geburt mög-lich. Bei An-hängigkeit eines Verfah-rens nach § 1672 auf Übertragung der elterli-chen Sorge auf den Vater muss dieses Verfahren zuerst ent-schieden werden.	§ 1747 Abs. 1 S. 1 Zustim-mung not-wendig.	§ 1747 Abs. 1 S. 1, Abs. 3 Zustimmung notwendig, Erteilung be-reits vor der Geburt mög-lich. Bei An-hängigkeit ei-nes Verfah-rens nach §§ 1626 a Abs. 2 oder 1671 auf Übertragung der elterli-chen Sorge auf den Vater muss dieses Verfahren zuerst ent-schieden werden.
Ersetzung der Zustimmung zur Adoption	§ 1748 Abs. 1 Bei gröbli-cher Pflicht-verletzung oder Gleich-gültigkeit, wenn das Unterbleiben der Adoption dem Kind unverhältnis-	§ 1748 Abs. 4 wenn das Unterbleiben der Adoption dem Kind unverhältnis-mäßig zum Nachteil ge-reichen würde.	§ 1748 Abs. 1 Bei gröbli-cher Pflicht-verletzung oder Gleich-gültigkeit, wenn das Unterbleiben der Adoption dem Kind unverhältnis-	§ 1748 Abs. 4 wenn das Unterbleiben der Adoption dem Kind unverhältnis-mäßig zum Nachteil ge-reichen würde

	Gemeinsame Sorge	Alleinsorge § 1626a aF	Alleinsorge nach § 1671, 1672	Neues Recht
	mäßig zum Nachteil gereichen würde.		mäßig zum Nachteil gereichen würde.	
Namensrecht	§ 1617 Bestimmung durch beide Elternteile, Ehename oder Name eines der beiden Elternteile.	§ 1617 a Abs. 1 Name der Mutter. § 1617 a Abs. 2 Mutter kann den Namen des Vaters mit dessen Zustimmung erteilen. Bei nachträglicher gemeinsamer Sorge binnen drei Monaten neuer Name möglich. § 1617 b.	§ 1617 a Ehename oder Name des Sorgeberechtigten.	§ 1617 a Abs. 1 Name der Mutter. § 1617 a Abs. 2 Mutter kann den Namen des Vaters mit dessen Zustimmung erteilen. Bei nachträglicher gemeinsamer Sorge binnen drei Monaten neuer Name möglich. § 1617 b.

D. Umgangsrecht

I. Grundsätze

Durch das Kindschaftsreformgesetz, in Kraft getreten am 1. Juli 1998, ist in §1684 Abs. 1 BGB geregelt worden, dass den Eltern nicht nur ein Recht zum Umgang mit dem Kind zusteht, sondern sie zu diesem Umgang auch verpflichtet sind. Damit korrespondierend ist dem Kind ein eigenes Recht auf Umgang zugestanden worden. Dass dem Kind ein subjektives Recht auf Umgang mit den Eltern zusteht, ist mittlerweile nahezu einhellige Meinung. Nur teilweise wird noch vertreten, dass weder das Sorgerecht ein eigenes Recht auf Fürsorge und Betreuung des Kindes begründet, noch das Umgangsrecht mit einem eigenen Recht des Kindes mit einer Pflicht des nichtbetreuenden Elternteils auf Umgang korrespondiert. Begründet wird dies bereits bei der Begründung einer Verpflichtung mit der Erwägung, dass sich Umgang ebenso wenig wie tatsächliche Fürsorge erzwingen lasse.[366] Überwiegend wird ansonsten vertreten, das ein Umgangsrecht des Kindes besteht, ein Umgangsrecht des nicht betreuenden Elternteils, sowie eine Umgangspflicht beider Elternteile,[367] welches beim betreuenden Elternteil sich ausprägt in der Verpflichtung, den Umgang nicht nur zu gewähren, sondern auch zu fördern und beim nichtbetreuenden Elterteil in der Verpflichtung, den Umgang auszuüben.

Im Nachgang zu der Entscheidung des BVerfG vom 1.4.2008 hat sich der BGH mit der Frage beschäftigt, ob der betreuende Elternteil ein eigenes Recht auf Umgang hat, nicht im Sinne des Kontakts mit dem Kind, den hat er aufgrund des Sorgerechts ohnehin, sondern im Sinne eines Rechts auf Ausübung des Umgangs durch den nichtbetreuenden Elternteils. Dies ist vom BGH verneint worden.[368]

---

[366] Lüderitz Familienrecht, Rn. 867.

[367] OLG Saarbrücken FamRZ 2001, 369; OLG Stuttgart FamRZ 2006, 1060; Gerhardt/Oelkers Kap. 4 Rn. 480.

[368] BGH FamRZ 2008, 1334, dazu unter Nr. 4.

II. Verfassungsrechtliche Vorgaben

1. Das Umgangsrecht im Schutzbereich des Grundgesetzes

Das Umgangsrecht eines Elternteiles steht unter dem Schutz des Art. 6 Abs. 2 S. 1 GG. Es erwächst aus dem Elternrecht und der damit verbundenen Elternverantwortung und muss auch von dem anderen Elternteil beachtet werden[369]. Das Umgangsrecht soll dem Elternteil ermöglichen, sich von dem körperlichen und geistigen Befinden des Kindes und seiner Entwicklung durch Augenschein und gegenseitige Absprachen fortlaufend zu überzeugen, die verwandtschaftlichen Beziehungen zu ihm aufrechtzuerhalten und einer Entfremdung vorzubeugen, sowie dem Liebesbedürfnis beider Teile Rechnung zu tragen[370].

Im Streit um die Ausübung des Umgangsrechtes müssen die Gerichte daher eine Abwägung zwischen den verschiedenen Grundrechtspositionen der Eltern vornehmen und auch das Wohl des Kindes und dessen Individualität im Einzelfall berücksichtigen[371]. Die Gerichte haben das Grundgesetz sowohl bei der materiellen Ausgestaltung von Regelungen zu beachten, als auch bei der Ausgestaltung des Verfahrens.

Der Ausschluss des Umgangsrechtes als stärkster Eingriff bedarf unter Berücksichtigung des Grundsatzes der Verhältnismäßigkeit der besonderen Prüfung, ob ein begleiteter Umgang in Betracht kommt[372]. Eine Einschränkung oder ein Ausschluss des Umgangsrechtes ist nur veranlasst, wenn nach den Umständen des Einzelfalles der Schutz des Kindes sie erfordert, um eine Gefährdung seiner seelischen oder körperlichen Entwicklung abzuwehren[373]. Gleichfalls ist aber auch der Schutz der Kindesmutter vor Gefahren für Leib und Leben zu beachten, da dieser in unmittelbarem Zusammenhang mit dem Wohl des Kindes steht. Eine Bedrohung der Kindesmutter bei Bekanntwerden ihres Aufenthaltsortes ist daher beachtlich[374].

Die Grundsätze gelten nicht nur im Verhältnis der Eltern untereinander, sondern auch im Verhältnis zu Pflegeeltern, wenn das Kind in Pflege genommen wurde. Dort findet auch Art. 6 Abs. 3 GG Anwendung, obwohl diese Regelung bei der verfassungsrechtlichen Beurteilung eines gerichtlichen Umgangsausschlusses nicht direkt zum Tragen kommt. Da aber ein Umgangsausschluss tendenziell zu einer weiteren Verfestigung der bereits bestehenden Trennung oder Aufrechterhaltung

---

369 BVerfG FamRZ 2007, 105; FamRZ 2006, 605.

370 BVerfGE 31, 194; 64, 180.

371 BVerfG FamRZ 1993, 662.

372 BVerfG NJW-RR 2005, 801 = FamRZ 2005, 1057.

373 BVerfG FamRZ 2008, 856.

374 BVerfG Beschluss vom 13. 12. 2012 – 1 BvR 1766/12 = BeckRS 2013, 46031.

der Trennung des Kindes von seinen beiden Eltern aufs engste zusammenhängt, ist die Wertung des Art. 6 Abs. 3 GG in dieser Konstellation auch für die Entscheidung über den Umgangsausschluss maßgeblich[375].

2. Umgangszwang – Bundesverfassungsgericht vom 1. 4. 2008

In dieser Entscheidung zum alten Recht wurde festgelegt, dass § 33 FGG verfassungskonform dahin auszulegen sei, dass eine zwangsweise Durchsetzung der Umgangspflicht eines den Umgang mit seinem Kind verweigernden Elternteils zu unterbleiben hat, es sei denn, es liegen im konkreten Einzelfall hinreichende Anhaltspunkte vor, die darauf schließen lassen, dass ein erzwungener Umgang dem Kindeswohl dienen wird.

Konkret wurde festgestellt, dass die fachgerichtliche Entscheidung, durch den dem Kindesvater ein Zwangsgeld für den Fall der Verweigerung des Umgangs mit seinem Kind angedroht worden war, den Kindesvater in seinem Grundrecht auf Schutz der Persönlichkeit aus Art. 2 Abs. 1 in Verbindung mit Art. 1 Abs. 1 GG verletzt.

Zum durch das allgemeine Persönlichkeitsrecht geschützten Bereich gehören auch der familiäre Bereich und die persönlichen Beziehungen zu anderen Familienmitgliedern. Darunter fällt auch die Beziehung zwischen Elternteil und Kind, wobei diese Beziehung nicht zum unantastbaren Bereich privater Lebensgestaltung gehört, denn sie weist einen erheblichen sozialen Bezug zum betroffenen Kind auf, dessen Interessen und Persönlichkeitssphäre von dieser Entscheidung berührt werden.[376] Ein Eingriff in das Persönlichkeitsrecht des Vaters kann darin liegen, dass entgegen seiner eigenen Einstellung er gezwungen sein soll, persönlichen Kontakt mit dem Kind zu pflegen und auf diese Art und Weise sich so zu verhalten, wie er es selbst nicht will.

Mit der Zuordnung der Beziehung in die Privatsphäre, aber nicht zum inneren Kern der Privatsphäre wird die Prüfung verfassungsrechtlicher Schranken eröffnet. In diesem Kontext steht die Prüfung der verfassungsrechtlichen Zulässigkeit von §1684 Abs. 1 BGB. Die Vorschrift ist als Ausgestaltung der durch Art. 6 Abs. 2 GG den Eltern zugestanden Rechtes auf Pflege und Erziehung ihres Kindes zu sehen. Den Eltern wird gleichzeitig aber die korrespondierende Verpflichtung zu Pflege und Erziehung bereits im Grundgesetz auferlegt. Diese Verpflichtung besteht nicht nur gegenüber dem Staat, sondern auch direkt dem Kind gegenüber. Die Eltern schulden dem Kind als Rechtssubjekt und Grundrechtsträger, ihr Handeln an seinem Wohl auszurichten. Durch die Einräumung des Rechtes, in erster Linie die Entscheidungen für eine ande-

---

[375] BVerfG Beschluss vom 29. 11. 2012 – 1 BvR 335/12 = BeckRS 2013, 46036.

[376] Herleitung aus BVerfGE 96, 56.

ren Person zu treffen, auf diese Person einzuwirken und auf ihre Persönlichkeitsentfaltung maßgeblich einzuwirken, sind die Eltern verpflichtet, bei der Ausübung diesen Rechtes ihr Handeln maßgeblich am Wohl des anderen auszurichten. Besonders deshalb, weil das Kind noch nicht selbst Verantwortung tragen kann und der Unterstützung seiner Eltern lebensnotwendig bedarf. Daraus resultiert die Überlegung, dass das Kindeswohl maßgebliches Kriterium für die Auslegung sowohl von Art. 6 GG auch der das Grundrecht konkretisierenden Vorschrift des § 1684 BGB ist. Das Bundesverfassungsgericht führt ausdrücklich an, dass es dem Wohl des Kindes grundsätzlich zu Gute kommt, wenn es durch Umgang mit seinen Eltern die Möglichkeit erhält, diese kennen zu lernen, vertraut zu werden und eine persönliche Beziehung zu ihnen aufzubauen. Dementsprechend ist die Verweigerung jeglichen Umganges ein maßgeblicher – für das Kind und seine Entwicklung entscheidender – Entzug elterlicher Verantwortung und zugleich die Vernachlässigung eines wesentlichen Teils der durch Art. 6 GG auferlegten Erziehungspflicht. Dementsprechend ist die Konkretisierung der Verpflichtung durch § 1684 BGB verfassungsrechtlich in Ordnung.

Daraus folgert das Gericht nun zutreffend, dass in der Verpflichtung zum Umgang noch kein Verfassungsverstoß zu sehen ist. Insbesondere hat das Gericht auch der Argumentation eine Absage erteilt, in der Verpflichtung liege ein Verstoß auch gegen Art. 6 GG, weil die Familie des Vaters durch den erzwungenen Kontakt mit dem Kind betroffen sei.

Lediglich die **Durchsetzbarkeit mit Zwangsmitteln** kann einen nicht mehr gerechtfertigten Eingriff in das Persönlichkeitsrecht darstellen. Im Normalfall kann nicht mehr von einer Kindeswohldienlichkeit der Umgangskontakte ausgegangen werden, wenn aufgrund beharrlicher Weigerung gegen den Unterhaltsverpflichteten Zwangsmittel angewendet werden müssten. Ein erklärter und an den Tag gelegter Widerwille kann in einem Kontakt zum Kind, der nur aufgrund eines Zwangsmittels erfolgt, nicht ohne Auswirkungen auf das Kind bleiben. Wenn dann zu erwarten sei, dass das Selbstwertgefühl des Kindes Schaden nimmt, dann dient der Umgang nicht mehr dem Kind, sondern schadet ihm.

Das Bundesverfassungsgericht hat letztendlich folgerichtig in der dogmatischen Herleitung des Kindeswohls einen Unterschied gemacht zwischen der Verpflichtung eines Elternteiles zum Umgang mit dem Kind und der zwangsweisen Durchsetzung der Verpflichtung. Man mag dagegen einwenden, dass eine Verpflichtung, die jedenfalls im Regelfall nicht durchsetzbar ist, auch keinen Sinn macht. Unabhängig davon, dass sich eine solche These nicht verallgemeinern lässt, ist sie im übrigen Rechtssystem teilweise fest verankert, (§ 888 Abs. 3 ZPO), teilweise Rechtsrealität.

Die Überlegung, dass ein **erzwungener Umgang** dem Kind **eher schadet als nutzt,** dürfte aufgrund der Lebensrealität sich jedem erschließen. Die Begründung des Verfassungsgerichtes, dass nämlich der Verfassungseingriff allein durch das Kindeswohl sich begründet oder verneint, befreit auch elegant von der Lösung des Konfliktes zwischen persönlicher Freiheit und Verantwortung. Mit aller Deutlichkeit geht das Gericht zunächst von einer Verpflichtung des Vaters aus und stellt auch klar, dass es in der Verweigerung des Umgangs eine Zuwiderhandlung gegen Art. 6 GG sieht. Die Verpflichtung zum Umgang aus § 1684 BGB wird dementsprechend nicht nur gerechtfertigt, sondern gestärkt. Allein in der Tatsache, dass diese Verpflichtung dann nur aufgrund des Zwangs seitens des Staates erfüllt wird, ohne dass auch nur ansatzweise eine Bereitschaft des Vaters dazu besteht und damit zu befürchten wäre, dass die damit verbundene negative Haltung des Vaters sich dem Kind nicht nur erschließt, sondern es diesem dann im Kontakt auch unmittelbar ausgesetzt wäre, liegt dann die Begründung des Verfassungsverstoßes und keineswegs in einer Billigung der Entscheidung des Vaters seitens des Gerichts. Auch bleibt die Option offen, dass im Einzelfall auch die zwangsweise Durchsetzung nicht kindeswohlschädlich ist; dann bleibt die Vollstreckung der Umgangspflicht zulässig. Das bedarf allerdings der konkreten Feststellung des Gerichts.

3. Kinderrechte in der Verfassung

Das Grundgesetz sieht weder eine Klarstellung ausdrücklicher Art dahingehend vor, dass Kinder Träger von Grundrechten sein können, noch werden ausdrücklich Kinderrechte in der Verfassung konstituiert.

In der Rechtsprechung des Bundesverfassungsgerichtes ist bereits seit Jahrzehnten festgehalten, dass das Kind als Grundrechtsträger selbst Anspruch auf den Schutz des Staates hat. Außerdem ist ein Kind ein Wesen mit eigener Menschenwürde und dem eigenen Recht auf Entfaltung seiner Persönlichkeit im Sinne der Art. 1 Abs. 1 und Art. 2 Abs. 1 GG.[377] In späteren Entscheidungen ist dieses Recht auf den nasciturus erstreckt worden.[378] Auch im Rahmen des Art. 6 GG sind Kinderrechte verankert. Art. 6 GG, in erster Linie als ein Abwehrrecht der Eltern gegen den Staat konstruiert, begründet nicht nur Rechte der Eltern gegenüber dem Staat, sondern begründet ein Recht des Kindes auf Pflege und Erziehung durch seine Eltern. Dies ist in erster Linie durch die Entscheidung vom 1. 4. 2008 herausgearbeitet und klargestellt.[379] Darin liegt eine deutliche Stärkung der Rechte des Kindes. Ein Kind kann von Verfassungs wegen nicht als Objekt elterlicher Rechtsausübung gesehen werden, es ist viel mehr Rechtssubjekt mit eigenen Rechten. Die Eltern

---

[377] BVerfGE 24, 119 = NJW 1968, 2233.

[378] BVerfGE 39, 1 = NJW 1975, 573.

[379] Hohmann-Dennhardt, Kindeswohl und Elternrecht – die Rechtsverhältnis von Eltern und Kindern. FPR 2008, 476.

schulden ihm direkt die Pflege und Erziehung und das Kind hat ein Recht darauf, dass die Eltern diese Verpflichtung wahrnehmen. Es handelt sich dabei dementsprechend um ein Grundrecht mit unmittelbarer Drittwirkung.[380] Darauf folgt auch das Recht des Kindes auf Umgang mit beiden Elternteilen, wobei dieses eigene Recht des Kindes geeignet ist, den Eingriff in das Recht auf Schutz der Persönlichkeit eines Elternteiles zu rechtfertigen.[381] Seine Grenze findet diese Rechtfertigung erst dann, wenn die zwangsweise Durchsetzung dieser Umgangspflicht nicht mehr mit dem Kindeswohl zu vereinen ist.

Im Ergebnis muss das Familiengericht die Kindeswohldienlichkeit der Durchsetzung des Umgangs bei einer beharrlichen Verweigerung des Umgangsrechtes durch den Verpflichteten feststellen. Dies begegnet teilweise einiger Kritik, weil dadurch die bestehende Umgangsverpflichtung in einigen Fällen zu einer Naturalobligation mutieren würde. Eine beharrliche und unbeirrte Verweigerung der Verpflichtung führt nun dazu, dass die Rechtsordnung dem Kind die Durchsetzung seines Rechts auf Umgang verweigert.[382]

Dennoch wird allgemein die Entscheidung vom 1.4.2008 als weitere Verankerung der Kinderrechte im bestehenden Grundgesetz angesehen. Außerdem flammt die Diskussion darüber, ob Kinderrechte in der Verfassung verankert werden sollen, erneut auf.[383]

III. Umgangsrecht der Eltern

§ 1684 Abs.1 BGB bestimmt, dass das Kind das Recht auf Umgang mit jedem Elternteil hat und regelt weiterhin, dass jeder Elternteil zum Umgang mit dem Kind berechtigt und verpflichtet ist.

1. Wohlverhaltenspflicht

Die Eltern haben alles zu unterlassen, was das Verhältnis des Kindes zum jeweils anderen Elternteil beeinträchtigt oder die Erziehung erschwert. Entsprechendes gilt, wenn sich das Kind in der Obhut eines Dritten befindet. Die in § 1684 Abs. 2 BGB konstruierte Pflicht der El-

---

380 Völker, FamRB 2008, 174; Altrogge, Das Urteil des BVerfG zur zwangsweisen Durchsetzung der Umgangsrechts und die Ordnungsmittel des FamFG, FPR 2009, 34, 36.

381 Peschel-Gutzeit, Umgangspflicht-Eine Naturalobligation? NJW 2008, 1922 (1924).

382 Peschel-Gutzeit NJW 2008, 1922 (1925).

383 Peschel-Gutzeit, Zur Geschichte der Kinderrechte, FPR 2008, 471 (472); Künast, Kinderrechte in die Verfassung ! Wie sonst ? FPR 2008, 478; Völker in: Wendt/Rixecker, Kommentar zur Verfassung des Saarlandes, 1. Aufl. 2009, Art. 24 Rn. 2 ff.

tern, die Wohlverhaltenspflicht, spielt im Rahmen des Umgangsrechtes eine ganz besondere Rolle. Aus dieser Verpflichtung folgt nicht nur die Verpflichtung des betreuenden Elternteils, Umgangskontakte zu dulden, sondern darüber hinaus die Umgangskontakte konkret zu fördern. Auch wenn der Elternteil sich auf einen angeblich entgegenstehenden Willen des Kindes beruft, muss er durch geeignete erzieherische Maßnahmen auf das Kind einwirken, um es zum Umgang zu bewegen[384]. Bei kleineren Kindern ist davon auszugehen, dass durch geeignete erzieherische Maßnahmen dies gelingt. Ein Verstoß gegen die Wohlverhaltensverpflichtung ist demnach gegeben, wenn ein Elternteil einem achtjährigen Kind freistellt, ob es Umgangskontakte wahrnehmen will[385]. Ebenso ist ein solcher Verstoß anzunehmen, wenn die Kindesmutter aufgrund bloßer Mutmaßungen die Sicherheitsanforderungen an die Durchführung eines Umgangsrechtes so hoch ansetzt, dass es einem faktischen Ausschluss des Umgangsrechtes gleichkommt. (angebliche Entführungsgefahr nur aufgrund der Staatsangehörigkeit[386]).

Der dauerhafte und wiederholte Verstoß gegen die Wohlverhaltenspflicht in erheblichem Umfang kann dazu führen, dass das Familiengericht eine Pflegschaft für die Durchführung des Umgangs anordnet (Umgangspflegschaft). Diese umfasst das Recht, die Herausgabe des Kindes zur Durchführung des Umgangs zu verlangen und für die Dauer des Umgangs dessen Aufenthalt zu bestimmen. In diesem Umfang liegt in der Anordnung der Umgangspflegschaft dementsprechend ein Eingriff in das Sorgerecht.

2. Inhalte von Umgangsregelungen.

§ 1684 BGB trifft keine Bestimmung darüber, wie häufig und wie lange ein Umgangsrecht besteht. Eine gesetzliche Bestimmung darüber, an welchem Ort, zu welcher Zeit ein Umgangsrecht durchgeführt werden soll, fehlt ebenso wie eine gesetzliche Bestimmung darüber, welche Qualität ein Umgangsrecht haben muss. Das liegt letztendlich darin begründet, dass angesichts der Vielschichtigkeit von Lebenssachverhalten, Vielfalt von Eltern, Kindern, persönlichen Bedürfnissen und Vorlieben sich eine Schematisierung verbietet. Allerdings hat sich anhand immer wieder vorkommender Streitfälle eine Rechtsprechung entwickelt, die Anhaltspunkte für konkrete Fragestellungen liefern kann.

§ 1684 Abs. 3 S. 1 BGB bestimmt, dass das Familiengericht über den Umfang des Umgangsrechtes entscheiden und seine Ausübung auch gegenüber Dritten näher regeln kann.

---

[384] OLG Karlsruhe FamRZ 2011, 1669.
[385] OLG Saarbrücken FamRZ 2007, 927.
[386] OLG Düsseldorf FamRZ 2011, 822.

Maßgeblich für eine Entscheidung können dabei sein:

- das Alter des Kindes
- die Bindung zum betreuenden Elternteil
- die Bindung zum Umgangselternteil
- Geschwister
- Gesundheit und psychische Verfassung des Kindes
- bisherige Gestaltung des Umgangsrechtes
- der Wille des Kindes
- sonstige Freizeitaktivitäten
- die räumliche Entfernung zwischen Wohnort des Kindes und Wohnort des Umgangsberechtigten.

a) Dauer. Die Dauer der Umgangskontakte hat sich aus einer Gesamtschau der Umstände zu ergeben unter Berücksichtigung des Zwecks eines Umgangsrechtes. Das Umgangsrecht soll dem Kind ermöglichen, die Beziehung zu den nichtbetreuenden Elternteil aufrechtzuerhalten und sie durch Begegnungen zu pflegen[387]. Diesen Anforderungen muss die Dauer eines Umgangsrechtes Rechnung tragen. Das Umgangsrecht dient aber nicht dazu, eine gleichberechtigte Teilhabe seiner Eltern am Leben des Kindes, etwa in Form eines Wechselmodells, sicherzustellen[388].

Der engen Bindung des Kindes an den Vater kann zum Beispiel dadurch Rechnung getragen werden, dass neben einem Umgangsrecht 14tägig am Wochenende ein Umgangsrecht für einen weiteren Tag in der Woche in jeder Woche angeordnet wird[389].

b) Übernachtungen. Auch bei der Frage, ab welchem Alter ein Kind beim Umgangsberechtigten übernachten kann, verbietet sich eine schematische Einordnung. Der Ausschluss von Übernachtungskontakten unter Verweis auf das Alter des Kindes und die Beschränkung auf Übernachtungskontakte erst ab Schulreife, ist nicht zulässig[390]. Vielmehr ist die Bindung des Kindes an den Umgangsberechtigten und die Persönlichkeit des Kindes zu berücksichtigen.

Beim Ausschluss der Umgangskontakte über Nacht ist insbesondere auch zu berücksichtigen, ob der Kindesvater eine weite Fahrstrecke zurückzulegen hat. Dann kommt der Ausschluss einer Übernachtung praktisch einem Ausschluss des Umgangsrechtes gleich, wenn der Vater ansonsten keine Möglichkeit zum Zusammensein mit dem Kind am Wohnort der Kindesmutter hat[391].

---

[387] Johannsen/Henrich/Jaeger § 1684 Rn. 3.

[388] OLG Köln FamFR 2012, 335 mit Anm Mach-Hour; FamRZ 2012, 335.

[389] OLG Brandenburg FamRZ 2003, 111.

[390] BVerfG FamRZ 2007, 1078; BVerfG FamRZ 2007, 105, OLG Köln FamRZ 2010, 741; FamFR 2010, 21.

[391] BVerfG FamRZ 2007, 105.

Streitig ist oft auch die Frage, ob bei einem Wochenendumgang eine oder zwei Übernachtungen vorgesehen werden sollen. Da am Samstag weder Kindergarten- noch Schulbesuch stattfinden, sollte zum Zwecke einer sinnvolleren Gestaltung des Wochenendes beim Umgangsberechtigten der Umgang schon am Freitagabend beginnen[392].

c) Häufigkeit. Die Häufigkeit der Umgangskontakte wird insbesondere von den Bedürfnissen des Kindes bestimmt. Aufgrund des Zeitempfindens von Kleinkindern ist es sinnvoller, das gerade in diesem Alter Umgangskontakte häufiger stattfinden, da eine Umgangsregelung alle 14 Tage dazu führen kann, dass das Kind fremdelt und während der Zeit beim betreuenden Elternteil wiederum den Umgangsberechtigten stark vermisst. Sofern die Entfernung zwischen den Wohnungen der Eltern dies zulässt, sollten daher Besuche in der Woche, sei es auch nur stundenweise, vorgesehen werden[393].

d) Ferien. Der Ausübung des Umgangsrechtes in den Ferien kommt eine ganz besondere Bedeutung zu. Letztendlich ist es die einzige Möglichkeit eines längeren Zusammenseins zwischen Kind und Umgangsberechtigtem. Die Dauer und die Aufteilung der Ferienregelung richtet sich im besonderen Maße nach der Berufstätigkeit der Eltern. Nicht alle Eltern haben die Möglichkeit, die Schulferien zum Urlaub zu erhalten. Üblicherweise wird eine Ferienregelung vorgenommen, dass höchstens die Hälfte der gesetzlichen Ferien das Kind beim Umgangsberechtigten wahrnimmt. Oft ist eine Ferienregelung streitig, weil eine Einigung zu spät getroffen wird und so Urlaubsanträge nicht mehr gestellt werden können. Dann muss vom Gericht eine abstrakte Regelung getroffen werden, etwa in der Art, dass das Kind jeweils die erste Hälfte der Ferien, Sommer, Herbst, Winter und Ostern beim Umgangsberechtigten wahrnimmt, die zweite Hälfte beim betreuenden Elternteil[394]. Die Umgangsregelung dient nicht dazu, dem betreuenden Elternteil die Betreuung des Kindes in den Ferien zu erleichtern. Ansonsten ist auch die Ferienregelung eine Frage des Einzelfalles. Allerdings ist für die Anordnung Voraussetzung, dass das Kind bereits damit vertraut ist, beim Umgangsberechtigten zu übernachten und von dem betreuenden Elternteil eine längere Zeit getrennt zu sein[395]. Hier ist also eine stufenweise Ausweitung notwendig.

e) Feiertage. Zum Umgangsrecht gehört es auch, dass das Kind einen Teil der gesetzlichen Feiertage beim Umgangsberechtigten wahrnehmen kann. Üblicherweise wurde die Regelung getroffen, dass das Kind je-

392 Mit anderer Begründung z.B OLG Brandenburg FamRZ 2010, 1352.

393 OLG Brandenburg FamRZ 2002, 414; FamRZ 2010, 1352.

394 KG FamRZ 2006. 878; NomosKommentarBGB/Peschel-Gutzeit § 1684 Rn. 40.

395 Völker/Clausius § 2 Rn. 61.

weils am zweiten Feiertag der Feiertage Weihnachten, Ostern und Pfingsten beim Umgangsberechtigten war. Nun hat insbesondere das Pfingstfest an Bedeutung verloren, während andere Feiertage stärker ins Bewusstsein gerückt sind. Dazu gehört zum Beispiel Christi Himmelfahrt, als „Vatertag" von vielen Vätern zu Umgangszwecken begehrt, oder auch der Geburtstag des Vaters. Die Feiertage können in Verbindung mit Brückentagen auch insbesondere dazu dienen, bei weiterer Entfernung zwischen dem Kind und dem Umgangsberechtigten den Kontakt sicherzustellen. Stark emotional besetzt dagegen immer noch das Weihnachtsfest. Manche Eltern praktizieren die Regelung, dass das Kind an Heiligabend jährlich abwechselnd bei Mutter oder Vater ist. Das wird oft damit verbunden, dass Silvester beim jeweils anderen Elternteil verbracht wird. Ob eine solche Regelung sinnvoll ist, richtet sich nach den Bedürfnissen des Kindes. Bei keinem anderen Feiertag ist die Gefahr größer, dass es weniger um den Willen des Kindes geht, als vielmehr um das emotionale Bedürfnis der Eltern, das Kind jeweils am Heiligabend bei sich zu haben. Teilweise wird immer noch die Auffassung vertreten, dass Heiligabend stets bei dem Sorgeberechtigten verbracht werden soll[396]. Es gibt aber auch bereits obergerichtliche Rechtsprechung dahingehend, dass bei einem Wunsch des Kindes Heiligabend auch abwechselnd bei den Eltern verbracht werden kann[397].

f) Ort. Der Umgangsberechtigte darf in der Regel das Kind zum Zweck des Umgangs mit in seine Wohnung nehmen[398]. Die Ausübung des Umgangsrechtes dient auch dazu, dass das Kind den Vater in seiner üblichen Umgebung erlebt. Es können aber auch Umstände vorliegen, die es notwendig machen, das Umgangsrecht an einem anderen Ort durchzuführen. Das kann zum einen die weite Entfernung zwischen dem Wohnort des Vaters und dem Wohnort des Kindes sein. Wenn möglich sollte dann die Wohnung eines Dritten genutzt werden, damit das Kind eine möglichst normale und natürliche Umgebung hat. Wenn nicht anders möglich, muss das Umgangsrecht im öffentlichen Raum ausgeübt werden. Die Wohnung der Kindesmutter ist keine geeignete Umgebung für die Ausübung des Umgangsrechtes. Zum einen ist die Mutter nicht verpflichtet, die Anwesenheit des Vaters in ihrer Wohnung zu dulden und wird oftmals dazu auch nicht bereit sein. Zum anderen kann das Kind auf diese Art und Weise falsche Signale hinsichtlich einer möglichen Versöhnung seiner Eltern erhalten, die es ohnehin wünscht. Außerdem wird auf diese Art und Weise kaum ein ungestörter

---

[396] NomosKommentarBGB/Peschel-Gutzeit § 1684 Rn. 38;.

[397] OLG Brandenburg Beschluss v. 16. 10. 2008, 9 UF 42/08 = BeckRS 2008, 22016; OLG Saarbrücken FamRZ 2011, 824.

[398] BGH FamRZ 1969, 148.

und normaler, dem Alltag entsprechender Kontakt zwischen dem Umgangsberechtigten und dem Kind möglich sein. Aber auch andere Umstände wie Haft führen naturgemäß zu einer anderen Umgebung. Natürlich ist der Vater nicht verpflichtet, das Umgangsrecht immer am gleichen Ort wahrzunehmen. Er ist berechtigt, Unternehmungen vorzunehmen, Freunde und Bekannte zu besuchen oder Ausflüge zu machen.

Während der berechtigten Ausübung des Umgangsrechtes hat er das Recht zur Entscheidung in Angelegenheiten der täglichen Betreuung (§ 1687 Abs. 1 S. 4 BGB). Dieses Recht ist eine Folge der reinen praktischen Notwendigkeit, da der Elternteil während des Umgangsrechtes nur so seiner Pflicht zur Beaufsichtigung, Versorgung und Betreuung des Kindes nachkommen kann[399]. Zeitlich ist das Recht daher auf die Umgangskontakte beschränkt. Entsprechend dem Sinn und Zweck der Vorschrift sind Angelegenheiten der täglichen Betreuung solche, die zwangsläufig während der Betreuung eines Kindes anfallen[400]. Also die Ernährung, Kleidung, die Ausgestaltung der Freizeit, also zum Beispiel auch die Frage, wie viel es Fernsehen darf und wann es ins Bett gehen soll[401]. Ein Recht zur Vertretung des Kindes ist allerdings nicht beinhaltet, insoweit besteht nur ein Notvertretungsrecht gemäß § 1629 Abs. 1 S. 4 BGB[402].

g) Anwesenheit dritter Personen. Das Entscheidungsrecht des Umgangsberechtigte hinsichtlich der Angelegenheiten der täglichen Betreuung umfasst auch die Befugnis, darüber zu entscheiden, welche dritten Personen bei der Ausübung des Umgangsrechtes anwesend sind. Die Grenze ist das Wohl des Kindes. Streitig zwischen den Eltern ist in diesem Zusammenhang oft die Frage der Anwesenheit des neuen Partners. Zum Leben des Umgangsberechtigten gehört auch die Tatsache, dass er nach der Trennung der Eltern eine neue Partnerschaft eingeht. Andererseits sollte sich eine solche Partnerschaft verfestigt haben, damit das Kind nicht andauernd mit neuen Bezugspersonen konfrontiert wird.

Dagegen ist die Frage, ob der Umgangsberechtigte sein Umgangsrecht in Anwesenheit eines Haustieres ausüben darf, von der allein sorgeberechtigten Kindesmutter zu treffen, wenn deren Entscheidung am Kindeswohl orientierte ist. Handelt es sich bei dem Tier aufgrund der Zugehörigkeit zu einer bestimmten Rasse um ein Tier, dessen Gefährlichkeit befürchtet ist, kann die Mutter verlangen, dass das Umgangsrecht in Abwesenheit des Hundes ausgeübt wird[403].

---

[399] Palandt/Götz § 1687 Rn. 12.
[400] P/W/W-Ziegler § 1687 Rn. 11.
[401] BT-Drucks. 13/4899, 108.
[402] Palandt/Götz § 1687 Rn. 13.
[403] KG FamRZ 2003, 112 mit Anm Hans van Els FamRZ 2003, 946.

h) Telefonate, Briefe, Geschenke. Telefonische oder briefliche Kontakte sowie das Senden oder Überbringen von Geschenken kommen zusätzlich zu einem persönlichen Umgangsrecht in Betracht. Der betreuende Elternteil muss Briefe des Kindes an den Umgangsberechtigten weiterleiten und Briefe des Umgangsberechtigten an das Kind aushändigen[404]. Ohne triftigen Grund darf der Sorgeberechtigte die Briefe auch nicht kontrollieren[405] . Ein triftiger Grund kann insbesondere darin liegen, dass der Umgangsberechtigte den Kontakt ausnutzt, um das Kind zu beeinflussen oder in einen Loyalitätskonflikt zubringen. Dann kann das Familiengericht das Recht auf einen Dritten, wie zum Beispiel das Jugendamt, übertragen[406].

Außerdem kommen mediale Kontakte in Betracht, wenn das Umgangsrecht aufgrund weiterer Entfernung nur selten, oder vielleicht gar nicht persönlich ausgeübt werden kann. Je nach Alter des Kindes kommen dann insbesondere auch Kontakte unter Ausnutzung moderner Kommunikationsformen (Videotelefonie, Skype) in Frage.

3. Abholen und Bringen, Kosten des Umgangs

Die Kosten für das Abholen und Bringen des Kindes hat der Umgangsberechtigte zu tragen. Auch für die Verpflegung des Kindes und dessen Taschengeld während der Dauer des Umganges hat er Sorge zu tragen. Auch bei einem längeren Umgang rechtfertigt dies nicht die Kürzung des Kindesunterhaltes. Eine Mitwirkungsverpflichtung des betreuenden Elternteils besteht dann, wenn in der Mitwirkungsverweigerung ein faktischer Ausschluss des Umgangsrechtes liegen würde[407]. So muss der betreuende Elternteil das Kind zum Flughafen bringen und dort abholen, wenn der Umgangsberechtigte die Beförderung des Kindes per Flugzeug beabsichtigt, und dies mindestens eine Woche vorher angekündigt hat[408]. Eine Beteiligung an den Kosten und Mitwirkungsverpflichtung des betreuenden Elternteils kann auch dann geboten sein, wenn er die Schwierigkeiten bei der Ausübung des Umgangsrechtes durch einen Wegzug mit großer Entfernung zum Umgangsberechtigten verursacht hat[409].

Die Kosten der Ausübung des Umgangsrechtes können grundsätzlich auch nicht bei der Bemessung des Kindesunterhaltes berücksichtigt werden. Wenn die wirtschaftlichen Verhältnisse des Vaters allerdings so knapp sind, dass er nach Begleichung des Kindesunterhaltes für die

---

404 Gerhardt/Büte Kap. 5 Rn. 487.
405 Johannsen/Henrich/Jaeger § 1684 BGB Rn. 9.
406 Palandt/Götz § 1684 Rn. 26.
407 OLG Nürnberg FamRZ 1999, 1008.
408 BVerfG NJW 2002, 1863.
409 OLG Dresden FamRZ 2005, 927.

Ausübung des Umgangs keine Mittel mehr zur Verfügung hat, kann der Unterhalt des Kindes herabgesetzt werden[410].

Außerdem können Umgangskosten dann bei der Bemessung des Kindesunterhaltes berücksichtigt werden, wenn sie die typischen Aufwendungen überschreiten[411]. Die üblichen Kosten sind Fahrtkosten zum Abholen und Zurückbringen, Übernachtungskosten und Verpflegung. Wenn aber ein Umgangsberechtigter durch hohe Reisekosten, insbesondere sogar ins Ausland belastet ist, können die Kosten beim Kindesunterhalt oder beim Ehegattenunterhalt einkommensmindernd in Abzug gebracht werden[412].

Wenn die Eltern in der Vergangenheit schon Streit darüber hatten, ob ausgefallene Umgangstermine nachgeholt werden, kann und muss die Regelung des Familiengerichtes auch hierüber eine Entscheidung enthalten[413]. Auf diese Art und Weise kann gegen den Ausfall eines Umgangstermines Vorsorge getroffen werden[414].

4. Einschränkung und Ausschluss des Umgangsrechts

Eine Einschränkung oder ein Ausschluss des Umgangsrechtes darf nach § 1684 Abs. 4 nur erfolgen, soweit dies zum Wohle des Kindes erforderlich ist. Der stärkste Eingriff in das Umgangsrecht, nämlich der Ausschluss, darf nur erfolgen, wenn andernfalls das Wohl des Kindes gefährdet ist. Das trägt der Tatsache Rechnung, dass das Umgangsrecht unter dem Schutz des Art. 6 Abs. 2 S. E GG steht und der Sorgeberechtigte den persönlichen Verkehr des Kindes mit dem nicht sorgeberechtigten Elternteils zulassen und ermöglichen muss[415]. Die Entscheidung des Familiengerichts über den Umgang muss daher die beiderseitigen Grundrechtspositionen der Eltern berücksichtigen und auch das Wohl des Kindes und dessen Individualität als Grundrechtsträger[416].

a) Einschränkung. Soll das elterliche Umgangsrecht eingeschränkt werden, so muss dies zum Schutz des Kindes im Einzelfall erforderlich sein, um eine konkrete Gefährdung seiner seelischen oder körperlichen Entwicklung abzuwehren[417]. In diesem Zusammenhang muss das Gericht auch einen dem Umgang entgegenstehenden Kindeswillen und die Folgen eines gegen seinen Willen angeordneten Umgangs berück-

---

410 OLG Frankfurt FPR 2004, 398; KG FamRZ 1998, 1386.

411 OLGR Karlsruhe 2002, 105.

412 OLG Frankfurt FamRZ 1991, 78; PWW § 1684 Rn. 44.

413 OLG Saarbrücken FamRZ 2012, 646; FamFR 2012, 21 mit Anm. Alexandra Altrogge FamFR 2012, 21.

414 OLG Hamm NJW-RR 2011, 150; OLG Brandenburg FamRZ 2010, 1925.

415 BVerfGE 31, 194.

416 BVerfG aaO.

417 BVerfG FamRZ 2010, 1622; BVerfG FamRZ 2009, 399.

sichtigen[418]. Diese Grundsätze gelten sowohl für das Umgangsrecht, wenn das Kind bei einem Elternteil lebt, als auch dann, wenn das Kind in einer Pflegefamilie untergebracht ist. Eine Einschränkung oder ein Ausschluss des Umgangsrechtes kann daher in Betracht kommen, wenn das Kind dies aus ernsthaften Gründen wünscht und ein erzwungenes Umgangsrecht das Kindeswohl beeinträchtigen würde[419]. Eine Einschränkung liegt schon in der Anordnung von Umgangskontakten ohne Übernachtung, dies bedarf einer besonderen Rechtfertigung, die nicht allein mit aus dem Alter des Kindes herzuleiten ist. Eine Einschränkung liegt auch darin, dass der Vater mit dem Kind bestimmte Orte nicht aufsuchen darf oder sich Sicherungsmaßnahmen unterwerfen muss, wie der Abgabe seines Ausweises bei Entführungsgefahr.

Eine Einschränkung oder ein Ausschluss des Umgangsrechtes von kürzerer Dauer nach § 1684 Abs. 4 S. 1 erfordert, dass dies **zum Wohle des Kindes erforderlich** ist. Der Maßstab entspricht dem des § 1696 BGB. Dementsprechend sind triftige, das Wohl des Kindes nachhaltig berührende Gründe erforderlich, aber auch ausreichend[420].

Für einen Ausschluss oder eine Einschränkung des Umgangsrechtes von längerer Dauer nach Abs. 4 Satz 2 ist dagegen eine Kindeswohlgefährdung erforderlich, die begrifflich der des § 1666 BGB entspricht[421].

b) Begleitung des Umgangs. Grundsätzlich hat der Vater das Recht, das Umgangsrecht allein auszuüben. Eine Begleitung oder eine Betreuung des Umganges stellt eine Einschränkung des Umgangsrechtes dar und bedarf daher der Rechtfertigung[422]. Eine Notwendigkeit zur Begleitung des Umgangsrechtes kann darin liegen, dass ein längerer Kontaktabbruch zwischen Vater und Kind zu einer Entfremdung geführt hat und der Kontakt zunächst einmal angebahnt werden muss, um eine Traumatisierung des Kindes zu verhindern.

Die Begleitung des Umgangsrechtes ist in § 1684 Abs. 4 S.3 und 4 gesondert geregelt. Das Familiengericht darf also anordnen, dass der Umgang nur stattfinden darf, wenn ein mitwirkungsbereiter Dritter anwesend ist. So kommt begleiteter Umgang auch in Betracht, wenn dies zum Schutz des Kindes, zum Beispiel bei behaupteter Gewalt oder bei behauptetem Missbrauch notwendig ist. Weitere Anwendungsfälle sind eine Alkoholerkrankung oder Drogensucht des Umgangsberechtigten[423]. Außerdem kommt ein begleitetes Umgangsrecht in Betracht, wenn der Vater bislang keine praktischen Fähigkeiten im Umgang mit kleinen

---

418 BVerfGE 64, 180; 31, 194.
419 BVerfGE 64, 180.
420 Staudinger/Rauscher § 1684 Rn. 269.
421 P/W/W § 1684 Rn. 48; Staudinger/Rauscher § 1684 rn 268.
422 OLG Köln ZKJ 2011, 181; OLG Saarbrücken FamRZ 2010, 2085.
423 OLG Koblenz FamRZ 2007, 926.

Kindern hat und die deutsche Sprache nur sehr unzureichend beherrscht, das Kind keine Bindung an ihn hat und außerdem die Gefahr einer Entführung besteht[424].

Es besteht die Möglichkeit, dass **Umgangsbegleiter** aus dem Familienkreis oder dem Freundeskreis berufen werden, dies sollte allerdings nur bei entsprechenden Einverständnis beider Elternteile und einem bestehenden Vertrauensverhältnis des Kindes der Fall sein. Ansonsten wird die Begleitung des Umganges vom Jugendamt als Träger der Jugendhilfe übernommen, von dort sind auch die Kosten zu tragen[425]. Oftmals wird diese Aufgabe von Seiten des Jugendamtes auf Vereine wie Kinderschutzbund, Caritas oder paritätischem Wohlfahrtsverband übertragen. Rechtsgrundlage für die Verpflichtung des Jugendamtes zur Mitwirkung ist § 18 Abs. 1 Satz drei und vier SGB VIII. Das Jugendamt soll bei der Herstellung von Umgangskontakten vermitteln und in geeigneten Fällen Hilfestellung leisten. Dem beauftragten Träger steht dabei im Einzelfall das Recht zu, von den Eltern eine Kooperation zu verlangen, auch in Form von Beratungsgesprächen, und dann, wenn die Eltern hierzu nicht bereit sind, die Umgangsbegleitung abzulehnen[426]. Dem Umgangsbegleiter stehen keine sorgerechtlichen Befugnisse zu. Das Gericht muss bei der Anordnung begleiteten Umgangs das Konkretheitsgebot beachten und den Umgang nach Tagen, Uhrzeit und Ort, Häufigkeit, Abholung und gegebenenfalls weiterer konkreter Modalitäten, die vollstreckungsfähig sind, regeln[427]. Insbesondere ist es nicht zulässig, die nähere Ausgestaltung, also. Zeit und Ort einer dritten Person, zum Beispiel dem Träger, der begleiteten Umgangs anbietet, zu überlassen[428].

Der **Träger, der begleiteten Umgang anbietet,** muss daher in der Lage sein, solche Termine vorab verbindlich zu zusagen, ansonsten ist er für die Durchführung begleiteten Umgangs ungeeignet. Gerade dann, wenn ein begleiteter Umgang notwendig ist, dies auf ein gewisses Maß an Streit zwischen den Eltern hindeutet, kann man sich nicht darauf verlassen, dass Umgangsbegleitungen nur dann in Betracht kommen, wenn die Eltern sich freiwillig dazu bereit erklären, sondern eben auch dann, wenn sie durch Beschluss angeordnet werden müssen.

Die Anordnung eines begleiteten Umganges stellt ohne Frage bereits einen gravierenden Eingriff in das Umgangsrecht dar. Zwar sind die Träger auch verpflichtet, Kind und Elternteil ein möglichst unbefange-

---

424 OLG Düsseldorf FamRZ 2011, 822.

425 Ausführlich siehe Fthenakis, Handbuch des begleiteten Umgangs, München 2008.

426 OVG Brandenburg ZKJ 2012, 362.

427 OLG Köln ZKJ 2011, 181.

428 OLG Saarbrücken FamRZ 2010, 2085; OLG Stuttgart FamRZ 2007, 1682.

nes Zusammensein zu ermöglichen[429]. Dennoch ist nicht nur für den Elternteil, sondern vor allem auch für das Kind eine alles andere als angenehme Situation geschaffen, die vom Umgangszweck, dem Kind auch einen Einblick in das Alltagsleben des Vaters zu verschaffen, sehr weit entfernt ist. Es darf dabei nicht verkannt werden, dass insbesondere vom Bundesverfassungsgericht die Möglichkeit des begleiteten Umgangs als geringerer Eingriff gegenüber dem vollständigen Ausschluss des Umgangsrechts als ultima ratio propagiert wird[430]. Stets wird eine Umgangsbegleitung nur solange angeordnet werden dürfen, wie der Zweck sie erfordert.

c) Vollständiger Ausschluss des Umgangsrechts. Der vollständige Ausschluss des Umgangsrechtes auf Dauer ist der schwerste Eingriff in das Umgangsrecht und demnach nur bei einer bestehenden akuten Kindeswohlgefährdung möglich. Er muss befristet werden, da der berechtigte Elternteil wissen muss, ab wann er wieder auf ein Umgangsrecht hoffen und hinarbeiten kann.

Wann ein auf Dauer angelegter Ausschluss gegeben ist, richtet sich nach den Umständen des Einzelfalles, insbesondere nach dem Alter des Kindes und danach, wie oft bislang Umgang stattgefunden hat. Wenn bislang ein 14-tägiger Umgang stattgefunden hat, kann bereits der Ausschluss von 3-4 Umgangskontakten, und damit eine mehrmonatiger Ausschluss eine längere Dauer darstellen[431].

Ein Umgangsausschluss kann notwendig sein, wenn Leib und Leben der Kindesmutter wegen der Offenbarung ihres Aufenthaltsortes durch die Anordnung eines auch nur begleiteten Umgangsrechtes gefährdet wäre, weil sie als Aussteigerin aus der rechtsextremen Szene mit dem Tod bedroht wäre[432].

Außerdem, wenn mehrfach Umgangsvermittlungen gescheitert sind und dies seine Ursache im Wesentlichen im Unvermögen des nicht betreuenden Elternteils hatte, kooperativ in Bezug auf den betreuenden Elternteil und die an der Umgangsvermittlung Beteiligten mitzuwirken[433]. Sexuell übergriffiges Verhalten kann insbesondere dann ein Ausschlussgrund sein, wenn der Kindesvater weder Unrechtsbewusstsein zeigt, noch die offensichtlichen Ängste des Kindes zur Kenntnis nimmt und das Kind den Umgang verweigert[434]. Ein Ausschluss des Umgangs-

---

[429] BGHZ 51, 219; ausführlich zum begleiteten Umgang: Praxisleitfaden von Gödde/Walbiner in Fthenakis, Kap. 9.

[430] BVerfG FamRZ 2008, 856.

[431] P/W/W § 1684 Rn. 49.

[432] BVerfG FamFR 2012, 546 für die einstweilige Anordnung und nachfolgend BVerfG Beschluss v. 13. 12.2012 – BvR 1766/12 = BeckRS 2013, 46031.

[433] OLG Köln Beschluss v. 21. 12. 2011 – 4 UF 206/11 = BeckRS 2012, 03708; OLG Köln FamRZ 2011, 571.

[434] OLG Hamm NJW-RR 2011, 1447.

rechtes bzw. eine Beschränkung auf brieflichen Kontakt ist auch dann geboten, wenn die Kinder durch erfahrene Gewaltanwendung des Kindesvaters gegenüber der Kindesmutter (etwa ein versuchtes Tötungsdelikt) stark traumatisiert sind[435]. In Fällen, in denen Kinder im Haushalt ihrer Eltern hochgradig vernachlässigt wurden, so dass Schädigungen aufgrund psychischer Entbehrungen und fehlender emotionaler Zuwendung geblieben sind, kann man von einer Traumatisierung im Kontakt mit den Eltern ausgehen. Auch wenn solch ein Trauma weder sicher festgestellt, noch ausgeschlossen werden kann, kann ein Umgangsausschluss erfolgen, da davon auszugehen ist, dass jeder Kontakt mit den Eltern zu einer Reproduktion der Traumatisierung des Erlebnisses führt[436].

5. Verstöße gegen Umgangsregelungen, Sanktionsmöglichkeiten

Wenn von einem der Elternteile gegen Umgangsregelungen verstoßen wird, gibt es neben den vollstreckungsrechtlichen Möglichkeiten des FamFG noch die Optionen weiterer Sanktionsmöglichkeiten.

a) Entzug der elterlichen Sorge. Die beharrliche Weigerung des betreuenden Elternteils, den Umgang des Kindes mit dem anderen Elternteil zuzulassen und zu fördern, kann darauf hindeuten, dass dieser Elternteil in seiner Erziehungseignung eingeschränkt ist. Die Bindungstoleranz ist im Rahmen einer Sorgerechtsentscheidung ein wichtiges Kriterium. Wenn also Sorgerechtsverfahren und Umgangsverfahren parallel rechtshängig sind, so wird die Umgangsverweigerung ein entscheidendes Negativkriterium beim betreuenden und verweigernden Elternteil sein. Problematisch sind aber die Fälle, in denen die Verweigerung bereits zu einer ablehnenden Haltung des Kindes gegenüber dem umgangsberechtigten Elternteil geführt hat. Die Richter stehen immer wieder vor der Frage, in der Regel sachverständig beraten, ob es angezeigt ist, das Kind zum umgangsberechtigten Elternteil in den Haushalt zu geben. Es gilt gründlich zu untersuchen, ob die Umgangsverweigerung nicht Ausdruck eines begründeten und autonomen Willens des Kindes ist, insbesondere aufgrund negativer Erfahrungen mit dem Umgangsberechtigten[437]. Insbesondere hat sich einen Sorgerechtsentscheidung ausschließlich am Kindeswohl zu orientieren. Das Fehlverhalten eines Sorgeberechtigten im Hinblick auf den Umgang, sei es vorhanden oder auch nur unterstellt, ist nicht durch den Entzug der

[435] OLG Köln Beschluss v. 6. 12. 2010 – 21 UF 183/10 = BeckRS 2011, 09377.

[436] OLG Celle Beschluss v. 18. 12. 2009 – 12 UF 201/08 = BeckRS 2011, 04532.

[437] OLG Frankfurt FamRZ 2011, 1875.

elterlichen Sorge zu sanktionieren[438]. Auch wenn es klar ist, dass der betreuende Vater beharrlich gegen seine Wohlverhaltenspflicht aus § 1684 BGB verstößt, kann es auf Kindeswohlgesichtspunkten geboten sein, den Umgang der umgangsberechtigten Mutter auszuschließen, wenn der Widerstand des Kindes nur mit kindeswohlgefährdenden Maßnahmen gebrochen werden könnte[439]. Erst Recht kommt der Entzug der elterlichen Sorge wegen einer Umgangsverweigerung im Wege der einstweiligen Anordnung nicht in Betracht, da die aus einer Umgangsverweigerung drohenden Gefahren für die Beziehungen zwischen Kind und Umgangsberechtigtem nicht so kurzfristig entstehen, dass ihnen nicht im Regelfall mit einer Entscheidung in der Hauptsache ausreichend begegnet werden kann[440].

Eine solche Entscheidung, unter Umständen eben sogar der Ausschluss seines Umgangsrechts ist verständlicherweise für den umgangsberechtigten Elternteil schwer auszuhalten. Das führt oftmals zu einer weiteren Verschärfung des Konfliktes, weil sich der umgangsberechtigten Elternteil oftmals als Verlierer empfindet, und sich wiederum zu Aktionen gegen den betreuenden Elternteil veranlasst sieht. Auf beiden Seiten sind die Bedürfnisse und Gefühle der Kinder dann längst aus den Augen verloren[441].

b) Unterhalt. Auch wenn der umgangsberechtigte Elternteil sein Kind nicht sieht, ist er trotzdem verpflichtet, **Kindesunterhalt** zahlen. Das kann sich im Ehegattenunterhalt anders darstellen. § 1579 BGB stellt eine allgemeine Billigkeitsklausel im **Ehegattenunterhalt** dar. Verstößt ein unterhaltsberechtigter Ehegatte gegen Loyalitätsverpflichtungen gegenüber dem Unterhaltsverpflichteten, können im Rahmen der Verwirkung Unterhaltsansprüche gekürzt oder sogar ganz versagt werden. Wenn im Rahmen eines hochstreitigen Umgangsrechtsverfahrens von dem Unterhaltsberechtigten wiederholt schwerwiegender Beleidigungen und nicht haltbare Anschuldigungen gegen den Verpflichteten erhoben werden, ist der Unterhaltsanspruch gemäß § 1579 Nr.2 BGB ausgeschlossen[442]. Und wenn der sorgeberechtigte Elternteil fortgesetzt, massiv und schuldhaft den Umgang mit dem gemeinsamen Kind verweigert, kann auch sein Unterhaltsanspruch gemäß § 1579 Nr. 6 BGB versagt werden[443]. Bloße Schwierigkeiten bei der Ausübung des Um-

---

[438] BVerfG FamRZ 2009, 1389 gegen OLG Dresden Beschluss vom 8. 12. 2008 – 21 UF 400/08 = BeckRS 2013, 03899.

[439] OLG Saarbrücken FamRZ 2011, 1409.

[440] KG FamRZ 2010 1749; OLG Jena FamRZ 2006, 280.

[441] Röchling-Schäfer § 13 Rn. 13.

[442] BGH NJW 1982, 100; OLG München FamRZ 2006, 1605.

[443] OLG Karlsruhe FamRZ 1999, 92; OLG Schleswig FamRZ 2003, 688; OLG München FamRZ 2006, 1605.

gangsrechtes reichen aber nicht aus[444]. Die Rahmen der Prüfung der Verwirkung eines Unterhaltsanspruchs ist normalerweise zu prüfen, ob dem Unterhaltsverpflichteten die Berufung auf den Verwirkungseinwand versagt ist, weil Kindeswohlbelange entgegenstehen. Das wird üblicherweise bejaht bejaht, wenn dem Unterhaltsberechtigten kein eigenes, seinen Selbstbehalt deckendes, Einkommen zur Verfügung steht[445], weil dann zu befürchten ist, dass sich der Unterhaltsberechtigte aus dem Kindesunterhalt unterhält, und damit die Versorgung des Kindes gefährdet ist. Der Unterhaltsberechtigte kann wegen der Subsidiarität staatlicher Leistungen nicht auf die Inanspruchnahme von Sozialhilfe verwiesen werden[446]. In besonders krassen Fällen des Fehlverhaltens steht die Pflege oder Erziehung eines gemeinschaftlichen Kindes nicht entgegen und der Ehegatte ist verpflichtet, eine Erwerbstätigkeit aufzunehmen, um seinen Selbstbehalt zu decken[447].

6. Umgangspflegschaft § 1684 Abs. 3 BGB

a) Ziel. Wenn ein Elternteil dauerhaft oder wiederholt gegen die Wohlverhaltenspflicht verstößt, kann das Familiengericht auch eine Pflegschaft für die Durchführung des Umgangs anordnen. Die Umgangspflegschaft umfasst das Recht, die Herausgabe des Kindes zur Durchführung des Umgangs zu verlangen und für die Dauer des Umgangs dessen Aufenthalt zu bestimmen. Die Anordnung ist zu befristen. Auch im Falle der Anordnung einer Umgangspflegschaft sind die wesentlichen Regelungen des Umgangs – Häufigkeit und Dauer des einzelnen Umgangskontaktes sowie die grundsätzlichen Modalitäten des Holens und Bringens – vom Gericht festzulegen[448]. Es ist nicht notwendig, dass bereits eine Umgangsregelung vorliegt, gegen die verstoßen wird. Wenn aus dem Verhalten des betreuenden Elternteils ein Verstoß gegen die Wohlverhaltensverpflichtung ersichtlich ist, reicht dies aus. Das kann die Erklärung sein, dem Kind den Umgang freizustellen, erst Recht die Erklärung, den Umgang verhindern zu wollen. Die Umgangspflegschaft ist vom Gesetz vor allem für den Fall der Umgangsverweigerung durch einen Elternteil und die damit verbundene Kindeswohlbeeinträchtigung als geeignete Maßnahme vorgesehen. Da die Umgangspflegschaft einen Sorgerechtseingriff auf das zunächst erforderliche Maß begrenzt, ist sie gegenüber einem (vollständigen) Entzug des Aufenthaltsbestimmungsrechts nach § 1666 BGB als milderes Mittel vorrangig. Von ihrer Anordnung kann demnach nur dann abgesehen

---

444 BGH FamRZ 2007, 193.
445 BGH NJW 1998, 1309.
446 NomosKommentarBGB/Hohloch § 1579 Rn. 96.
447 OLG München FamRZ 2006, 1605 (noch zum Altersphasenmodell).
448 KG FF 2012, 505; Willutzki, ZKJ 2009, 281; Palandt/Götz § 1684 Rn. 22.

werden, wenn die Umgangspflegschaft offensichtlich keinen Erfolg verspricht[449].

b) Intensität des Verstoßes. Die Anordnung der Umgangspflegschaft setzt voraus, dass ein Verstoß gegen die von Wohlverhaltenspflicht dauerhaft oder wiederholt vorliegt. Dauerhaft setzt eine längere Zeitspanne voraus, aber nicht so lange, dass bereits eine Kindeswohlgefährdung eingetreten ist[450]. Wiederholt setzt einen mindestens zweimaligen, eher dreimaligem Verstoß voraus. Das Kriterium der erheblichen Verletzung soll sicherstellen, dass eine Umgangspflegschaft nicht schon wegen geringfügiger Erschwerungen des Umganges angeordnet wird. Diese sind sowohl ärgerlich als auch unnötig, rechtfertigen aber keinen Eingriff in das Sorgerecht der Eltern. (Bsp.: Nicht ausreichend oder gar keine Wechselkleidung; kurze Verspätung) Unabhängig davon verursacht eine Umgangspflegschaft auch noch Kosten, die von den Eltern zu tragen sind.

c) Befugnisse des Umgangspflegers. Dem Umgangspfleger obliegt die Gewährleistung des Umgangs. Daran hat sich der Aufgabenkreis des Umgangspflegers primär zu orientieren. Ihm obliegt daher vorrangig die Gewährleistung eines Rahmens, der die Durchführung des vom Familiengericht angeordneten bzw. hier zwischen den Eltern vereinbarten Umgangs ermöglicht. Er hat daher z. B. Regelungen zwischen den Eltern zu vermitteln oder notfalls selbst zu treffen, mit welchen Modalitäten (Abholen/Bringen des Kindes, Übergabesituationen, mitzugebende Kleidung usw.) der Umgang durchzuführen ist, ggf. die Plausibilität von Absagen des Umgangs zu überprüfen usw. Die Umgangspflegschaft umfasst auch (§ 1684 Abs. 3 Satz 4 BGB) das Recht, die Herausgabe des Kindes zur Durchführung des Umgangs zu verlangen und für die Dauer des Umgangs dessen Aufenthalt zu bestimmen. Je nach Bedarf, insbesondere des Kindes, kann der Umgangspfleger auch bei der Vorbereitung des Umgangs, bei der Übergabe des Kindes an den umgangsberechtigten Elternteil sowie bei der Rückgabe vor Ort sein[451]. Ohne entsprechende Anordnung des Familiengerichts ist es aber nicht seine Aufgabe, den Umgang selbst zu begleiten. Die Anordnung eines begleiteten Umgangs ist eine eigenständige, in ihrem Eingriff in das Elternrecht deutlich weiter gehende familiengerichtliche Maßnahme. Dem Familiengericht, nicht dem Umgangspfleger, obliegt die Entscheidung, ob ein Umgang nur stattfinden darf, wenn eine andere Person anwesend ist. Wenn nur eine Umgangspflegschaft, nicht eine Umgangsbegleitung angeordnet wurde, darf der Umgangspfleger auch nicht be-

---

[449] BGH NJW 2012, 151 = FamRZ 2012, 99.
[450] Röchling S. 155.
[451] BT-Drucks. 16/6308, 345 ff.

gleiten und erhält für eine dennoch durchgeführte Begleitung auch keine Vergütung[452].

d) Vergütung. Die Umgangspflegschaft ist eine Ergänzungspflegschaft. Der Umgangspfleger muss daher vom Familiengericht bestellt und verpflichtet werden und erhält eine Bestallungsurkunde (§ 1789 ivm § 1915 BGB). Zuständig ist der Rechtspfleger. Für das Entstehen des Anspruchs auf Vergütung ist grundsätzlich eine förmliche Bestellung des Umgangspflegers in dessen persönlicher Anwesenheit erforderlich ist[453]. Denn erst mit der Bestellung beginnt die Tätigkeit des Umgangspflegers, mithin auch seine Vergütungsansprüche[454]. Allerdings kann ein Anspruch aus Treu und Glauben für die Zeit auch vor der förmlichen Bestallung gegeben sein, wenn das Gericht das sofortige Tätigwerden abgestimmt und veranlaßt hat[455]. Die Vergütung richtet sich nach dem VBVG (Gesetz über die Vergütung von Vormündern und Betreuern) und ist nach Ausbildungsabschluss gestaffelt. Der Anspruch auf Erstattung von Auslagen und Vergütung des Umgangspflegers erlischt, soweit er nicht binnen 15 Monaten seit Entstehung geltend gemacht ist.

e) Befristung. Die Umgangspflegschaft ist zu befristen. Sie kann verlängert werden. Wenn sie nicht befristet ist, ist der Wegfall der Voraussetzungen im Wege des Abänderungsverfahrens geltend zu machen.

7. Auskunftsrecht

§ 1686 gibt dem nichtbetreuenden Elternteil einen Informationsanspruch über die Belange des Kindes. Der Auskunftsanspruch besteht unabhängig von der Sorgeform und ob die Eltern miteinander verheiratet waren oder nicht[456]. Anspruchsberechtigte nicht betreuenden Elternteil. Der Auskunftsanspruch richtet sich ausschließlich gegen den betreuenden Elternteil, nicht gegen dritte Personen. Aus dieser Vorschrift folgt also kein Auskunftsanspruch gegen Lehrer, Ärzte und Therapeuten. Der Auskunftsanspruch soll es ermöglichen, sich ein Bild über das Leben des Kindes zu machen. Es besteht weder einen Anspruch auf eine detaillierte Schilderung des gesamten Tagesablauf noch auf einen Bericht bestimmten Umfanges[457]. Es besteht auch ein Anspruch auf Fotos, auf denen das Kind zu erkennen ist. Normalerweise wird ein Bericht im Abstand von einem halben Jahr als ausreichend und angemes-

---

[452] KG ZKJ 2012, 492.

[453] OLG Saarbrücken FamRZ 2005, 927; OLG Brandenburg, FamRZ 2008, 1478.

[454] OLG Stuttgart FamRZ 2011, 846.

[455] OLG Saarbrücken, FamRZ 2012, 888; OLG Koblenz FamRZ 2010, 1173.

[456] Völker/Clausius Rn. 149.

[457] OLG Frankfurt FamRZ 2012, 888.

sen angesehen. Die Auskunftsverpflichtung beinhaltet eine Übersicht über den Gesundheitszustand des Kindes, nicht aber die Vorlage des Vorsorgeheftes. Eine Einschränkung des Auskunftsrechts kann zum einen im Persönlichkeitsrecht des fast volljährigen Kindes liegen, zum anderen dann geboten sein, wenn in der Erteilung der Auskunft eine Gefahr für das Kind liegt .

IV. Umgangsrecht dritter Personen

§ 1685 BGB regelt das Umgangsrecht anderer Bezugspersonen mit dem Kind. Dieses Umgangsrecht ist vom Kindschaftsrechtsreformgesetz mit Wirkung zum 1. 7. 1998 erstmals geschaffen worden.

1. Umgangsrecht von Großeltern und Geschwistern

Nach § 1685 Abs. 1 haben die Großeltern und die Geschwister des Kindes ein Recht auf Umgang, wenn dieser Umgang dem Kindeswohl dient. Umgangsrecht besteht allein aufgrund des engen Verwandtschaftsverhältnisses zum Kind. Anders als beim Umgangsrecht der Eltern ist die positive Feststellung erforderlich, dass der Umgang dem Kindeswohl dient. Das elterliche Umgangsrecht geht vor, es kann wegen des Umgangsrechtes anderer Personen nicht eingeschränkt werden[458]. Haben die Großeltern bereits Umgang mit dem Kind im Rahmen des elterlichen Umgangsrechtes, so kann ein zusätzlicher Umgang der Großeltern das Kind überfordern. In einem solchen Fall ist ein **eigenständiges Umgangsrecht der Großeltern** nicht kindeswohldienlich[459]. Problematisch ist der Umgang mit Großeltern vor allem dann, wenn zwischen den Eltern und den Großeltern Streit besteht. Gelingt es den Großeltern nicht, diesen Streit aus den Umgangskontakten heraus halten oder lehnt das Kind wegen des Streites Umgangskontakte ab, so wird man von einer Kindeswohldienlichkeit nicht mehr ausgehen können. Das gilt auch dann, wenn die Eltern den Erziehungsvorrang der Eltern nicht respektieren[460], oder wenn ein schweres und lang andauerndes Zerwürfnis vorliegt[461]. Allein die Verwandtschaft begründet noch keine Vermutung der Kindeswohldienlichkeit[462]. Besondere Bedeutung kommt bei der Entscheidung darüber, ob das Umgangsrecht dem Kindeswohl dient, dem Willen des Kindes zu. Wenn also das Kind Umgang

[458] BVerfG FamRZ 2007, 335.

[459] OLG Hamm ZKJ 2011, 227 mit Anm. Peter Finger FamFR 2011, 214.

[460] OLG München FamRZ 2011, 1804; OLG Brandenburg FamRZ 2010, 1991; OLG Hamm FamRZ 2010, 909; juris-PK/Bauer 6. Aufl § 1685 Rn. 8.

[461] OLG Celle NJW-RR 2011, 1512 = ZKJ 2011, 431.

[462] KG NJWE-FER 2001, 119.

mit den Großeltern ablehnt, so wird man kaum zum Ergebnis kommen können, dass dieser seinem Wohl dient. Andererseits kann wegen des elterlichen Erziehungsprimates ein Wille des Kindes zum Umgang unbeachtlich sein, wenn das Kind gegen die Eltern beeinflusst wird und in einen Loyalitätskonflikt gerät. Die Großeltern müssen den Nachweis führen, dass das Umgangsrecht dem Kindeswohl dient.

Das **Umgangsrecht der Geschwister** steht allen Geschwistern zu, auch Halbgeschwistern und adoptierten Geschwistern[463]. In der praktischen Anwendung hat die Regelung überwiegend dann Bedeutung, wenn die Kinder bei unterschiedlichen Elternteilen leben und entweder selbst das Bedürfnis haben, ein Umgangsrecht durchzusetzen oder wenn der betreuende Elternteil ein eigenes Recht auf Umgang nicht durchsetzen kann oder will, zum Beispiel aufgrund einer Ablehnung des Kindes. Außerdem gibt es Anwendungsfälle dann, wenn die Kinder fremd untergebracht sind und Umgang mit dem noch bei den leiblichen Eltern lebenden Kindern wünschen.

Wird eines von zwei minderjährigen leiblichen Geschwistern adoptiert, erlischt nach § 1755 Abs. 1 Satz 1 BGB das Umgangsrecht. Ein Umgangsrecht des nicht adoptierten Geschwisters ergibt sich weder aus einer analogen Anwendung von § 1685 Abs. 1 noch aus einer möglichen Kindeswohlgefährdung nach § 1666. Es kann aber sein, dass das Kindeswohl des adoptierten Geschwisters ist durch den ausbleibenden Umgang gefährdet wird, und deshalb ein Umgang stattfinden muss. Ingesamt kann auch bei Nichtanwendung von § 1685 unabhängig ein Umgangsrecht aus § 1666 hergeleitet werden.

2. Umgangsrecht naher Bezugspersonen

Bezugspersonen des Kindes können nach § 1685 Abs. 2 ein Umgangsrecht mit dem Kind haben, wenn dieser Umgang dem Kindeswohl dient und zwischen ihm und dem Kind eine **sozial-familiäre Beziehung** bestanden hat. Das ist in der Regel anzunehmen, wenn die Person mit dem Kind längere Zeit in häuslicher Gemeinschaft gelebt hat. Unter diese Norm fallen sowohl mit dem Kind verwandte Personen, als auch nicht verwandte Personen.

Einen großen Raum nehmen dementsprechend die Partner des Elternteiles ein, die längere Zeit mit dem Kind zusammengelebt haben (Ehegatten, Lebensgefährten egal welchen Geschlechtes[464]). Eine sozial familiäre Beziehung setzt voraus, dass der Umgangsbegehrende mindestens eine Zeit lang tatsächlich Verantwortung für das Kind getragen hat. Eine Funktion als Haushaltshilfe, Kindermädchen oder Freundin des na-

---

463 NomosKommentarBGB/Peschel-Gutzeit § 1685 Rn. 7.

464 OLG Karlsruhe FamRZ 2002, 1210.

hen Verwandten reicht nicht aus[465]. Der Begriff der längeren Dauer ist nicht definiert, Anhaltspunkte dürfte eine Frist von etwa sechs Monaten sein.[466] Es ist nicht erforderlich, dass diese häusliche Gemeinschaft noch andauert[467]. Die leibliche Mutter, die ihr Kind zur Adoption freigegeben hat, hat kein Umgangsrecht mehr[468]. Der Wunsch nach einer Anbahnung einer sozial-familiäre Beziehung lässt sich aber aus § 1685 Abs. 2 nicht herleiten[469]. Wenn eine solche noch nicht bestanden hat, kommt ein Umgangsrecht auch naher Verwandter, wie einer Tante, nicht in Betracht[470]. Dabei darf nicht verkannt werden, dass das Zusammenleben in häuslicher Gemeinschaft nur als Regelfall der sozial-familiären Beziehung ausgestaltet ist im Sinne der Übernahme tatsächlicher Verantwortung im Sinne des Gesetzes. Es sind also auch Fälle denkbar, dass Personen ein Umgangsrecht eingeräumt wird, die auf andere Art und Weise tatsächliche, also nicht rechtliche oder finanzielle, Verantwortung übernehmen oder in der Vergangenheit übernommen haben[471].

V. Umgangsrecht des biologischen Vaters

Die Entwicklung der Rechtsprechung des biologischen Vaters im Spannungsfeld zum rechtlichen und/oder sozialen Vater ist oben unter A.II.3 dargestellt worden.

1. Umgangsrecht nach derzeitiger Rechtslage

Ein Umgangsrecht nach § 1684 BGB setzt die Feststellung der Vaterschaft voraus. Ein Umgangsrecht des biologischen Vaters kann daher nur aus § 1685 BGB hergeleitet würde, so dass dessen Voraussetzungen, insbesondere also die Übernahme tatsächlicher Verantwortung in der Gegenwart oder Vergangenheit vorliegen müssen. Wenn im Umgangsverfahren die biologische Vaterschaft streitig ist, kann ebenfalls nur ein Umgangsrecht aus § 1685 BGB abgeleitet werden. Diese Beschränkung des leiblichen Vaters auf ein Umgangsrecht nur bei Vorliegen einer sozial-familiären Beziehung wird sich ändern müssen, weil durch die Entscheidungen Anayo und Schneider klargestellt ist, dass auch bei Fehlen

---

465 OLG Brandenburg FamRZ 2011, 1154.

466 NomosKommentarBGB/Peschel-Gutzeit § 1685 Rn. 14.

467 BGH FamRZ 2005, 705.

468 OLG Schleswig FamRZ 2004, 1057.

469 Siehe aber EGMR NJW 2012, 2781, beim biologischen Vater ist auch der Wunsch geschützt; Löhnig/Preisner FamRZ 2012, 498.

470 OLG Bremen ZKJ 2012, 494 mit Anm. Christel Adolf-Kapgenoß jurisPR-FamR 25/2012, Anm. 5.

471 OLG Koblenz regelmäßige Betreuung des Kindes am Wochenende und in den Ferien, FamRZ 2009, 1229 ja; Sporadische Kontakte zum Kind in einem Zeitraum von 3 Monaten nein OLG Düsseldorf FamRZ 2004, 290.

einer sozial-familiären Beziehung eine Einzelfallprüfung des Umgangsrechtes geboten ist. Es muss also auch dann ein Umgangsrecht gewährt werden, wenn dieses dem Kindeswohl dient. Da sich dies aus der derzeitigen Fassung von § 1685 BGB nicht ableiten lässt, ist der Gesetzgeber gefordert[472].

2. Gesetzentwurf der Bundesregierung

Die Bundesregierung hat sich auf einen **Gesetzentwurf** zur Regelung des Umgangsrechtes des biologischen Vaters verständigt[473] und hat davon abgesehen, das Umgangsrecht gleichzeitig mit dem Sorgerecht des nichtehelichen Vaters neu zu fassen. **(Teil G I Nr. 2).** Der Entwurf sieht vor, dem leiblichen Vater ein Recht auf Umgang mit dem Kind einzuräumen, wenn er an dem Kind nachhaltiges Interesse gezeigt hat, wenn der Umgang dem Kindeswohl dient. Das gilt unabhängig davon, ob zum Kind bereits eine sozial-familiäre Beziehung besteht.

Zudem wird dem leiblichen Vater bei berechtigtem Interesse ein Recht auf Auskunft über die persönlichen Verhältnisse des Kindes eingeräumt, soweit dies dem Wohl des Kindes nicht widerspricht.

Voraussetzung des **Umgangs- und Auskunftsrechts** soll sein, dass der Anspruchsteller auch wirklich der leibliche Vater ist. Die leibliche Vaterschaft des Antragstellers ist dabei im Rahmen des Umgangs- oder Auskunftsverfahrens zu prüfen und gegebenenfalls im Rahmen einer Beweiserhebung zu klären. Um die Feststellung der biologischen Vaterschaft in streitigen Fällen zu ermöglichen, stellt der Gesetzentwurf eine verfahrensrechtliche Flankierung zur Verfügung. Nach dieser müssen unter bestimmten Voraussetzungen Untersuchungen zur Klärung der Vorfrage nach der biologischen Abstammung geduldet werden. Dies soll verhindern, dass die Mutter des Kindes oder eine sonstige Person den Anspruch des biologischen Vaters vereiteln kann, indem sie die erforderliche Untersuchung verweigert[474].

Der Bundesrat hat den Entwurf in seiner Sitzung vom 14. 12. 2012 beraten und Änderungswünsche formuliert. Insbesondere soll beim Auskunftsanspruch eine höhere Schwelle vorgesehen werden, indem die Kindeswohldienlichkeit positiv festgestellt werden soll[475]. Der Bundesrat hält in seiner Stellungnahme seine Erwägungen mit der Rechtsprechung des Europäischen Gerichtshofes für Menschenrechte vereinbar.

Der Gesetzentwurf wurde am 25. 4. 2013 vom Bundestag in 2. und 3. Beratung angenommen.[475a]

---

[472] Stefan Motzer, Anm. zu *Anayo/Deutschland* in FamRB 2011, 71.
[473] BR-Drucksache 666/12 = BT-Drucks. 17/12163.
[474] Quelle: Pressemitteilung des BMJ vom 17. 10. 2012.
[475] BR-Drucksache 6661/12.
[475a] BT-Drucks. 17/13269.

3. Gesetzestext

§ 1686 Satz 2 wird aufgehoben.

„§ 1686a Rechte des leiblichen, nicht rechtlichen Vaters

(1) Solange die Vaterschaft eines anderen Mannes besteht, hat der leibliche Vater, der ernsthaftes Interesse an dem Kind gezeigt hat,

1. ein Recht auf Umgang mit dem Kind, wenn der Umgang dem Kindeswohl dient,

und

2. ein Recht auf Auskunft von jedem Elternteil über die persönlichen Verhältnisse des Kindes, soweit er ein berechtigtes Interesse hat und dies dem Wohl des Kindes nicht widerspricht.

(2) Hinsichtlich des Rechts auf Umgang mit dem Kind nach Absatz 1 Nummer 1 gilt § 1684 Absatz 2 bis 4 entsprechend. Eine Umgangspflegschaft nach § 1684 Absatz 3 Satz 3 bis 5 kann das Familiengericht nur anordnen, wenn die Voraussetzungen des § 1666 Absatz 1 erfüllt sind."

„§ 167a Besondere Vorschriften für Verfahren nach § 1686a des Bürgerlichen Gesetzbuchs

(1) Anträge auf Erteilung des Umgangs- oder Auskunftsrechts nach § 1686a des Bürgerlichen Gesetzbuchs sind nur zulässig, wenn der Antragsteller an Eides statt versichert, der Mutter des Kindes während der Empfängniszeit beigewohnt zu haben.

(2) Soweit es in einem Verfahren, das das Umgangs- oder Auskunftsrecht nach § 1686a des Bürgerlichen Gesetzbuchs betrifft, zur Klärung der leiblichen Vaterschaft erforderlich ist, hat jede Person Untersuchungen, insbesondere die Entnahme von Blutproben, zu dulden, es sei denn, dass ihr die Untersuchung nicht zugemutet werden kann.

(3) § 177 Absatz 2 Satz 2 und § 178 Absatz 2 gelten entsprechend."

4. Kindeswohldienlichkeit des Umgangsrechtes

Die neue Regelung beinhaltet ein Umgangsrecht und ein Auskunftsrecht des biologischen Vaters. Voraussetzung ist, dass der Mann der **leibliche Vater des Kindes** ist. Dazu muss er mit dem Antrag an Eides Statt versichern, der Mutter während der gesetzlichen Empfängniszeit beigewohnt zu haben. Sofern die Vaterschaft im Verfahren streitig ist oder wird, besteht die Möglichkeit einer Inzidentprüfung im Umgangsrechtsverfahren gemäß § 167a Abs. 2 FamFG-E. Damit trägt der Entwurf den Vorgaben des EGMR Rechnung, der verlangt hat, die Einzelfallprüfung eines Umgangs-und Auskunftsrechtes für den vermeintlich biologischen Vater zuzulassen, ohne ihn zu verpflichten, die Vaterschaft feststellen zu lassen[476]. Das ist insoweit folgerichtig, als der EGMR

---

[476] EGMR NJW 2012, 2781.

wiederum keine zwingende Verpflichtung aus der Konvention sieht, dem vermeintlichen biologischen Vater zu gestatten, die Stellung des rechtlichen Vaters anzufechten oder eine separate Klage im Hinblick auf die Feststellung der biologischen Vaterschaft zuzulassen. Diese Entscheidung, ob dem vermeintlichen biologischen Vater die Vaterschaftsanfechtung zu gestatten ist, liegt innerhalb des staatlichen Ermessensspielraums.

Art. 14 in Verbindung mit Art. 8 EMRK ist nicht verletzt, wenn der bestehenden familiären Beziehung zwischen dem Kind und seinen rechtmäßigen Eltern Vorrang vor der Beziehung zu dem vermeintlichen biologischen Vater eingeräumt wird und die Möglichkeit einer Vaterschaftsanfechtung versagt wird, um das Kind und seine soziale Familie vor äußeren Störeingriffen zu schützen[477].

Die Änderungen beseitigen den mit Artikel 8 EMRK nicht zu vereinbarenden Zustand, dass der biologische Vater, der keine enge Bezugsperson des Kindes ist, auch dann kategorisch und ohne Prüfung des Kindeswohls vom Umgang mit seinem Kind ausgeschlossen ist, wenn ihm der Umstand, dass eine sozial-familiäre Beziehung nicht aufgebaut wurde, nicht zuzurechnen ist.

Durch die Ergänzung des § 14 Absatz 1 Nummer 7 RPflG um § 1686a Absatz 2 BGB bleibt die Entscheidung über das Recht des leiblichen Vaters auf Umgang mit dem Kind gemäß § 1686a Absatz 1 Nummer 1 BGB dem Richter vorbehalten. Demgegenüber ist der Rechtspfleger zuständig für Streitigkeiten, die das Recht des leiblichen Vaters auf Auskunft über die persönlichen Verhältnisse des Kindes gemäß § 1686 Absatz 1 Nummer 2 BGB betreffen.

Das entspricht der Verteilung der funktionellen Zuständigkeit für Umgangs- und Auskunftsverfahren des rechtlichen Vaters. Die funktionelle Zuständigkeit in familienrechtlichen Streitigkeiten betreffend das Umgangs- und Auskunftsrecht ist gemäß § 14 Absatz 1 Nummer 7 RPflG so ausgestaltet, dass der Rechtspfleger zuständig ist für die Entscheidung von Streitigkeiten, die das Recht jedes Elternteils betreffen, von dem jeweils anderen Elternteil Auskunft über die persönlichen Verhältnisse des Kindes gemäß § 1686 BGB zu verlangen. Demgegenüber entscheidet der Richter Streitigkeiten über das Umgangsrecht.[478]

[477] EGMR FamRB 2012, 243.
[478] Bassenge/Roth § 14 Rn. 21.

E. Verfahrensrecht

I. Allgemeines

Die Verfahren zur Regelung der elterlichen Sorge sowie die Verfahren zur Regelung des Umgangsrechtes richten sich nach dem FamFG. Mit Ausnahme der Verfahren wegen einer Kindeswohlgefährdung nach § 1666 BGB sind die Verfahren Antragsverfahren.

1. Kindschaftssachen

Das FamFG hat der Begriff der Kindschaftssachen in § 151 neu definiert. Kindschaftssachen sind die den Familiengerichten zugewiesenen Verfahren, die

- die elterliche Sorge,
  das Umgangsrecht,
  die Kindesherausgabe,
  die Vormundschaft,
- die Pflegschaft oder die gerichtliche Bestellung eines sonstigen Vertreters für einen Minderjährigen oder für eine Leibesfrucht,
- die Genehmigung der freiheitsentziehenden Unterbringung eines Minderjährigen nach §§ 1631 b BGB, 1800 und § 1915 BGB,
- die Anordnung der freiheitsentziehenden Unterbringung eines Minderjährigen nach dem Landesgesetz über die Unterbringung erkrankter oder
- die Aufgaben nach dem Jugendgerichtsgesetz

betreffen.

2. Beteiligte

Gemäß § 7 FamFG ist Beteiligter der Antragsteller eines Antragsverfahrens. Als Beteiligte sind hinzuzuziehen, diejenigen deren Rechte durch das Verfahren unmittelbar betroffen sind und diejenigen die aufgrund des FamFG oder eines anderen Gesetzes von Amts wegen oder auf Antrag zu beteiligen sind. Außerdem können weitere Personen als Beteiligte hinzugezogen werden, wenn dies gesetzlich vorgesehen ist. Die Verfahrensbeteiligten oder diejenigen, die ein Antragsrecht haben, sind vom Familiengericht über die Einleitung des Verfahrens zu informieren. Dabei muss das Gericht sie auf das bestehende Antragsrecht hinweisen (§ 7 Abs. 4 FamFG). Wenn das Gericht einem Antrag auf Beteiligung nicht entsprechen will, so muss es durch förmlichen, mit der sofortigen Beschwerde anfechtbaren Beschluss entscheiden.

In Kindschaftsverfahren führt das Vorliegen eines **erheblichen Interessengegensatzes** zwischen dem Kind und den Eltern nicht notwendigerweise zur Entziehung der elterlichen Vertretungsbefugnis gemäß § 1796 BGB. Wegen des Grundsatzes der Verhältnismäßigkeit ist ein Eingriff in das Sorgerecht dann nicht geboten, wenn ein Verfahrensbeistand bestellt ist, der die Interessen des Kindes vertritt. Dass dieser nicht gesetzlicher Vertreter des Kindes ist, ist ohne Belang[479].

Beteiligte können sein: Der bestellte Ergänzungspfleger, das Jugendamt sowie Pflegepersonen. In Verfahren nach § 1666 BGB sind die Großeltern des Kindes nicht Beteiligte, auch wenn sie sich als Vormund zur Verfügung gestellt haben[480]. Dagegen ist der nichtsorgeberechtigte Vater Beteiligter[481]. Das Kind ist in Verfahren der elterlichen Sorge und des Umgangsrechtes selbst Beteiligter[482].

In Umgangsverfahren der Großeltern sind die Sorgeberechtigten als Beteiligte hinzuzuziehen nach § 7 Abs. 2 Nr. 1, auch wenn das Kind in einer Pflegefamilie lebt[483].

Beteiligtenfähig nach § 8 FamFG sind natürliche und juristische Personen, Vereinigungen, Personengruppen und Einrichtungen, soweit ihnen ein Recht zustehen kann und Behörden.

Verfahrensfähig sind nach § 9 FamFG, die nach bürgerlichem Recht geschäftsfähig sind. Außerdem die, die nach bürgerlichem Recht beschränkt geschäftsfähig sind, soweit sie für den Gegenstand des Verfahrens nach bürgerlichem Recht als geschäftsfähig anerkannt sind. Verfahrensfähig sind weiter die, die nach bürgerlichem Recht beschränkt Geschäftsfähigen, die das 14. Lebensjahr vollendet haben in einem Verfahren, dass ihre Person betrifft, wenn sie ein nach bürgerlichem Recht ihnen zustehendes Recht geltend machen.

3. Stellung des Jugendamtes § 162 FamFG

Das FamFG unterscheidet je nach der Eingriffsschwelle unterschiedliche Beteiligungsmöglichkeiten des Jugendamtes.

Das Gericht hat in Verfahren, die die Person des Kindes betreffen, das **Jugendamt anzuhören.** Unterbleibt die Anhörung wegen Gefahr im Verzug, ist sie unverzüglich nachzuholen. In Verfahren, die die Person des Kindes betreffen, ist das Jugendamt von Terminen zu benachrichtigen und ihm sind alle Entscheidungen des Gerichts bekannt zu

---

479 BGH NJW 2012, 1150 = FamRZ 2012, 436.
480 OLG Hamm FamRZ 2012, 799.
481 OLG Frankfurt FamRZ 2013, 46.
482 BGH NJW 2011, 1293; FamRZ 2011, 1788.
483 OLG Hamm FamRZ 2011, 1889.

machen. Gegen den Beschluss steht dem Jugendamt die Beschwerde zu.

In Verfahren nach den §§ 1666 und 1666a des Bürgerlichen Gesetzbuchs ist das **Jugendamt zu beteiligen.** Im Übrigen ist das Jugendamt auf seinen Antrag am Verfahren zu beteiligen. Wenn das Jugendamt einen Antrag auf Beteiligung stellt, hat das Gericht kein Ermessen, ob es das Jugendamt beteiligt.[484]Die Beteiligtenstellung führt dazu, dass das Jugendamt ein Beschwerderecht hat. Das Jugendamt ist kein Hilfsorgan des Gerichtes, erst recht nicht an dessen Weisung gebunden. Auf welche Art und Weise der Mitarbeiters des Jugendamtes sich die die Tatsachenkenntnisse verschafft, um einen Bricht für das Gericht, fertigen zu können, obliegt allein seinem Ermessen. Normalerweise wird das Jugendamt entweder einen Hausbesuch bei beiden Elternteilen machen oder aber Gespräche im Jugendamt mit den Eltern führen. Nach § 50 SGB VIII fertigt es dann einen Bericht aufgrund seiner pädagogischen Fachkunde. Dem Jugendamt kommt aber eine noch viel größere Bedeutung zu, nämlich im Rahmen der Finanzierung von Jugendhilfemaßnahmen. Gemäß § 36a SGB VIII trägt der Träger der Jugendhilfe die Kosten der Hilfe grundsätzlich nur dann, wenn sie auf der Grundlage seiner Entscheidung nach Maßgabe des Hilfeplans unter Beachtung des Wunsch- und Wahlrechts erbracht wird; dies gilt auch in den Fällen, in denen Eltern durch das Familiengericht oder Jugendliche und junge Volljährige durch den Jugendrichter zur Inanspruchnahme von Hilfen verpflichtet werden.

4. Vorrang- und Beschleunigungsgebot

Die Beteiligten eines Gerichtsverfahrens haben wegen des Gebotes des effektiven Rechtsschutzes aus Art. Z Abs 1 GG in Verbindung mit Art. 20 Abs. 3 GG einen Anspruch auf Erledigung eines Gerichtsverfahrens in angemessener Zeit[485]. Dieser Grundsatz ist im FamFG in § 155 kodifiziert worden. Die Kindschaftssachen, die den Aufenthalt des Kindes, das Umgangsrecht oder die Herausgabe des Kindes betreffen, sind vorrangig und beschleunigt durchzuführen. Der durchzuführende Termin soll zwei spätestens einen Monat nach Beginn des Verfahrens stattfinden. Insbesondere darf das Gericht in einem Umgangsverfahren das Betreiben des Verfahrens nicht von der Zahlung eines Kostenvorschusses abhängig machen[486].

Welche Verfahrensdauer im Einzelfall als unangemessen lang anzusehen ist, ist nach den Umständen des Einzelfalles zu beurteilen[487]. In

---

[484] Völker/Clausius Rn. 325.
[485] BVerfG FamRZ 2001, 753.
[486] OLG Saarbrücken FamRZ 2012, 319.
[487] BVerfGE 46, 17.

umgangsrechtlichen Verfahren ist zu berücksichtigen, dass jede Verfahrensverzögerung wegen einer eintretenden Entfremdung häufig rein faktisch zu einer Vorentscheidung führt[488]. Es ist außerdem zu berücksichtigen, dass sich das kindliche Zeitempfinden von dem Zeitempfinden eines Erwachsenen unterscheidet. Eine Verfahrensdauer von 17 Monaten ohne Termin und ohne Umgang bei gleichzeitiger Einholung eines Sachverständigengutachtens wurde als zu lang angesehen[489].

5. Überlange Gerichtsverfahren

Der europäische Gerichtshof für Menschenrechte hat die deutsche Justiz mehrfach dafür gerügt, das Verfahren insbesondere in Kindschaftssachen nicht in angemessener Zeit erledigt werden[490]. (6 Jahre 5 Monate in drei Instanzen; 7 Jahre; 4 Jahre und 10 Monate). Die Dauer eines Umgangsrechtsverfahrens von dreieinhalb Jahren ist zu lang und verstößt gegen Art. 8 EMRK, der die besondere Sorgfaltspflicht des Staates begründet, einer faktischen Erledigung durch Zeitablauf zu begegnen[491]. Art. 8 EMRK ist auch verletzt, wenn der Ausschluss des Umgangsrechtes des Vaters mit einem Kind auf einer effektiven gerichtlichen Verfahrensweise und dadurch auf Zeitablauf beruht. In diesem Verfahren hat der EGMR im übrigen auch ausgeführt, dass ein Rechtsbehelf, der nur im Nachhinein eine finanzielle Entschädigung gewährt, nicht ausreicht, um eine angemessene Abhilfe gegen einen überlange Verfahrensdauer zu schaffen. Der Staat ist verpflichtet, zusätzlich einen präventiven oder beschleunigten Rechtsbehelf zur Verfügung zu stellen[492].

Diese Entscheidung hat wiederum Auswirkung auf die derzeitige Rechtslage in Deutschland betreffend den Rechtsschutz gegen überlange Gerichtsverfahren.

Bis 2011 war durch das Bundesverfassungsgericht der außerordentliche Rechtsbehelf der Untätigkeitsbeschwerde gebilligt worden[493]. Die Obergerichte hatten bei überlanger Verfahrensdauer die Beschwerde zum Oberlandesgericht als zulässig angesehen[494]. Die Einwirkungsmöglichkeit des Oberlandesgerichtes beschränkten sich allerdings auf eine Rüge des Amtsgerichtes und eine Auflistung der Möglichkeiten, die zur

---

488 BVerfG NJW 1997, 2811.

489 BVerfG FamRZ 2008, 2258.

490 EGMR FamRZ 2011, 1557; FamRZ 2011, 1283, FamRZ 2011, 1125; FamRZ 2011, 533.

491 EGMR FamRZ 2012, 429.

492 EGMR FamRZ 2012, 1223 mit Anm. Rixe FamRZ 2012, 1124.

493 BVerfG NJW 2001, 961.

494 OLG Naumburg FamRZ 2005, 732; OLG Karlsruhe FamRZ 2008, 1360; KG NJW-RR 2008, 598; FamRZ 2007, 2091; OLG Brandenburg FamRZ 2007, 491.

Verfahrensbeschleunigung zur Verfügung stehen. Weder durfte das Oberlandesgericht eine eigene Sachentscheidung treffen, noch durfte dem Amtsgericht eine bestimmte Entscheidung vorgegeben werden[495].

Durch das Gesetz über den Rechtsschutz bei überlangen Gerichtsverfahren und strafrechtlichen Ermittlungsverfahren vom 24. 11. 2011[496] sind die §§ 198 ff in das GVG aufgenommen worden. Dort ist bestimmt, dass Verfahrensbeteiligte, die durch ein unangemessen langes Gerichtsverfahren einen Nachteil erleiden, eine angemessene Entschädigung erhalten. Entschädigung erhält ein Verfahrensbeteiligter aber nur, wenn er bei dem mit der Sache befassten Gericht sowie eine Verfahrensverzögerung eintritt, eine Verzögerungsrüge erhebt (§ 198 Abs. 3 GVG). Das Gesetz sieht einen primären Rechtsbehelf gegen die Verzögerung des Verfahrens nicht vor. Seit Inkrafttreten des Gesetzes wird daher die außerordentliche Untätigkeitsbeschwerde als unzulässig angesehen[497].

Im Hinblick auf die oben zitierte Entscheidung des Europäischen Gerichtshofes für Menschenrechte dürfte das Gesetz, da es eben keinen Rechtsschutz gegen ein überlanges Verfahren direkt vorsieht, als **verfassungswidrig** angesehen werden[498].

II. Verfassungsrechtliche Anforderungen

Dass Bundesverfassungsgericht hat wiederholt entschieden, dass bei der Ausgestaltung des familiengerichtlichen Verfahrens darauf geachtet werden muss, dass die materiellen Grundrechtspositionen angemessen berücksichtigt werden. Diesen Anforderungen können die Gerichte nur gerecht werden, wenn sie sich mit den Besonderheiten des Einzelfalles auseinandersetzen, die Interessen der Eltern sowie deren Einstellung und Persönlichkeit würdigen und auf die Belange des Kindes eingehen[499].

Das Bundesverfassungsgericht ist keine Superrevisionsinstanz. Grundsätzlich ist die Gestaltung des Verfahrens, die Feststellung und Würdigung des Tatbestandes sowie die Auslegung und Anwendung verfassungsrechtlich unbedenklicher Regelungen im einzelnen Fall eine Angelegenheit der zuständigen Gerichte. Das Bundesverfassungsgericht hat lediglich die Kontrolle, ob die angegriffene Entscheidung Auslegungsfehler erkennen lässt, die auf einer grundsätzlich unrichtigen Auffassung von der Bedeutung eines Grundrechts oder vom Umfang seines Schutzbereichs beruhen. Die Überprüfungsmöglichkeit des Bundesver-

---

495 KG FamRZ 2007, 533.

496 BGBl I 2302.

497 OLG Jena, FamRZ 2012, 728; OLG Bremen NJW 2013, 322.

498 Rixe FamRZ 2012, 1124.

499 BVerfGE 31, 194; BVerfG NJW 2007, 1266.

fassungsgerichts wird intensiver, je stärker die Beeinträchtigung der Eltern in ihren Grundrechten wiegt. Geht es also um die Trennung eines Kindes von seinen Eltern, besteht wegen des sachlichen Gewichtes der Beeinträchtigung der Eltern in ihren Grundrechten Anlass, über den grundsätzlichen Umfang hinauszugehen.

1. Kindesanhörung

Insbesondere auch der Kindeswille muss in einem geeigneten Verfahren ermittelt und berücksichtigt werden. Dazu gehört als erstes, dass das Kind durch den Richter angehört wird[500]. § 159 FamFG regelt, dass das Kind anzuhören ist in Verfahren, die seine Person betreffen, das ist u.a. Sorgerecht und Umgangsrecht, soweit es auf die Neigungen, Bindungen oder den Willen des Kindes ankommt. Die Eltern haben kein Entscheidungsrecht darüber, auch wenn sie eine Anhörung des Kindes nicht wünschen, muss das Gericht das Kind anhören[501].

Wenn dies nicht ausreicht, um den Interessen des Kindes unter Berücksichtigung eines Konfliktes der Eltern Rechnung zu tragen, hat das Gericht dem Kind einen Verfahrenspfleger (Verfahrensbeistand) zu bestellen. Insbesondere wenn Anhaltspunkte dafür bestehen, dass der geäußerte Wille eines Kindes nicht dem Kindeswohl entspricht, darf sich das Gericht bei der Entscheidung nicht allein auf die Anhörung des Kindes verlassen, sondern muss gegebenenfalls mithilfe eines Verfahrenspflegers oder mit einem Sachverständigengutachten ermitteln, ob der vom Kind geäußerte Wille seinem Wohl entspricht[502]. Die Anhörung durch den Richter ist grundsätzlich auch dann notwendig, wenn das Kind bereits durch den Verfahrenspfleger oder Umgangspfleger angehört worden ist[503]. Kinder sind anzuhören, sobald sich artikulieren können. Das ist in der Regel ab etwa 3 Jahren der Fall[504]. Ab einem Kindesalter von 14 Jahren ist die Verpflichtung zur Anhörung gesetzlich geregelt.

Das **Ergebnis der Kindesanhörung** ist den Beteiligten bekanntzugeben. Es muss aktenkundig gemacht werden. Das kann in der Sitzungsniederschrift geschehen, in einem gesonderten Aktenvermerk oder im Tatbestand der die Instanz abschließenden Entscheidung. Dann muss das Anhörungsergebnis im Zusammenhang und frei von Wertungen des Gerichtes dargestellt werden[505].

---

500 BVerfGE 55, 171 = NJW 1981, 217.
501 OLG Zweibrücken FamRZ 1999, 246.
502 BVerfG NJW-RR 2005, 801 = FamRZ 2005, 1057.
503 BVerfG FamRZ 2009, 399 = ZKJ 2009, 208.
504 BVerfG FamRZ 2007, 105.
505 OLG Saarbrücken, FamFR 2012, 500.

Die Anhörung des Kindes ist ein fundamentales Prinzip des deutschen Kindschaftsverfahrens, dementsprechend sind ausländische Entscheidungen wegen eines Verstosses gegen den ordre public nicht anzuerkennen, wenn die Anhörung des Kindes unterblieben ist[506]. Das greift aber dann nicht ein, wenn zwar eine Anhörung durch das Gericht nicht stattgefunden hat, aber eine Anhörung durch eine psychologische Sachverständige. Voraussetzung ist dann, dass die Anhörung durch eine sachkundige Person stattgefunden hat und diese dem Gericht das Ergebnis der Anhörung hinreichend detailliert mitgeteilt hat[507].

Grundsätzlich muss eine Anhörung in **jeder Instanz** erfolgen. Das Beschwerdegericht kann von einer erneuten Anhörung absehen, Das Beschwerdegericht kann von der Durchführung eines Termins, einer mündlichen Verhandlung oder einzelner Verfahrenshandlungen absehen, wenn diese bereits im ersten Rechtszug vorgenommen wurden und von einer erneuten Vornahme keine zusätzlichen Erkenntnisse zu erwarten sind. (§ 68 FamFG) . Dies gilt jedoch nicht für Verfahrenshandlungen, bei denen das Gericht des ersten Rechtszugs zwingende Verfahrensvorschriften verletzt hat. In diesem Fall muss das Beschwerdegericht den betreffenden Teil des Verfahrens nachholen[508]. Ist es wie gerade in Sorgerechtsangelegenheiten häufig – angezeigt, dass sich das erkennende Gericht als solches einen persönlichen Eindruck verschafft, reicht die Anhörung durch den beauftragten Richter nicht aus und muss die Anhörung gegebenenfalls vor dem vollbesetzten Beschwerdegericht wiederholt werden[509].

2. Verfahrensbeistand

Bereits in § 50 Abs. 1, Abs. 2 FGG hat der Gesetzgeber die Möglichkeit geregelt, dem Kind in familiengerichtlichen Verfahren einen Verfahrenspfleger zu bestellen. Nach der gesetzlichen Schaffung dieser Möglichkeit war das Fachgericht verpflichtet, einen Verfahrenspfleger zu bestellen, wenn das Kind durch die Konflikte der Eltern sehr belastet wurde. In ca 25 % der Verfahren in Kindschaftssachen, Adoptionssachen und Abstammungssachen wurde 2011 ein Verfahrensbeistand bestellt[510]. Als Zusatz zur Anhörung durch den Richter, auch als Ersatz für die Anhörung durch den Richter hat das Gericht einen Verfahrenspfleger zu bestellen, um den Willen des betroffenen Kindes zu ermitteln[511].

---

506 OLG Schleswg FamRZ 2008, 1761.

507 OLG Oldenburg FamRZ 2012, 1887 mit Anm Friedrich Strohal FamFR 2012, 307.

508 BGH FamRZ 2011, 805; BGH FamRZ 2012, 869.

509 BGH FamRZ 1985, 169 = NJW 1985, 1702.

510 www. destatis.de, Fachserie 10.

511 BVerfG FamRZ 2005, 1057; FamRZ 2007, 105.

Der Verfahrensbeistand steht nicht unter der Aufsicht des Gerichtes, er nimmt seine Aufgaben eigenverantwortlich wahr. Er hatte allein zu entscheiden, ob er die Kinder im Rahmen eines Hausbesuches anhört oder ob er auf eine Anhörung vor dem Gerichtstermin verzichtet, weil er die Kinder noch aus anderen Verfahren kennt[512]. Der Verfahrensbeistand ist berechtigt, aber nicht verpflichtet, an der Kindesanhörung teilzunehmen[513].

3. Sachverständigengutachten

Das Bundesverfassungsgericht hat sich in mehreren Verfahren damit beschäftigt, ob und in welchen Fällen die Fachgerichte verpflichtet sind, sich zur Entscheidungsfindung eines Sachverständigen zu bedienen. Das erkennende Gericht ist verfassungsrechtlich nicht gehalten, stets in Fragen das Sorge-und Umgangsrecht betreffend ein Sachverständigengutachten einzuholen.

Wenn das Gericht von der Beiziehung eines Sachverständigen absehen will, muss es anderweitig über eine möglichst zuverlässige Entscheidungsgrundlage verfügen[514]. Wenn das Gericht ein Sachverständigengutachten eingeholt hat, und will von der Meinung des Sachverständigen abweichen, so muss es ebenfalls anderweitig über eine zuverlässige Grundlage für die am Kindeswohl orientierte Entscheidung verfügen[515]. Insbesondere hat in den Entscheidungen des Bundesverfassungsgerichtes nicht ausgereicht, dass das erkennende Gericht meinte, bereits aus Vorverfahren mit dem Sachverhalt hinreichend vertraut zu sein[516]. Der Umfang der erforderlichen Ermittlungen richtet sich nach den im konkreten Einzelfall betroffenen Kindeswohlbelangen[517]. Wenn ein Kind den Umgang verbal ablehnt, der Kindeswille aber nur beachtlich ist, als er dem Kindeswohl entspricht, und ein durch Beeinflussung entstandener Kindeswille nicht beachtlich ist, muss, was im konkreten Einzelfall der wirkliche Wille des Kindes ist, durch ein Sachverständigengutachten ermittelt werden, damit das Kind die Möglichkeit hat, seine wirklichen persönlichen Bindungen zu den Eltern erkennbar werden zu lassen[518].

---

512 KG FamRZ 2013, 46.

513 BGH FamRZ 2010, 1060.

514 BVerfG FamRZ 2009, 1897; BVerfG FamRZ 2006, 605 mit Anm Völker jurisPR-FamR 12/2006 Anm 2; BVerfG FamRZ 2007, 1266.

515 BVerfGFamRZ 2001, 1285; BVerfG FamRZ 2009, 399.

516 BVerfG FamRZ 2009, 399;.

517 BGH FamRZ 2011, 796; FamRZ 2010, 1060.

518 OLG Saarbrücken MDR 2012, 1231; BVerfG FamRZ 2010, 1622; BGH FamRZ 1985, 169 mit Anm Lars Vogel-Wallhöfer FamFR 2012, 285.

III. Der Gang des Verfahrens

1. Antrag

Der Antrag ist eine Aufforderung an das Gericht, in einer bestimmten Art und Weise tätig zu werden. Anders als in der ZPO begrenzt er nicht den Umfang der Tätigkeit des Gerichtes. Er ist kein Sachantrag, bedarf daher auch nicht der förmlichen Zustellung[519]. Nach § 23 FamFG soll ein verfahrenseinleitender Antrag begründet werden. Beim **Antrag im Sorgerecht** muss erkennbar sein, welche Bereiche des Sorgerechtes zur Regelung begehrt werden. In einem Verfahren können Wideranträge gestellt werden, was im Sorgerechtsverfahren häufig vorkommt. Wird aber nur von einem Elternteil ein Antrag gestellt, so kann das Gericht nicht das Sorgerecht auf den anderen Elternteil allein übertragen, es kann nur dem Antrag entsprechen, oder ihn zurückweisen.

Zur Regelung des **Umgangsrechtes bedarf es keines Antrages**, das Gericht kann sowohl im Hauptsacheverfahren als auch im Wege der einstweiligen Anordnung von Amts wegen tätig werden[520].

Wenn gleichzeitig zwischen den Eltern ein Scheidungsverfahren rechtshängig ist, dann kann der Antrag auf Regelung von Sorgerecht oder Umgang im **Scheidungsverbund** gestellt werden. Nach § 137 Abs. 3 FamFG sind Folgesachen auch Kindschaftssachen, die die Übertragung oder Entziehung der elterlichen Sorge, das Umgangsrecht oder die Herausgabe eines gemeinschaftlichen Kindes der Ehegatten oder das Umgangsrecht eines Ehegatten mit dem Kind des anderen Ehegatten betreffen. Der Verband tritt ein, wenn der Antragsteller bis zum Schluss der mündlichen Verhandlung im ersten Rechtszug in der Scheidungssache die Einbeziehung in den Verbund beantragt, es sei denn, das Gericht hält die Einbeziehung aus Gründen des Kindeswohls nicht für sachgerecht. Dann wird die Entscheidung gemeinsam mit der Ehescheidung getroffen.

Ansonsten werden die Kindschaftsverfahren isoliert geführt. **Anwaltszwang** besteht nur im Scheidungsverbund, nicht für isolierte Verfahren.

a) Örtliche Zuständigkeit. Örtlich zuständig ist das Gericht am gewöhnlichen Aufenthaltsort des Kindes § 152 FamFG. Der gewöhnliche Aufenthaltsort eines Säuglings ist der gewöhnliche Aufenthaltsort des hauptsächlich betreuenden Erwachsenen[521]. Hat das Kind keinen gewöhnlichen Aufenthalt in Deutschland, so ist nach § 152 Abs. 3 FamFG

---

519 OLG Bamberg FamRZ 1999, 938.
520 Völker/Clausius Rn. 163.
521 OLG Köln FamRZ 2012, 1406.

das Gericht zuständig, in dessen Bezirk das Bedürfnis nach Fürsorge entstanden ist[522].

b) Sachliche Zuständigkeit. Die sachliche Zuständigkeit des Amtsgerichtes folgt aus § 23a GVG. Zuständig ist das Familiengericht. Funktionell zuständig für die Entscheidungen im Sorgerecht und Umgangsrecht in der Regel der Richter. Für die Bestellung und die Entgegennahme des Schlussberichtes bei der Umgangspflegschaft ist der Rechtspfleger zuständig.

Im Instanzenzug folgt das Oberlandesgericht und wenn die Rechtsbeschwerde zugelassen ist, der Bundesgerichtshof.

2. Weiterer Gang des Verfahrens

Das Verfahren ist im dritten Abschnitt des FamFG geregelt, in den §§ 151 bis § 168 a. Das Gericht übersendet den Antrag an die Beteiligten sowie an das Jugendamt. Es hat von Amts wegen die gebotenen Ermittlungen durchzuführen, die zur Feststellung der entscheidungserhebliche Tatsachen notwendig sind. Wie auch im FGG ist dem FamFG der **Amtsermittlungsgrundsatz** immanent. Welche Ermittlungen das Gericht anstellt, steht in seinem Ermessen[523]. Dabei ist eine ausgewogene Entscheidung zwischen dem Vorrang- und Beschleunigungsgebot und der verfassungsrechtlich gebotenen umfassenden Sachverhaltsaufklärung vorzunehmen.

Das Gericht bestimmt einen Termin zur Erörterung (§ 155 Abs. 2). Die mündliche Erörterung nach §§ 32, 157 FamFG setzt einen Termin voraus, zu dem alle Beteiligten des Verfahrens geladen werden müssen[524].

Hiervon zu unterscheiden sind die persönlichen Anhörungen einzelner Verfahrensbeteiligter gemäß §§ 159 und 160 FamFG. In Verfahren, die die Person des Kindes betreffen, soll das Gericht die Eltern persönlich anhören. Persönliche Anhörung bedeutet mündliche Anhörung[525]. In Gefährdungsverfahren nach den §§ 1666 und 1666a BGB müssen die Eltern persönlich angehört werden (§ 160 FamFG). In sonstigen Kindschaftssachen hat das Gericht die Eltern anzuhören. Dies gilt nicht für einen Elternteil, dem die elterliche Sorge nicht zusteht, sofern von der Anhörung eine Aufklärung nicht erwartet werden kann. Von der Anhörung darf nur aus schwerwiegenden Gründen abgesehen werden[526].

Das Gericht kann in Verfahren, die die Person des Kindes betreffen, die Pflegeperson im Interesse des Kindes als Beteiligte hinzuziehen, wenn das Kind seit längerer Zeit in Familienpflege lebt. Satz 1 gilt ent-

---

[522] Zu grenzüberschreitenden Fällen umfassend Völker/Clausius § 11.
[523] BVerfG FamRZ 1981, 124.
[524] OLG Frankfurt FamRZ 2012, 571.
[525] Gerhardt/Büte Kap. 5 Rn. 618.
[526] OLG Naumburg FamRZ 2013, 66.

sprechend, wenn das Kind auf Grund einer Entscheidung nach § 1682 des Bürgerlichen Gesetzbuchs bei dem dort genannten Ehegatten, Lebenspartner oder Umgangsberechtigten lebt.

Pflegepersonen, bei denen das Kind seit längerer Zeit in Familienpflege lebt, sind anzuhören (§ 161 FamFG).

Das Gericht soll in jeder Lage des Verfahrens auf eine **Einigung** hinwirken, das ist in § 156 FamFG geregelt.

Das Gericht kann nicht nur auf **Beratungsmöglichkeiten** hinweisen, es kann anordnen, dass die Eltern einzeln oder gemeinsam an einem kostenfreien Informationsgespräch über Mediation oder über eine sonstige Möglichkeit der außergerichtlichen Konfliktbeilegung bei einer von dem Gericht benannten Person oder Stelle teilnehmen und eine Bestätigung hierüber vorlegen. Allerdings sind diese Anordnungen nicht selbständig anfechtbar und nicht mit Zwangsmitteln durchsetzbar.

Erzielen die Beteiligten Einvernehmen über den Umgang oder die Herausgabe des Kindes, ist die einvernehmliche Regelung als Vergleich aufzunehmen, wenn das Gericht diese billigt (**gerichtlich gebilligter Vergleich**). Das Gericht billigt die Umgangsregelung, wenn sie dem Kindeswohl nicht widerspricht. (§ 156 Abs 2).

3. Einstweilige Anordnung

Das Gesetz sieht vor, das in einem anhängigen Hauptsacheverfahren, welches den Aufenthalt des Kindes, das Umgangsrecht oder die Herausgabe des Kindes betreffen, in dem eine einvernehmliche Regelung im Termin nach § 155 Abs. 2 nicht erreicht wurde, das Gericht mit den Beteiligten und dem Jugendamt den Erlass einer einstweiligen Anordnung erörtern muss. Wird die Teilnahme an einer Beratung, an einem kostenfreien Informationsgespräch über Mediation oder einer sonstigen Möglichkeit der außergerichtlichen Konfliktbeilegung oder eine schriftliche Begutachtung angeordnet, soll das Gericht in Kindschaftssachen, die das Umgangsrecht betreffen, den Umgang durch einstweilige Anordnung regeln oder ausschließen. Das Gericht soll das Kind vor dem Erlass einer einstweiligen Anordnung persönlich anhören.

Daneben besteht die Möglichkeit nach § 49 eine einstweilige Anordnung zu beantragen. Das Gericht kann durch einstweilige Anordnung eine vorläufige Maßnahme treffen, soweit dies nach den für das Rechtsverhältnis maßgebenden Vorschriften gerechtfertigt ist und ein dringendes Bedürfnis für ein sofortiges Tätigwerden besteht. Eine solche einstweilige Anordnung kann dann beantragt werden, wenn das Zuwarten in einem Hauptsacheverfahren eine Gefahr bedeutet oder aber abgesehen werden kann, dass die Eltern aufgrund ihres zerstrittenen Verhalten eine Einigung ohnehin nicht erreichen können[527].

---

[527] KG FamFR 2012, 305 mit Anm Michael Cirullies; OLG Stuttgart FamRB 2011, 42.

4. Entscheidung

Die Entscheidung des Gerichts ergeht durch Beschluss (§ 38 FamFG). Notwendiger Inhalt des Beschlusses ist:
- Die Bezeichnung der Beteiligten, ihrer gesetzlichen Vertreter und der Bevollmächtigten;
- Die Bezeichnung des Gerichts und die Namen der Gerichtspersonen, die bei der Entscheidung mitgewirkt haben;
- Die Beschlussformel.
- Unterschrift.
- Das Datum der Übergabe des Beschlusses an die Geschäftsstelle oder der Bekanntgabe durch Verlesen der Beschlussformel (Erlass) ist auf dem Beschluss zu vermerken.

Beschlüsse müssen begründet werden, es sei denn, die Entscheidung auf Grund eines Anerkenntnisses oder Verzichts oder als Versäumnisentscheidung ergeht und entsprechend bezeichnet ist, oder es wird gleichgerichteten Anträgen der Beteiligten stattgegeben wird oder der Beschluss nicht dem erklärten Willen eines Beteiligten widerspricht oder der Beschluss in Gegenwart aller Beteiligten mündlich bekannt gegeben wurde und alle Beteiligten auf Rechtsmittel verzichtet haben. Die **Begründung** muss auch räumlich durch die Unterschrift des Richters gedeckt sein, ein Verweis auf eine Anlage reicht nicht aus[528]. Ein Umgangsverfahren kann durch Beschluss i.S.v. § 38 FamFG oder gerichtlich gebilligten Vergleich i.S.v. § 156 Abs. 2 FamFG abgeschlossen werden. Ob für die Billigung eines Vergleichs ein gesonderter Beschluss erforderlich ist, wird von der Rechtsprechung unterschiedlich beantwortet. Der Wortlaut des § 156 Abs. 2 FamFG ist insoweit nicht eindeutig[529]. In Umgangsverfahren haben die Beteiligten keine Dispositionsbefugnis über den Verfahrensgegenstand. Allein die Erklärung der Beteiligten, das Verfahren als erledigt anzusehen, beendet das Verfahren daher nicht. Eines ausdrücklichen gerichtlichen Beschlusses, durch den der Vergleich gebilligt oder die Erledigung des Umgangsverfahrens festgestellt wird, bedarf es nicht[530].

Nach § 39 FamFG muss der Beschluss eine **Rechtsbehelfsbelehrung** enthalten. In der Rechtsbehelfsbelehrung muss neben dem in § 39

[528] OLG Oldenburg FamRZ 2012, 1080.

[529] OLG Schleswig, FamRZ 2012, 895; OLG Nürnberg FamRZ 2011, 1533: Beschluss, in dem eine Umgangsvereinbarung gebilligt werde, hat rein deklaratorischen Charakter; a.A. BT-Drucks 16/6308, 237; KG BeckRS 2010, 29600; OLG Frankfurt FamRZ 2011, 394; OLG Naumburg, Beschluss vom 10. 8. 2011, Az. 3 UF 170/11 = BeckRS 2011, 27394; BVerfG FamRZ 2011, 957; AG Ludwigslust FamRZ 2010, 488; BGH FamRZ 2005, 1471 zur alten Rechtslage.

[530] OLG Schleswig FamRZ 2012, 895, Rechtsbeschwerde ist zugelassen.

FamFG vorgesehenen Inhalt auch auf einen Anwaltszwang hingewiesen werden[531]. Eine unrichtige Belehrung kann zur Wiedereinsetzung in den vorigen Stand berechtigen[532], wenn die Kausalität zwischen unrichtiger Belehrung und falschem Rechtsmittel gegeben ist, das kann bei anwaltlicher Vertretung entfallen, wenn die durch das Gericht erteilte Rechtsbehelfsbelehrung offenkundig falsch gewesen ist und deshalb – ausgehend von dem bei einem Rechtsanwalt vorauszusetzenden Grundkenntnissen des Verfahrensrechtes und des Rechtsmittelsystems – nicht einmal den Anschein der Richtigkeit zu erwecken vermochte.

Nach § 40 FamFG werden Beschlüsse mit ihrer **Bekanntgabe** wirksam. Gemäß § 41 FamFG sind Beschlüssen den Beteiligten bekannt zu geben. Ein anfechtbarer Beschluss ist demjenigen zuzustellen, dessen erklärtem Willen er nicht entspricht. Anwesenden kann der Beschluss auch durch Verlesen der Beschlussformel bekannt gegeben werden. Dies ist in den Akten zu vermerken. In diesem Fall ist die Begründung des Beschlusses unverzüglich nachzuholen.

5. Beschwerde

Gegen Endentscheidungen im Hauptsacheverfahren ist gemäß § 58 FamFG die Beschwerde statthaft. Beschwerdeberechtigt ist nach § 59 FamFG jeder, der durch den angegriffenen Beschluss in eigenen Rechten beeinträchtigt ist[533]. Die Beschwerde ist binnen einer **Frist von einem Monat** einzulegen § 63 FamFG Und zwar bei dem Gericht, dessen Entscheidung angegriffen wird (**iudex a quo** § 64 F.amFG). Die Entscheidung der ersten Instanz ist mit der Bekanntgabe wirksam, die Beschwerde hindert die Vollziehung der Entscheidung nicht. Gegebenenfalls muss daher in der Beschwerdeinstanz ein Antrag auf Aussetzung der Vollziehung gestellt werden. Das Gericht kann auch von Amts wegen die Vollziehung der erstinstanzlichen Entscheidung aussetzen (§ 64 Abs. 3).

Die Beschwerde soll nach § 65 begründet werden, fehlt die **Begründung**, führt dies nicht zur Unzulässigkeit. Der Beschwerdeführer sollte aber in kurzer Form ausführen, warum er sich durch die angefochtene Entscheidung beschwert fühlt[534].

Die Beschwerde ist auch statthaft gegen isolierte Kostenentscheidungen, welche sich nach Erledigung der Hauptsache oder Antragsrücknahme ergeben können[535]. Auch eine Hauptsacheentscheidung ist nur

---

531 BGH FamRZ 2012, 1796.

532 BGH FamRZ 2010, 1425; FamRZ 2012, 1287 mit Anm. Martin Löhnig.

533 BVerfG NJW 2009, 138, z.B nicht die Tante, die die Vormundschaft begehrt: OLG Frankfurt MDR 2012, 1466.

534 BGH FamRZ 1979, 909.

535 Gerhardt/Geißler Kap. 1 Rn. 717.

im Kostenpunkt anfechtbar[536], dabei ist der Beschwerdewert zu beachten, der nach § 61 FamFG 600 € beträgt.

a) Beschwerde gegen einstweilige Anordnungen. Besonderheiten gibt es bei der Beschwerde gegen einstweilige Anordnungen. Entscheidungen in Verfahren der einstweiligen Anordnung in Familiensachen sind grundsätzlich nicht anfechtbar. Die Beschwerde ist nur statthaft, wenn das Gericht des ersten Rechtszugs auf Grund mündlicher Erörterung
- über die elterliche Sorge für ein Kind,
- über die Herausgabe des Kindes an den anderen Elternteil,
- über einen Antrag auf Verbleiben eines Kindes bei einer Pflege- oder Bezugsperson,

entschieden hat.

Einstweilige Anordnungen in Umgangssachen sind **nicht** mit der Beschwerde **anfechtbar**.

b) Beschwerde gegen Zwischenentscheidungen. Zwischenentscheidungen sind grundsätzlich nicht isoliert anfechtbar. Ein Rechtsmittel ist nur dann statthaft, wenn dies gesondert gesetzlich angeordnet ist. Das ist der Fall:
- Bei der Anordnung von Zwangsmitteln. (§ 35Abs. 1 FamFG.
- Bei der Verweigerung der Hinzuziehung eines Beteiligten (§ 7 Abs. 5 FamFG.
- Bei der Aussetzung des Verfahrens (§ 21 FamFG).
- Bei Beschlüssen im Vollstreckungsverfahren (§ 87 Abs. 4 FamFG).
- Bei Beschlüssen im Rahmen der Verfahrenskostenhilfe (§ 76 Abs. 2).

Achtung: Mit Ausnahme der Anfechtung von Entscheidungen im VKH Verfahren sind diese Zwischenentscheidungen mit der sofortigen Beschwerde anfechtbar, die binnen einer **Frist von zwei Wochen** einzulegen ist.

Nicht isoliert anfechtbar sind:
- Die Bestellung des Verfahrensbeistands
- Die Anordnung eines Sachverständigengutachtens (Streitig)[537]
- Die Anordnung der Anhörung des Kindes

6. Abänderungsverfahren

Wenn eine Entscheidung des Gerichts zum Sorgerecht oder Umgangsrecht vorliegt, dann sind die Anforderungen an eine Änderung dieser Entscheidung anders, als bei der Erstentscheidung.

---

[536] Thomas/Putzo vor § 80 FamFG Rn. 5; Gerhardt/Geißler Kap. 1 Rn. 717.

[537] Anfechtbar sagen: OLG Rostock, FamRZ 2011, 1873 und OLG Karlsruhe FamRZ 2002, 1210.

Eine Entscheidung zum Sorge- oder Umgangsrecht oder ein gerichtlich gebilligter Vergleich ist nach § 1696 Abs. 1 BGB zu ändern, wenn dies aus triftigen, das Wohl des Kindes **nachhaltig** berührenden Gründen angezeigt ist. Eine Maßnahme nach den §§ 1666 bis 1667 BGB, die nur ergriffen werden darf, wenn dies zur Abwendung einer Kindeswohlgefährdung oder zum Wohl des Kindes erforderlich ist (kindesschutzrechtliche Maßnahme), ist nach § 1696 Abs. 2 BGB aufzuheben, wenn eine Gefahr für das Wohl des Kindes nicht mehr besteht oder die Erforderlichkeit der Maßnahme entfallen ist.

Diese Regelung soll eine Stabilität für das Kind schaffen, damit nicht jede kleine Änderung in den tatsächlichen oder rechtlichen Verhältnissen von Eltern und Kind zu einer Abänderung von Sorgerechtsregelungen oder Umgangsentscheidungen führen kann. Prüfungsmaßstab ist das Kindeswohl. Die Vorteile der neuen Regelung müssen die Nachteile, die mit der Abänderung verbunden sind, deutlich überwiegen[538]. Nicht gegeben bei kurzzeitiger berufsbedingter Hinderung an der Wahrnehmung eines von mehreren Umgangsterminen, OLG Köln FamFR 2012, 334, FamRZ 2013, 49; Gegeben bei Wegfall der Notwendigkeit der Umgangsbegleitung, OLG Saarbrücken FamRZ 2011, 896, FamFR 2011, 93. Diese Gründe können nur dann zu einer Abänderung führen, wenn nach Erlass der Entscheidung eine Abänderung der maßgebenden Umstände eingetreten ist oder Umstände, die bei Erlass der Erstentscheidung vorgelegen und unbekannt gewesen sind, nunmehr bekannt geworden sind und zu einer anderen Beurteilung der früheren Entscheidung nötigen[539]. Das Abänderungsverfahren ist ein neues Verfahren, keine Fortsetzung des ursprünglichen Verfahrens[540].

7. Vollstreckung

Seit der Einführung des FamFG zum 1. 9. 2009 ist die Vollstreckung in Kindschaftssachen umfassend neu geordnet worden. Aus den vormaligen Zwangsmitteln im FGG, die nicht einen Verstoß gegen eine gerichtliche Entscheidung ahnden sollten, sondern die Partei dazu anhalten sollten, diese Entscheidung zukünftig zu beachten, sind Ordnungsmittel geworden. Diese haben Sanktionscharakter, können also bei schuldhaften Verstößen gegen eine gerichtliche Regelung angeordnet werden.

Gemäß § 86 FamFG sind vollstreckbar:

1. gerichtliche Beschlüsse;
2. gerichtlich gebilligte Vergleiche (§ 156 Abs. 2);

---

[538] OLG Frankfurt FamRZ 2011, 1875; OLG Dresden FamRZ 2010, 1992; OLG Zweibrücken FamRZ 2010, 138.

[539] OLG München FamRZ 2011, 1804.

[540] Palandt/Götz § 1696 BGB Rn. 14.

3. weitere Vollstreckungstitel im Sinne des § 794 der Zivilprozessordnung, soweit die Beteiligten über den Gegenstand des Verfahrens verfügen können.

Beschlüsse sind mit Wirksamwerden vollstreckbar.

Die Vollstreckung nach § 89 Abs. 1 FamFG baut auf der Prüfung der Anspruchsvoraussetzungen im Erkenntnisverfahren auf. Eine erneute Prüfung der Rechtmäßigkeit der zu vollstreckenden Entscheidung findet im Vollstreckungsverfahren grundsätzlich nicht statt[541] Neu hinzutretende Umstände können der Vollstreckung eines Umgangstitels deswegen nur dann zur Wahrung des Kindeswohls entgegenstehen, wenn darauf auch ein zulässiger Antrag auf Abänderung des Ausgangstitels und auf Einstellung der Zwangsvollstreckung nach § 93 Abs. 1 Nr. 4 FamFG gestützt ist[542]. Das ist eine ganz wichtige Neuerung im FamFG, die die Vollstreckung beschleunigt und erleichtert.

Wichtig ist es aber, darauf zu achten, dass die gerichtliche Entscheidung einen **vollstreckungsfähigen Inhalt** hat. Sorgerechtsbeschlüsse, die nur das Sorgerecht oder Teile des Sorgerechtes übertragen, sind an sich nicht vollstreckbar. Sie haben keinen vollstreckungsfähigen Inhalt und beinhalten nicht die Verpflichtung zur Herausgabe. Wenn also solche Situationen zu befürchten sind, dann sollte das Herausgabeverfahren direkt mit dem Sorgerechtsverfahren verbunden werden.

Ein vollstreckbarer Umgangsbeschluss im Sinne von § 89 Abs. 1 FamFG setzt lediglich eine hinreichend bestimmte und konkrete Regelung des Umgangsrechts voraus. Dafür ist eine genaue und erschöpfende Bestimmung über **Art, Ort und Zeit des Umgangs** erforderlich. Nicht erforderlich ist hingegen, dass der Umgangstitel detailliert bezeichnete Verpflichtungen des betreuenden Elternteils, insbesondere zum Bereithalten und Abholen des Kindes, enthält[543]. Wird die Pflicht, das Kind zur Ausübung des Umgangsrechts bereit zu halten und in geeigneter Weise auf die Durchführung des Umgangsrechts hinzuwirken, durch den betreuenden Elternteil verletzt, darf das Familiengericht von Amts wegen oder auf Antrag eines Beteiligten die Vollstreckung einleiten (§ 87 Abs. 1 FamFG) oder, bei dauerhafter oder wiederholter erheblicher Verletzung, nach § 1684 Abs. 3 Satz 3 BGB auch eine Umgangspflegschaft anordnen.

Auch hinsichtlich des Verschuldens am Verstoß gegen die Umgangsentscheidung hat das FamFG eine Erleichterung gebracht. Das Verschulden wird vermutet. Der Verpflichtete einer Umgangsregelung muss jetzt beweisen, dass er nicht schuldhaft gehandelt hat. Das ist sehr bedeutsam, es reicht nicht mehr aus, lapidar zu behaupten, das Kind

---

[541] BGH FamRZ 2012, 533.

[542] OLG Frankfurt FamRZ 2009, 796.

[543] Keidel/Giers § 89 Rn. 4; Zöller/Feskorn § 86 FamFG Rn. 9; Johannsen/Henrich/Büte § 89 FamFG Rn. 4.

wollte nicht. Der verpflichtete Elternteil muss genau erklären, was er getan hat, um das Kind zu bewegen, doch zu gehen[544]. Er ist entlastet, wenn die ablehnende Haltung des Kindes so vehement ist, dass sie mit angemessenen erzieherischen Maßnahmen nicht mehr überwunden werden kann[545].

Ordnungsmittel sind:

- die Festsetzung von Ordnungsgeld (§89 Abs. 1 S. 1 1. Alt. FamFG
- Anordnung von Ordnungshaft (§89 Abs. 1 S. 1 2. Alt. FamFG)
- die Anordnung unmittelbaren Zwangs (§ 90 FamFG)

Der Beschluss, der die Herausgabe einer Person oder die Regelung des Umgangs anordnet, muss auf die Folgen einer Zuwiderhandlung gegen den Beschluss hinweisen. Dieser Hinweis erfolgt normalerweise bereits mit dem Beschluss oder dem gerichtlich gebilligten Vergleich. Er kann nachgeholt werden[546]. Es wird zunächst ein **Ordnungsgeld,** und für den Fall, dass dieses nicht beigetrieben werden kann, Ordnungshaft angeordnet. Verspricht die Anordnung eines Ordnungsgelds keinen Erfolg, kann das Gericht **Ordnungshaft** anordnen. Die Anordnungen ergehen durch Beschluss. Bei der Bemessung des Ordnungsgeldes sind Schwere und Ausmaß der Verletzungshandlung, deren Folgen für den Berechtigten, zeitlicher Umfang des Verstoßes, Grad des Verschuldens des Verpflichteten, spezialpräventive Aspekte (was ist erforderlich, damit der Verpflichtete sich künftig titelkonform verhält?) sowie die wirtschaftlichen Verhältnisse des Verpflichteten zu berücksichtigen[547]. Das einzelne Ordnungsgeld darf den Betrag von 25 000 Euro nicht übersteigen. Für den Vollzug der Haft gelten § 802g Abs. 1 Satz 2 und Abs. 2, die §§ 802h und 802j Abs. 1 der Zivilprozessordnung entsprechend. Die Verhängung der Ordnungsmittel steht nach § 89 Abs. 1 Satz 1 FamFG im pflichtgemäßen Ermessen des Gerichtes. Es hat zu berücksichtigen, dass das Vollstreckungsverfahren der effektiven Durchsetzung einer gerichtlichen Entscheidung dient, die im Erkenntnisverfahren unter umfassender Prüfung der Sach- und Rechtslage, mithin auch des Kindeswohls, getroffen wurde[548].

Vor der Festsetzung ist der Elternteil zu hören (§ 92 FamFG). Die Anhörung kann auch schriftlich erfolgen, allerdings nur im Ausnahmefall, z. B. wenn der Anhörungstermin erst kurz zurückliegt[549].

---

[544] OLG Saarbrücken FamFR 2012, 548.
[545] OLG Düsseldorf FamRZ 2009, 1419.
[546] BVerfG FamRZ 2011, 957; NJW 2011, 2347.
[547] OLG Saarbrücken ZKJ 2011, 104.
[548] OLG Schleswig FamRZ 2012, 151.
[549] OLG Karlsruhe FamRZ 2011, 1669.

8. Umgangszwang gegen das Kind

Die Entscheidung des BVerfG vom 1.4.2008 wurde auch als Ansatzpunkt dafür genommen, die Verpflichtung des Kindes zum Umgang zu hinterfragen. Dabei geht es freilich nicht um die Diskussion einer nicht bestehenden Verpflichtung des Kindes zum Umgang, geschweige denn um die ebenfalls nicht bestehende Möglichkeit der Vollstreckung gegen ein Kind zur Durchsetzung einer Umgangsverpflichtung. Vielmehr wird die Rechtspraxis gemeint, wonach festzustellen sei, dass der Kindeswille dahingehend, keinen Umgang haben zu wollen, unzureichend von den Gerichten beachtet werde.[550] Insoweit wird teilweise vertreten, eine Vollstreckung des Umgangsrechts mit Zwang, auch gegen den betreuenden Elternteil, sei nicht kindeswohldienlich, da ein gedeihlicher Umgang für das Kind nur hergestellt werden könne, wenn das Kind selbst den Umgang wolle.[551]

Der **Kindeswille** findet zwar im Rahmen der Prüfung des Kindeswohls zunehmend Beachtung. Mit wachsender Einsichtsfähigkeit des Kindes muss sein Wille zunehmend Beachtung finden und darf nicht ohne triftigen Grund gebrochen werden, damit das Kind in seinem Selbstvertrauen nicht Schaden nimmt.[552] Insoweit ist die Kritik hinsichtlich der Entscheidung vom 1.4.2008 also unbegründet, als es nicht zutreffend ist, dass der Wille des zum Umgang verpflichteten Elternteiles, nur unbeirrt durchgesetzt auch gegen die ausdrücklich kodifizierten Maßgaben der Rechtsordnung, zu seinem Recht werden kann, während der Kindeswille nicht ausreichend geschützt sei. Hier handelt es sich vielmehr um die verfassungsgemäße Umsetzung des Begriffs des Kindeswohles in der Rechtspraxis. In diesem Zusammenhang bedarf es des ausdrücklichen Hinweises darauf, dass die Beachtlichkeit des Kindeswillens voraussetzt, dass der **wirkliche Wille des Kindes feststeht oder ermittelt werden kann.** Denn gerade der Kindeswille ist das Instrument, welches vom betreuenden Elternteil am häufigsten eingesetzt wird, um eine Umgangsverweigerung zu rechtfertigen. Und das muss noch nicht einmal vorsätzlich geschehen, denn das Kind im Konflikt neigt dazu, dem Elternteil, an den eine Bindung besteht, das zu sagen, von dem es denkt, dass es erwartet wird. Es bleibt für das Familiengericht also die Verpflichtung, den Kindeswillen zu ermitteln und gegebenenfalls zu unterscheiden zwischen dem, was das Kind äußert, und dem, was das Kind will. Damit soll die tatsächlich oftmals stereotype

---

[550] Rakete-Dombek = FPR 2008, 492.

[551] Salgo, Wie man aus einer ungünstigen Situation eine das Wohl des Kindes gefährdende machen kann – Grenze der Staatsintervention zur Durchsetzung des Umgangsrechtes, FPR. 2008, 401.

[552] Hohmann-Dennhardt = FPR 2008, 476, 477 unter Verweis auf BVerfG FPR 2008, 238.

Wiederholung: „Das Kind will schon zum Vater, nur die Mutter will nicht“, nicht gerechtfertigt werden. Die Ermittlung des Kindeswillens, gegebenenfalls auch unter Einsatz eines Verfahrensbeistands und der Einholung von Sachverständigengutachten, bleibt aber Aufgabe des Gerichtes, auch wenn dies Kosten verursacht.

Ebenso wenig ist zu rechtfertigen, dass die Qualität des Umgangs in der Praxis nur geringe Bedeutung hat. Dabei ist es selbstverständlich, dass ein vom Kind positiv erlebter Umgang erhebliche Auswirkungen auf die Ausprägung des Wunsches des Kindes, Umgang auszuüben, hat.[553]

IV. Das vereinfachte Verfahren

In den Verfahren zur Regelung der elterlichen Sorge bei nichtehelichen Kindern ist nun ein vereinfachtes Verfahren eingeführt worden.

1. Gesetzestext FamFG

§ 155a Verfahren zur Übertragung der gemeinsamen elterlichen Sorge
(1) Die nachfolgenden Bestimmungen dieses Paragrafen gelten für das Verfahren nach § 1626a Absatz 2 des Bürgerlichen Gesetzbuchs. Im Antrag auf Übertragung der gemeinsamen Sorge sind Geburtsdatum und Geburtsort des Kindes anzugeben.
(2) § 155 Absatz 1 ist entsprechend anwendbar. Das Gericht stellt dem anderen Elternteil den Antrag auf Übertragung der gemeinsamen Sorge nach den §§ 166 bis 195 der Zivilprozessordnung zu und setzt ihm eine Frist zur Stellungnahme, die für die Mutter frühestens 6 Wochen nach der Geburt des Kindes endet.
(3) **In den Fällen des § 1626 a Absatz 2 Satz 2 des Bürgerlichen Gesetzbuchs soll das Gericht im schriftlichen Verfahren ohne Anhörung des Jugendamts und ohne persönliche Anhörung der Eltern entscheiden**. § 162 ist nicht anzuwenden. Das Gericht teilt dem nach § 87c Absatz 6 Satz 2 des Achten Buches Sozialgesetzbuch zuständigen Jugendamt seine Entscheidung unter Angabe des Geburtsdatums und des Geburtsorts des Kindes sowie des Namens, den das Kind zur Zeit der Beurkundung seiner Geburt geführt hat, zu den in § 58a des Achten Buches Sozialgesetzbuch genannten Zwecken formlos mit.
(4) Werden dem Gericht durch den Vortrag der Beteiligten oder auf sonstige Weise Gründe bekannt, die der gemeinsamen elterlichen Sorge entgegenstehen können, gilt § 155 Absatz 2 mit der Maßgabe entsprechend, dass der Termin nach Satz 2 spätestens einen Monat nach Bekanntwerden der Gründe stattfinden soll, jedoch nicht vor Ablauf der Stellungnahmefrist der Mutter nach Absatz 2 Satz 2. § 155 Absatz 3 und § 156 Absatz 1 gelten entsprechend.

[553] Das wird gerügt insbesondere von Rakete-Dombek, FPR 2008, 492.

(5) Sorgeerklärungen und Zustimmungen des gesetzlichen Vertreters eines be-schränkt geschäftsfähigen Elternteils können auch im Erörterungstermin zur Niederschrift des Gerichts erklärt werden. § 1626 d Absatz 2 des Bürgerlichen Gesetzbuchs gilt entsprechend. *(Hervorhebung von der Verfasserin).*

2. Anwendungsbereich

Anwendungsbereich für das vereinfachte Verfahren sind die Fälle des § 1626 a Abs. 2 Satz BGB, wenn also der andere Elternteil keine Gründe vorträgt, die der Übertragung der gemeinsamen elterlichen Sorge entgegenstehen können, und solche Gründe auch sonst nicht ersichtlich sind. Das sind die Fälle, in den die gesetzliche Vermutung eingreift, dass die Anordnung der gemeinsamen elterlichen Sorge dem Kindeswohl entspricht. Damit wird die Entscheidung darüber, ob ein vereinfachtes Verfahren unter Verkürzung der Anhörungsrechte der Beteiligten eingreift, ausgerechnet von dem im Familienrecht umstrittensten Begriff abhängig gemacht, dem Kindeswohl. Natürlich reklamiert jeder der Elternteile das Kindeswohl für sich. Sind die Beteiligten oder einer der Beteiligten anwaltlich vertreten, so ist zu unterstellen, dass der beratende Rechtsanwalt seine Hausaufgaben gemacht hat, und weiß welche Gründe er vorzutragen hat. Papier ist geduldig. Sind dann nicht ausreichende, das Kindeswohl betreffende Gründe vorgetragen, oder lässt sich die Begründung der Kindesmutter mit Hinweis auf lediglich floskelhaftes Wiedergeben allgemein gültiger Behauptungen abweisen, so ist die Beschwerde vorprogrammiert, insbesondere weil die Beteiligten sich zu Recht nicht gehört fühlen. Die praktische Relevanz dieses vereinfachten Verfahrens wird prognostisch ausgesprochen gering sein. Durch den Eingriff des Rechtsausschusses ist die Anwendbarkeit des vereinfachten Verfahrens zumindest in eine Soll-Vorschrift umgewandelt worden, so dass es dem Ermessen des Gerichts obliegt, ob es ein vereinfachtes Verfahren für angemessen erachtet.

3. Ablauf

Wenn das Gericht zu der Entscheidung kommt, ein vereinfachtes Verfahren durchzuführen, kann es eine Entscheidung im schriftlichen Verfahren treffen, ohne dass zuvor Anhörungen stattgefunden haben und ohne das ein Termin stattgefunden hat Das Jugendamt ist nicht zu beteiligen, kann sich nicht beteiligen und hat auch kein Beschwerderecht gegen die Entscheidung.

a) Anhörungen. An die Stelle der persönlichen Anhörung der Eltern tritt ihre schriftliche Anhörung. Das ist sicherlich die gravierendste Unterscheidung zum sonstigen Verfahrensrecht des FamFG. Durch die

Einführung des FamFG sind die Anhörungspflichten nicht nur des Kindes, sondern auch der sonstigen Beteiligte gestärkt und betont worden, nicht zuletzt um den verfassungsrechtlichen Vorgaben Rechnung zu tragen. Eine schriftliche Anhörung ist systemfremd[554]. Überwiegend dürfte die Fähigkeit, sich mündlich auszudrücken weiter verbreitet sein, als die Fähigkeiten, sich schriftlich auszudrücken. Unabhängig davon letztendlich ist es auch der persönliche Eindruck, der dem Gericht die Glaubwürdigkeit der Beteiligten vermittelt. Damit werden die wesentlichen Erkenntnisquellen des Gerichtes, nämlich die Anhörung der Beteiligten und die Anhörung des Jugendamtes ausgeschlossen[555].

Die Voraussetzungen, unter denen eine persönliche Anhörung des Kindes (§ 159 FamFG) stattzufinden hat, bleiben allerdings unberührt. Das bedeutet, dass letztendlich immer eine Anhörung des Kindes erfolgen muss, was zu der absurden Situation führt, das der betreuende Elternteil das Kind zu Gericht bringt zur Anhörung, selbst aber seine Gründe schriftlich vortragen muss[556]. Ob dann eine Beschleunigung oder Vereinfachung vorliegt, bleibt fraglich.

b) Verfahrensbeistand. Die Bestellung eines Verfahrensbeistands wird zur Wahrnehmung der Interessen des Kindes im vereinfachten schriftlichen Verfahren regelmäßig nicht erforderlich sein (§ 158 Absatz 1 FamFG), da die Übertragung der gemeinsamen elterlichen Sorge in diesem Verfahren nur in Betracht kommt, wenn dem Gericht keine Gründe bekannt sind, die der gemeinsamen elterlichen Sorge entgegenstehen können[557].

4. Zustellung

Das Gericht stellt dem anderen Elternteil den Antrag auf Übertragung der gemeinsamen Sorge nach den §§ 166 bis 195 ZPO zu und setzt ihm eine Frist zur Stellungnahme, die für die Mutter frühestens 6 Wochen nach der Geburt des Kindes endet. Sieht § 23 Abs. 2 FamFG lediglich die Übermittlung eines Antrages an die übrigen Beteiligten vor, kommt es im vereinfachten Verfahren zwingend wieder zu einem Rückgriff auf die Vorschriften der ZPO, was in den Fällen, in denen die beteiligten Eltern zusammenwohnen, die Gewähr erhöhen soll[558], dass der Antrag den anderen Elternteil tatsächlich erreicht. Hält er sich in der Wohnung auf, hat der Zusteller ihm den Antrag persönlich zu übergeben. Die Regelung schränkt das dem Gericht nach § 15 Absatz 2 Satz 1 FamFG

554 Keuter FamRZ 2012, 825 (826).
555 Holldorf ZKJ 2012, 477.
556 Keuter FamRZ 2012, 825 (827).
557 BT-Drucks. 17/11048, 33.
558 BT-Drucks. 17/11048, 33.

eingeräumte Ermessen ein, indem die Zustellung durch Aufgabe zur Post ausgenommen wird.

Die Zustellungen können sowohl von Amts wegen nach §§ 166 ff ZPO als auch auf Betreiben der Partei erfolgen (§§ 190–195 ZPO). Da auch § 191 ZPO in Bezug genommen ist, ist sowohl eine Zustellung durch den Gerichtsvollzieher als auch eine Zustellung von Anwalt zu Anwalt nach § 195 ZPO zulässig. Die Ersatzzustellung nach § 178 an ein in der Wohnung befindliches Familienmitglied ist ebenfalls in Bezug genommen, so dass bei Zusammenlebenden Eltern die Zustellung an die Antragsgegnerin durch Ersatzzustellung an den Antragsteller nach § 178 Abs. 2 ZPO unwirksam ist. Da gilt auch für eine Ersatzzustellung durch Einlegen in den Briefkasten, wenn dieser von dem Antragsteller und der Antragsgegnerin gemeinsam genutzt wird[559].

5. Frist

Die Schutzfrist von 6 Wochen nach der Geburt des Kindes trägt dem Umstand Rechnung, dass sich die Mutter unmittelbar nach der Geburt zu dem Sorgeantrag des Vaters nicht soll äußern müssen und regelt eine Karenz- bzw. Schutzfrist für die Mutter. Die Schutzfrist, die von der Stellungnahmefrist zu unterscheiden ist, verkürzt sich um den seit der Geburt des Kindes bereits vergangenen Zeitraum.

Die Stellungnahmefrist auf den Antrag wird vom Gericht bestimmt. Eine Verlängerung der Stellungnahmefrist ist nach den allgemeinen Vorschriften möglich. Für den Fristbeginn ist gemäß § 16 FamFG die Bekanntgabe (Zustellung) maßgeblich.

Für die Fristverlängerung gilt § 16 Abs. 2 FamFG iVm § 224 Abs. 2, 3 ZPO. Auf Antrag können richterliche Fristen abgekürzt oder verlängert werden, wenn erhebliche Gründe glaubhaft gemacht sind. Im Falle der Verlängerung wird die neue Frist von dem Ablauf der vorigen Frist an berechnet, wenn nicht im einzelnen Fall ein anderes bestimmt ist. Über das Gesuch um Abkürzung oder Verlängerung einer Frist kann ohne mündliche Verhandlung entschieden werden. Die Abkürzung oder wiederholte Verlängerung darf nur nach Anhörung des Gegners bewilligt werden. Eine Anfechtung des Beschlusses, durch den das Gesuch um Verlängerung einer Frist zurückgewiesen ist, findet nicht statt (§ 16 FamFG iVm § 225 ZPO).

Für die Fristberechnung gelten die allgemeinen Vorschriften der ZPO und des BGB. (§6 FamFG, 222 ZPO, 187 BGB) Fällt das Ende einer Frist auf einen Sonntag, einen allgemeinen Feiertag oder einen Sonnabend, so endet die Frist mit Ablauf des nächsten Werktages. Bei der Berechnung einer Frist, die nach Stunden bestimmt ist, werden Sonntage, allgemeine Feiertage und Sonnabende nicht mitgerechnet. Ist für

559 OLG Nürnberg FamRZ 2005, 707.

den Anfang einer Frist ein Ereignis oder ein in den Lauf eines Tages fallender Zeitpunkt maßgebend, so wird bei der Berechnung der Frist der Tag nicht mitgerechnet, in welchen das Ereignis oder der Zeitpunkt fällt. Ist der Beginn eines Tages der für den Anfang einer Frist maßgebende Zeitpunkt, so wird dieser Tag bei der Berechnung der Frist mitgerechnet (§ 187 BGB).

6. Mitteilungspflichten

Das Gericht teilt dem zuständigen Jugendamt seine Entscheidung unter Angabe des Geburtsdatums und des Geburtsorts des Kindes sowie des Namens, den das Kind zur Zeit der Beurkundung seiner Geburt geführt hat formlos mit. Das dient zur Aktualisierung des Sorgeregisters.

7. Übergang ins Hauptsacheverfahren

Werden dem Gericht durch den Vortrag der Beteiligten oder auf sonstige Weise Gründe bekannt, die der gemeinsamen elterlichen Sorge entgegenstehen können, gilt das Vorrang-und Beschleunigungsgebot des § 155 FamFG. Der Termin soll spätestens einen Monat nach Bekanntwerden der Gründe stattfinden soll, jedoch nicht vor Ablauf der Stellungnahmefrist der Mutter nach Absatz 2 Satz 2. Jetzt gilt auch das Hinwirken auf Einvernehmen nach § 156 FamFG.

8. Beurkundungskompetenz des Gerichts

Sorgeerklärungen und Zustimmungen des gesetzlichen Vertreters eines beschränkt geschäftsfähigen Elternteils können auch im Erörterungstermin zur Niederschrift des Gerichts erklärt werden. (§ 155a Abs. 5 FamFG n.F.)

F. Mustertexte

1. Antrag auf Übertragung der gemeinsamen elterlichen Sorge

Amtsgericht
– Familiengericht –

750000 Musterstadt

18. 1. 2013

<u>Antrag auf Übertragung der gemeinsamen elterlichen Sorge</u>

In der Sache

....
Name und Anschrift
Verfahrensbevollmächtigte: Rechtsanwälte

– Antragsteller

gegen

....
Name und Anschrift
Verfahrensbevollmächtigte: Rechtsanwälte

– Antragsgegnerin

wegen

Übertragung der gemeinsamen elterlichen Sorge
Verfahrenswert: vorläufig 3.000 Euro

bestelle ich mich zur Verfahrensbevollmächtigen des Antragstellers und stelle den

<u>Antrag:</u>

Dem Antragsteller und der Antragsgegnerin die

elterliche Sorge für das Kind XY, geb. am 10. 1. 2013,

wohnhaft wie die Antragsgegnerin, gemeinsam zu übertragen.

Gründe

Die Antragsgegnerin und der Antragsteller sind die Eltern des am 10. 1. 2013 geborenen Kindes XY. Sie sind nicht miteinander verheiratet, waren es auch nicht. XY lebt im Haushalt der Antragsgegnerin und wird von ihr versorgt und betreut. Die elterliche Sorge steht ihr allein zu.

Der Antragsteller hat die Vaterschaft für XY vor dem Jugendamt der Stadt Musterhausen anerkannt. Er hat sich gleichzeitig verpflichtet, Kindesunterhalt in Höhe von 115 % das Mindestunterhaltes zu bezahlen.

Beweis: Urkunde in Kopie anbei

Der Antragsteller wollte gleichzeitig eine Sorgeerklärung für das Kind abgeben mit dem Ziel, die gemeinsame elterliche Sorge für XY mit der Antragsgegnerin auszuüben.

Die Antragsgegnerin hat ihm aber erklärt, eine Sorgeerklärung nicht abzugeben. Sie wolle die elterliche Sorge für XY allein ausüben.

Einen Grund hat sie dem Antragsteller nicht genannt.

Die Beteiligten haben für zwei Jahre eine nichteheliche Lebensgemeinschaft geführt. Sie hatten keine gemeinsame Wohnung. Aufgrund erheblicher Differenzen in der Paarbeziehung haben sich die Kindeseltern vor drei Monaten voneinander getrennt. Bis zu diesem Zeitpunkt hat der Antragsteller an der Schwangerschaft aktiv teilgenommen. Er hat die Antragsgegnerin zu Vorsorgeuntersuchen begleitet, das Kinderzimmer gestrichen und eingerichtet und einen Kinderwagen gekauft.

Nach der Trennung wünschte die Antragsgegnerin eine weitere Beteiligung des Antragstellers nicht.

Der Antragsteller möchte Verantwortung für XY tragen. Er hat regelmäßig Kontakt zum Kind. Die Kommunikation mit der Antragsgegnerin über wesentliche Belange funktioniert. Die Übertragung der elterlichen Sorge auf die Eltern gemeinsam entspricht dem Kindeswohl.

Rechtsanwältin

2. Erwiderung der Kindesmutter

Amtsgericht
– Familiengericht –

750000 Musterstadt

20. 1. 2012

In der Sache

....
Name und Anschrift
Verfahrensbevollmächtigte: Rechtsanwälte

– Antragsteller

gegen

....
Name und Anschrift
Verfahrensbevollmächtigte: Rechtsanwälte

– Antragsgegnerin

wegen

Übertragung der gemeinsamen elterlichen Sorge

stelle ich den

Antrag:

Den Antrag vom 18. 1. 2013 zurückzuweisen.

Gründe

Es ist richtig, dass der Antragsteller der Vater des Kindes XY, geboren am 10. 1. 2013 ist. XY lebt bei mir und wird von mir versorgt und betreut, ich bin von Beruf Bankkauffrau und derzeit in Erziehungsurlaub, damit ich mich um XY kümmern kann, solange sie noch so klein ist. Ich lebe in einer eigenen Wohnung im Haus meiner Eltern.

Die Übertragung der elterlichen Sorge auf uns gemeinsam entspricht nicht dem Kindeswohl.

- Der Kindesvater hat sich von mir getrennt in der Schwangerschaft, weil er sich einer anderen Frau zugewandt hat. Er hat sich dadurch so verantwortungslos gezeigt, dass ich ihm ein verantwortungsbewußtes Umgehen mit dem Kind nicht zutraue.
- Der Antragssteller hat völlig andere Vorstellungen von Erziehung als ich. Ich habe bereits ein Kind, den 5jährigen Marc und konnte während unserer Beziehung daher sehen, wie die Vorstellungen des Antragsgegners aussehen. Er erlaubt uneingeschränktes Fernsehen und viel zu viele Süßigkeiten.
- Wir haben keine Basis für eine gemeinsame Kommunikation. Der Antragssteller widerspricht mir immer schon aus Prinzip, so dass ich davon ausgehe, dass er mir in Entscheidungen von grundsätzlicher Bedeutung Schwierigkeiten machen wird.

Oder besser:

Der Kindesvater ist algerischer Staatsangehöriger und nur für die Dauer der Studiums in Deutschland. Er beabsichtigt jetzt, nach erfolgreichem Abschluss in seine Heimat zurückzukehren und dort als Ingenieur auf einer abgelegenen Großbaustelle zu arbeiten. Er wird dort nur schwer oder gar nicht zu erreichen sein.

Ich habe mich von dem Kindesvater wegen dessen tätlicher Angriffe getrennt. Er hat keine Affektkontrolle und ist mehrfach mir gegenüber, aber auch gegenüber anderen Personen gewalttätig geworden. Er ist vom Amtsgericht Musterhausen wegen Körperverletzung zuletzt am 25. 11. 2011 zu einer Freiheitsstrafe von 10 Monaten auf Bewährung verurteilt worden. Aufgrund eines Gewaltschutzverfahrens meinerseits gegen ihn darf er sich mir nicht nähern.

Beweis: Beiziehung der Akte

Ich versorge das Kind gut, dennoch glaubt er dies nicht oder will es nicht glauben. Er hat mehrfach, zuletzt am .... beim Jugendamt angerufen und dort behauptet, das Kind sei vernachlässigt. Die Sachbearbeiterin des Jugendamtes war schon dreimal aufgrund seiner Anrufe bei mir, hat aber immer nur festgestellt, das alles in Ordnung ist. Er besucht meine Nachbarn und fordert diese auf, ihn anzurufen, wenn das Kind schreit, weil ich es angeblich schlagen würde. Das haben mir Frau Müller und Herr Meiner mitgeteilt. Ich habe ihn darauf angesprochen und er hat gemeint, dass sei sein gutes Recht als Vater.

Rechtsanwältin

3. Antrag auf Übertragung der Alleinsorge aufgrund Zustimmung

Amtsgericht
– Familiengericht –

750000 Musterstadt

2. 1. 2013

Antrag auf Übertragung der alleinigen elterlichen Sorge

In der Sache

....
Name und Anschrift
Verfahrensbevollmächtigte: Rechtsanwälte

– Antragsteller

gegen

....
Name und Anschrift
Verfahrensbevollmächtigte: Rechtsanwälte

– Antragsgegnerin

wegen

Übertragung der gemeinsamen elterlichen Sorge
Verfahrenswert: vorläufig 3.000 Euro

bestelle ich mich zur Verfahrensbevollmächtigen des Antragstellers und stelle den

Antrag:

Dem Antragssteller die elterliche Sorge für das Kind Lilli, geb. am 1. 2. 2002, – wohnhaft wie die Antragsgegnerin- allein zu übertragen.

Gründe

Die Antragsgegnerin und der Antragsteller sind die Eltern des am 1. 2. 2002 geborenen Kindes Lilli. Sie sind nicht miteinander verheiratet, waren es auch nicht. Lilli lebt im Haushalt der Antragsgegnerin und wird von ihr versorgt und betreut. Die elterliche Sorge steht ihr allein zu.

Der Antragsteller hat die Vaterschaft für das Kind vor dem Jugendamt der Stadt Musterhausen anerkannt.

Beweis: Urkunde in Kopie anbei

Die Antragsgegnerin wird der Übertragung der elterlichen Sorge auf den Antragsgegner zustimmen. Lilli wünscht sich aus eigenem Antrieb einen Wechsel in den Haushalt des Vaters. Sie ist auch bereits so groß und verständig, dass sie die Konsequenzen dieses Wunsches bedenken kann. Der Antragsteller ist zur Betreuung und Versorgung des Kindes in der Lage.

Rechtsanwalt

4. Antrag auf Übertragung der Alleinsorge aufgrund des Kindeswohls

Amtsgericht
– Familiengericht –

750000 Musterstadt

2. 1. 2013

Antrag auf Übertragung der alleinigen elterlichen Sorge

In der Sache

....
Name und Anschrift
Verfahrensbevollmächtigte: Rechtsanwälte

– Antragsteller

gegen

....
Name und Anschrift
Verfahrensbevollmächtigte: Rechtsanwälte

– Antragsgegnerin

wegen

Übertragung der elterlichen Sorge
Verfahrenswert: vorläufig 3.000 Euro

bestelle ich mich zur Verfahrensbevollmächtigen des Antragstellers und stelle den

Antrag:

Dem Antragssteller die elterliche Sorge für das Kind Luca, geb. am 1. 2. 2003, – wohnhaft wie die Antragsgegnerin – allein zu übertragen.

Gründe

Die Antragsgegnerin und der Antragsteller sind die Eltern des am 1. 2. 2003 geborenen Kindes Luca. Sie sind nicht miteinander verheiratet, waren es auch nicht. Luca lebt im Haushalt der Antragsgegnerin und wird von ihr versorgt und betreut. Die elterliche Sorge steht ihr allein zu.

Der Antragsteller hat die Vaterschaft für Luca vor dem Jugendamt der Stadt Musterhausen anerkannt.

Beweis: Urkunde in Kopie anbei

Das Kind wünscht sich aus eigenem Antrieb einen Wechsel in den Haushalt des Vaters. Dieser ist zur Betreuung und Versorgung des Kindes in der Lage.

Der Antragsteller ist von 8.30 bis 16:30 Uhr berufstätig. Luca ist in der Zeit in der Schule und in der Nachmittagsbetreuung in der Schule. Er erhält dort ein Mittagessen und erledigt dort seine Hausaufgaben. Die Schule liegt auf dem Weg des Antragstellers zwischen Wohnung und Arbeitsstätte, so dass er Luca morgens zur Schule bringen kann und ihn nachmittags dort abholen kann.

Ein Schulwechsel ist mit dem Haushaltswechsel zu dem Vater daher nicht verbunden. Für den Fall, dass Luca die Schule nicht besuchen kann oder muss, zum Beispiel in den Ferien steht außer dem Antragsteller noch dessen Schwester, die Patin des Kindes ist und nur 500 m entfernt wohnt, zur Betreuung zur Verfügung.

Die Antragsgegnerin ist mit dem Wechsel in den Haushalt nicht einverstanden. Dennoch entspricht der Wechsel dem Kindeswohl. Luca hat ein gutes und inniges Verhältnis zu seinen Vater. Sie teilen viele Hobbies, wie das Handballspiel. Luca wird regelmäßig von seinen Vater zu den Turnieren am Wochenende begleitet. Daran hat die Antragsgegnerin kein Interesse. Sie will im Gegenteil, das Luca das Handballspiel aufgibt, um stattdessen ein Instrument zu erlernen, woran Luca aber kein Interesse hat.

Das Kind kann seine Mutter regelmäßig am Wochenende besuchen und auch noch einen Tag in der Woche, wenn die Antragsgegnerin frei hat.

Aus allen Gesichtspunkten entspricht die Übertragung der elterlichen Sorge auf den Antragsteller daher dem Kindeswohl.

Rechtsanwalt

5. Antrag auf Übertragung des Alleinentscheidungsrechtes nach § 1628 BGB

Amtsgericht
– Familiengericht –

750000 Musterstadt

1. 4. 2013

Antrag auf Übertragung der Alleinentscheidungsrechtes

In der Sache

....
Name und Anschrift
Verfahrensbevollmächtigte: Rechtsanwälte

– Antragsteller

gegen

....
Name und Anschrift
Verfahrensbevollmächtigte: Rechtsanwälte

– Antragsgegnerin

wegen

Übertragung der elterlichen Sorge
Verfahrenswert: vorläufig 3.000 Euro

bestelle ich mich zur Verfahrensbevollmächtigen des Antragstellers und stelle den

Antrag:

Dem Antragssteller das Alleinentscheidungsrecht betreffend die Wahl der weiterführenden Schule ab der 5. Klasse im Jahr 2013 für das Kind Julius, geb. am 1. 2. 2003, – wohnhaft wie die Antragsgegnerin – allein zu übertragen.

Gründe

Die Antragsgegnerin und der Antragsteller sind die Eltern des am 1. 2. 2003 geborenen Kindes Julius. Sie sind nicht miteinander verheiratet, waren es auch nicht. Julius lebt im Haushalt der Antragsgegnerin und wird von ihr versorgt und betreut. Die elterliche Sorge steht beiden Eltern aufgrund Sorgeerklärung zu.

Der Antragsteller hat die Vaterschaft für Julius vor dem Jugendamt der Stadt Musterhausen anerkannt.

Beweis: Urkunde in Kopie anbei

Sorgeerklärung in Kopie anbei

Julius besucht die 4. Klasse der Grundschule und wird im Sommer die Schule wechseln. Er ist ein guter Schüler und hat ein gutes Arbeitsverhalten wie auch ein gutes Sozialverhalten.

Beweis: Zeugniskopie anbei

Die Eltern haben sich darüber unterhalten, welche Schule Julius nach der Grundschule besuchen soll. Von der Grundschule gab es die Empfehlung, ein Gymnasium zu besuchen.

Dieser Empfehlung würde der Antragsteller folgen und hat das Goethegymnasium ausgewählt.

Zwei der besten Freunde, Marc und Timon, werden dort weiter zur Schule gehe. Die Schule hat einen musischen Schwerpunkt, was Julius entgegenkommt, der musisch interessiert ist und Cello spielt.

Julius hat sich gemeinsam mit den Eltern die Schule angesehen und sie gefällt ihm.

Die Antragsgegnerin möchte das Kind in der Gesamt schule Nord anmelden, weil diese Schule näher an ihrer Wohnung ist. Das ist zwar richtig, aber nicht ausschlaggebend. Die Schule ist sehr groß, eine weniger individuelle Förderung ist die Folge. Nur 10 % der Kinder dort machen auch das Abitur, was den persönlichen Fähigkeiten von Julius nicht entspricht.

Daher ist das Alleinentscheidungsrecht betreffend die Schulwahl auf den Antragsteller zu übertragen.

Rechtsanwalt

6. Antrag auf Kindesherausgabe im Wege der einstweiligen Anordnung

Amtsgericht
– Familiengericht –

750000 Musterstadt

25. 1. 2013

Antrag auf Erlass einer einstweiligen Anordnung
wegen Herausgabe eines Kindes

In der Sache

....
Name und Anschrift
Verfahrensbevollmächtigte: Rechtsanwälte

– Antragstellerin

gegen

....
Name und Anschrift
Verfahrensbevollmächtigte: Rechtsanwälte

– Antragsgegner

wegen

Herausgabe
Verfahrenswert: vorläufig 1.500 Euro

bestelle ich mich zur Verfahrensbevollmächtigen der Antragstellerin und stelle den

Antrag:

Dem Antragsgegner aufzugeben, das Kind Lotta, geboren am 1. 3. 2011, an die Antragstellerin herauszugeben
wegen der Dringlichkeit der Sache im Wege einstweiliger Anordnung ohne mündliche Verhandlung.

Gründe

Die Antragstellerin und der Antragsgegner sind die Eltern des am 1. 3. 2011 geborenen Kindes Lotta. Sie sind nicht miteinander verheiratet, waren es auch nicht. Lotta lebt im Haushalt der Antragsgegnerin und wird von ihr versorgt und betreut. Die elterliche Sorge steht beiden Eltern aufgrund Sorgeerklärung zu.

Ein gemeinsamer Haushalt mit dem Kind wurde von den Eltern nicht geführt.

Der Antragsteller hat die Vaterschaft für XY vor dem Jugendamt der Stadt Musterhausen anerkannt.

Beweis: Urkunde in Kopie anbei

Sorgeerklärung in Kopie anbei

Der Antragsgegner hat ein Umgangsrecht mit Lotta aufgrund einer Einigung zwischen den Eltern. Da Laura noch sehr klein ist und noch nicht ohne die Mutter schläft, ist vereinbart, dass er Lotta an jedem Mittwoch von 15.00 Uhr bis 19.00 Uhr abholt und Samstag und Sonntag im Wechsel von 14.00 Uhr bis 18.00 Uhr.

Am Mittwoch, dem 24. 1. 2013 hat er Lotta abgeholt und gegen 18.00 Uhr per SMS mitgeteilt, dass er sie nicht zurückbringen werde. Er wolle das Kind auch über Nacht bei sich haben und werde sie daher erst am Sonntag nach dem turnusgemäßen Umgang zurückbringen.

Diese Vorgehensweise widerspricht dem Kindeswohl. Die Eltern haben eine Einigung darüber, dass das Kind seinen schwerpunktmäßigen Aufenthalt im Haushalt der Kindesmutter hat. Das Kind ist an die Versorgung durch die Mutter gewöhnt, hat noch nie ohne sie geschlafen und wird nun gezwungen, direkt 4 Tage ohne die Mutter zu sein, die ihm das auch nicht erklären kann. Eine Traumatisierung des Kindes ist zu befürchten.

Der Antragsgegner hat Lotta auch noch nie längere Zeit allein versorgt und ist auch nicht auf andere Weise an die Versorgung eines Kleinkindes gewöhnt.

Darüber hinaus missachtet der Antragsgegner die sorgerechtlichen Befugnisse der Kindesmutter und versucht im Wege der Eigenmacht ohne Rücksicht auf das Kind seine spontanen Wünsche durchzusetzen.

Eine Entscheidung ohne mündliche Verhandlung ist geboten.

Zur Glaubhaftmachung wird auf die beigefügte eidesstattliche Versicherung der Antragstellerin verwiesen.

Rechtsanwältin

7. Antrag auf Regelung des Umgangsrechts des rechtlichen Vaters

Amtsgericht
– Familiengericht –

750000 Musterstadt

25. 2. 2013

Antrag auf Regelung des Umgangsrechtes

In der Sache

....
Name und Anschrift
Verfahrensbevollmächtigte: Rechtsanwälte

– Antragsteller

gegen

....
Name und Anschrift
Verfahrensbevollmächtigte: Rechtsanwälte

– Antragsgegnerin

wegen

Umgangsrecht
Verfahrenswert: vorläufig 3.000 Euro

bestelle ich mich zur Verfahrensbevollmächtigen des Antragstellers und stelle den

Antrag:

Das Umgangsrecht zwischen dem Antragsteller und dem Kind Laura, geboren am 1. 3. 2005, wie folgt zu regeln.

a) An jedem zweiten Wochenende in der Zeit von Samstag 9.00 Uhr bis Sonntag 18.00 Uhr, beginnend mit dem ...

b) An den hohen christlichen Feiertagen Ostern, Pfingsten, Weihnachten jeweils am zweiten Feiertag, am 26. 12. eines jeden Jahres, am Ostermontag und am Pfingstmontag in der Zeit von 9.00 Uhr bis 18.00 Uhr.

c) In den Sommerferien die zweite Hälfte der Schulferien jeweils von Montag 9.00 Uhr bis zum vorletzten Ferientag 18.00 Uhr.

d) In den Herbstferien die zweite Hälfte der Schulferien von Montag 9.00 Uhr bis Sonntag 18.00 Uhr.

e) In den Weihnachtsferien vom 26. 12. 9.00 Uhr bis zum 30. 12.18.00 Uhr

f) In den Osterferien von Ostermontag 9.00 Uhr bis zm drauffolgenden Sonntag 18.00 Uhr.

g) An Christi Himmelfahrt von 9.00 Uhr bis 18.00 Uhr.

Muss der Wochenendumgang entfallen, weil das Kind krank ist, wird der Umgang am Wochenende nach der Gesundung des Kindes nachgeholt.

Muss der Umgang entfallen aus Gründen, die in der Person des Antragstellers liegen, so wird der Umgang nicht nachgeholt.

Während der Dauer der Ferien ist der turnusgemäße Wochenendumgang ausgesetzt. Er beginnt am Wochenende nach dem Ende der Ferien neu.

Die Antragsgegnerin ist verpflichtet, dem Antragsteller das Umgangsrecht zu ermöglichen, und das Kind an den Antragsteller heraus zu geben. Der Antragsteller ist verpflichtet, das Kind pünktlich abzuholen und pünktlich an die Antrag zu Ende der Umgangszeiten wieder zurück zu bringen.

Gründe

Die Beteiligten sind die Eltern des Kindes Laura, geb. am .....

Sie sind nicht miteinander verheiratet, waren es auch nicht. Laura lebt im Haushalt der Antragsgegnerin und wird von ihr versorgt und betreut. Die elterliche Sorge steht beiden Eltern aufgrund Sorgeerklärung zu.

Ein gemeinsamer Haushalt mit dem Kind wurde von den Eltern nicht geführt.

Der Antragsteller hat die Vaterschaft für XY vor dem Jugendamt der Stadt Musterhausen anerkannt.

Beweis: Urkunde in Kopie anbei

Sorgeerklärung in Kopie anbei

Bislang wurde das Umgangsrecht zwischen dem Vater und dem Kind so geregelt, dass der Vater an einem Tag in der Woche nach spontaner Absprache das Kind für einen Tag zu sich nehmen konnte. Nun hat Laura in den Ferien das erste Mal beim Vater für 2 mal je eine Nacht übernachtet, was gut geklappt hat.

Die Eltern konnten eine Einigung über das Umgangsrecht aber nicht herstellen, da die Kindesmutter eine Ferienregelung nicht treffen wollte, um selbst mit Urlaubsreisen nicht gebunden zu sein. Außerdem sollte das Kind an den Wochenenden, an denen es aufgrund seiner Mitgliedschaft in einem Fußballverein an Turnieren teilnehmen muss, nicht zum Vater.

Eine gerichtliche Regelung ist geboten, da auch mit Hilfe des Jugendamtes eine Einigung nicht erreicht werden konnte.

Die vorgeschlagene Regelung entspricht dem Kindeswohl.

Aufgrund ihres Alters ist Laura in der Lage, das Wochenende beim Vater zu verbringen und die Ferien. Der Antragsteller ist ebenfalls in der Lage, das Kind zu den Turnieren zu begleiten, wenn ihm die Termine von der Antragsgegnerin mitgeteilt werden.

Laura besucht die zweite Klasse, so dass auch eine Ferienregelung sinnvoll ist. Die Ferien können dazu dienen, den Kontakt zwischen dem Vater und dem Kind zu intensivieren, da sie eine längere Zeit miteinander verbringen.

Die vorgeschlagene Regelung stellt eine ausgewogene und dem Kindeswohl entsprechende Regelung im Sinne von § 1684 BGB dar. Gründe für eine Umgangsregelung ohne Übernachtung und Ferienregelung sind nicht gegeben, so dass eine diesbezügliche Einschränkung des Umgangsrechtes nicht dem Kindeswohl entspricht.

Rechtsanwältin

8. Antrag auf Regelung des Umgangsrechtes des biologischen Vaters

Amtsgericht
– Familiengericht –

750000 Musterstadt

25. 2. 2013

Antrag auf Regelung des Umgangsrechtes

In der Sache

....
Name und Anschrift
Verfahrensbevollmächtigte: Rechtsanwälte

– Antragsteller

gegen

....
Name und Anschrift
Verfahrensbevollmächtigte: Rechtsanwälte

– Antragsgegnerin

wegen

Umgangsrecht
Verfahrenswert: vorläufig 3.000 Euro

bestelle ich mich zur Verfahrensbevollmächtigen des Antragstellers und stelle den

Antrag:

Das Umgangsrecht zwischen dem Antragsteller und dem Kind Clara, geboren am 1. 3. 2005, wie folgt zu regeln.

a) An jedem zweiten Wochenende in der Zeit von Samstag 9.00 Uhr bis Sonntag 18.00 Uhr, beginnend mit dem ...

b) An den hohen christlichen Feiertagen Ostern, Pfingsten, Weihnachten jeweils am zweiten Feiertag, am 26. 12. eines jeden Jahres, am Ostermontag und am Pfingstmontag in der Zeit von 9.00 Uhr bis 18.00 Uhr.

c) In den Sommerferien für zwei Wochen jeweils von Montag 9.00 Uhr bis zum vorletzten Ferientag 18.00 Uhr.

Muss der Wochenendumgang entfallen, weil das Kind krank ist, wird der Umgang am Wochenende nach der Gesundung des Kindes nachgeholt.

Muss der Umgang entfallen aus Gründen, die in der Person des Antragstellers liegen, so wird der Umgang nicht nachgeholt.

Während der Dauer der Ferien ist der turnusgemäße Wochenendumgang ausgesetzt. Er beginnt am Wochenende nach dem Ende der Ferien neu.

Die Antragsgegnerin ist verpflichtet, dem Antragsteller das Umgangsrecht zu ermöglichen, und das Kind an den Antragsteller heraus zu geben. Der Antragsteller ist verpflichtet, das Kind pünktlich abzuholen und pünktlich an die Antrag zu Ende der Umgangszeiten wieder zurück zu bringen.

Gründe

Die Beteiligten sind die Eltern des Kindes Clara, geb. am 1. 3. 2005.

Sie sind nicht miteinander verheiratet, waren es auch nicht.

Clara lebt im Haushalt der Antragsgegnerin und wird von ihr versorgt und betreut. Die elterliche Sorge steht der Antragsgegnerin und ihrem Ehemann zu. Die Antragsgegnerin ist verheiratet mit Herrn XY seit dem 1. 6. 2000. Clara gilt als eheliches Kind des Herrn XY. Die Eheleute haben geraume Zeit getrennt gelebt, in dieser Zeit hatten die Kindesmutter und der Antragsteller eine einige Monate andauernde Beziehung, in der sie auch Geschlechtsverkehr hatten. Dies war etwa in der Zeit von März 2004 bis Oktober 2004.

Glaubhaftmachung: Eidesstattliche Versicherung des Antragstellers

Die Kindesmutter versöhnte sich wieder mit ihrem Ehemann und zog, obwohl vom Antragsteller schwanger, wieder zu diesem zurück. Er weiß um diese Tatsachen. Auch Clara weiß, dass der Antragsteller ihr leiblicher Vater ist und hat und wünscht Kontakt zu ihm.

Bislang wurde das Umgangsrecht zwischen dem Vater und dem Kind so geregelt, dass der Vater an einem Tag in der Woche nach spontaner Absprache das Kind für einen Tag zu sich nehmen konnte. Nun hat Clara in den Ferien das erste Mal beim Vater für 2 mal je eine Nacht übernachtet, was gut geklappt hat.

Die Eltern konnten eine Einigung über das Umgangsrecht aber nicht herstellen, da die Kindesmutter eine Ferienregelung nicht treffen wollte, um selbst mit Urlaubsreisen nicht gebunden zu sein. Außerdem sollte das Kind an den Wochenenden, an denen es aufgrund seiner Mitgliedschaft in einem Fußballverein an Turnieren teilnehmen muss, nicht zum Vater.

Eine gerichtliche Regelung ist geboten, da auch mit Hilfe des Jugendamtes eine Einigung nicht erreicht werden konnte.

Die vorgeschlagene Regelung dient dem Kindeswohl.

Aufgrund ihres Alters ist Clara in der Lage, das Wochenende beim Vater zu verbringen und die Ferien. Der Antragsteller ist ebenfalls in der Lage, das Kind zu den Turnieren zu begleiten, wenn ihm die Termine von der Antragsgegnerin mitgeteilt werden.

Clara besucht die zweite Klasse, so dass auch eine Ferienregelung sinnvoll ist. Die Ferien können dazu dienen, den Kontakt zwischen dem Vater und dem Kind zu intensivieren, da sie eine längere Zeit miteinander verbringen. Dem Wunsch der Kindesmutter nach Urlauben mit der Familie wird dadurch ausreichend Rechnung getragen, dass nur eine Ferienregelung für die Sommerferien begehrt wird.

Die vorgeschlagene Regelung stellt eine ausgewogene und dem Kindeswohl entsprechende Regelung im Sinne von § 1685 BGB (§ 1686 a BGB-E) dar. Gründe für eine Umgangsregelung ohne Übernachtung und Ferienregelung sind nicht gegeben, so dass eine diesbezügliche Einschränkung des Umgangsrechtes nicht dem Kindeswohl dient.

Dem Antragsteller steht als biologischem Vater ein Umgangsrecht zu, da dies dem Kindeswohl dient. Clara weiß um ihre Abstammung und hat ein Recht darauf, ihren leiblichen Vater zu erleben. Der Antragsteller will tatsächliche Verantwortung für das Kind übernehmen, auch wenn ihm eine rechtliche Verantwortung aufgrund der Tatsache, dass Clara mit Mutter und deren Ehemann, der als Vater gilt, verwehrt ist. Er hat bereits seit 5 Jahren regelmäßig Kontakt zu Clara und möchte diesen intensivieren.

Rechtsanwältin

9. Antrag auf Auskunft

Amtsgericht
– Familiengericht –

750000 Musterstadt

25. 2. 2013

Antrag auf Auskunftserteilung

In der Sache
....
Name und Anschrift
Verfahrensbevollmächtigte: Rechtsanwälte

– Antragsteller

gegen

....
Name und Anschrift
Verfahrensbevollmächtigte: Rechtsanwälte

– Antragsgegnerin

wegen

Auskunft gemäß § 1686 BGB

Verfahrenswert: vorläufig 3.000 Euro

bestelle ich mich zur Verfahrensbevollmächtigen des Antragstellers und stelle den

Antrag:

Der Antragsgegnerin aufzugeben, dem Antragsteller Auskunft über die persönlichen Belange des Kindes Mia, geb. am 1. 10. 2004, zu erteilen, beginnend mit dem 1. 3. 2013 in halbjährlichem Turnus jeweils zum 1.3. und 1.9. des Jahres durch

- Bericht über die schulischen Leistungen des Kindes, dessen Gesundheitszustand, seine Interessen und Hobbys,
- Vorlage der Zeugnisse in Kopie,

– Vorlage von drei Fotos auf denen das Kind zu sehen ist, nach Belieben der Antragsgegnerin.

Gründe

Die Beteiligten sind die Eltern des Kindes Mia, geb. am 1. 10. 2004.

Sie sind nicht miteinander verheiratet, waren es auch nicht. Mia lebt im Haushalt der Antragsgegnerin und wird von ihr versorgt und betreut. Die elterliche Sorge steht der Antragsgegnerin allein zu.

Ein gemeinsamer Haushalt mit dem Kind wurde von den Eltern nicht geführt.

Der Antragsteller hat die Vaterschaft für XY vor dem Jugendamt der Stadt Musterhausen anerkannt.

Beweis: Urkunde in Kopie anbei

Der Antragsteller macht mit diesem Antrag sein Recht auf Auskunft gemäß § 1686 BGB geltend.

Zwischen Mia und ihm besteht kein Kontakt. Es gab nach der Beendigung der nichtehelichen Lebensgemeinschaft heftige Auseinandersetzungen zwischen den Eltern, so dass das Kind sich weigerte, den Vater zu besuchen. Um das Kind nicht weiter in Loyalitätskonflikte zu verwickeln, hat der Antragsteller von der Durchsetzung eines Umgangsrechtes abgesehen.

Dennoch ist er an den Belangen des Kindes interessiert und möchte zumindest eine Auskunft erhalten. Er hat die Kindesmutter per Brief angeschrieben, da er weder eine Telefonnummer noch E-Mail-Adresse hat.

Eine Antwort hat er nicht erhalten.

Daraufhin hat der sich mit dem zuständigen Jugendamt in Verbindung gesetzt und hat dort einen Termin zur Beratung wahrgenommen. Die Antragsgegnerin hat den daraufhin ihr angebotenen Termin beim Jugendamt nicht wahrgenommen. Daher ist eine gerichtliche Regelung geboten.

Eine Auskunftserteilung widerspricht dem Kindeswohl nicht. Der Antragsteller möchte nur in groben Zügen darüber informiert darin, wie es seiner Tochter geht und wie sie aussieht.

Rechtsanwalt

10. Checkliste/Aufnahmebogen

Name/Vorname der Kindesmutter		
Anschrift		
Anschrift		
Name/Vorname des Kindes		
Anschrift		
Geburtsdatum und Geburtsort		
Dauer der Beziehung zur Mutter		
Vaterschaft anerkannt	ja	nein
Mutter verheiratet	ja	nein
Zusammengelebt	ja	nein
Dauer		
Unterhalt tituliert	ja	nein
Unterhalt gezahlt	ja	nein
Umgangskontakte	ja	nein
Kind bereits kennengelernt	ja	nein

G. Gesetzesmaterialien

I. Gesetzentwurf der Bundesregierung Entwurf eines Gesetzes zur Reform der elterlichen Sorge nicht miteinander verheirateter Eltern – BT-Drucks. 17/11048 – Auszug

A. Problem und Ziel

Nicht miteinander verheirateten Eltern steht die elterliche Sorge nach der bisher geltenden Regelung des § 1626a Absatz 1 des Bürgerlichen Gesetzbuchs (BGB) nur dann gemeinsam de Sorgeerklärungen abgeben oder einander heiraten.

Im Übrigen hat die Mutter die elterliche Sorge allein (§ 1626a Absatz 2 BGB). Ohne den Willen der Mutter konnte bisher keine gemeinsame Sorge der Eltern begründet werden. Diese Regelung ist vielfach kritisiert worden.

Der Europäische Gerichtshof für Menschenrechte (EGMR) hat darin einen Verstoß gegen die Europäische Konvention zum Schutz der Menschenrechte und Grundfreiheiten (EMRK) erkannt, das Bundesverfassungsgericht (BVerfG) hat entschieden, dass die bisherigen Regelungen der §§ 1626a Absatz 1 Nummer 1 und 1672 Absatz 1 BGB mit Artikel 6 Absatz 2 des Grundgesetzes (GG) unvereinbar sind. Dem Vater ist deshalb die Möglichkeit einzuräumen, die Mitsorge auch dann zu erlangen, wenn die Mutter keine Erklärung abgibt, die elterliche Sorge gemeinsam mit ihm übernehmen zu wollen. Dabei muss eine Regelung dem Umstand Rechnung tragen, dass die Lebensverhältnisse, in die Kinder nicht miteinander verheirateter Eltern hineingeboren werden, unterschiedlich sind. Sie umfassen sowohl solche Beziehungen, in denen die Beziehung der Eltern über eine lose Bekanntschaft nicht hinausgeht und in denen der Vater keine Verantwortung übernehmen will, als auch solche, in denen das Kind in Lebensverhältnissen aufwächst, die praktisch identisch sind mit denen, die auf einer intakten Ehe der Eltern basieren. Darüber hinaus muss der Vater auch ohne Zustimmung der Mutter gerichtlich überprüfen lassen können, ob ihm die elterliche Sorge oder ein Teil der elterlichen Sorge allein zu übertragen ist.

B. Lösung

Der Entwurf sieht vor: 1. Die Möglichkeiten des Zugangs des nicht mit der Kindesmutter verheirateten Vaters zur gemeinsamen elterlichen Sorge werden deutlich erweitert. Die gemeinsame Sorge entsteht nunmehr auch, soweit das Familiengericht den Eltern auf Antrag eines Elternteils die gemeinsame elterliche Sorge überträgt. Dabei soll das Familiengericht regelmäßig die Übertragung der gemeinsamen Sorge beschließen, wenn sie dem Kindeswohl nicht widerspricht.

2. Schweigt der andere Elternteil oder trägt er keine potenziell kindeswohlrelevanten Gründe vor und sind solche Gründe auch sonst nicht ersichtlich, besteht

eine gesetzliche Vermutung, dass die gemeinsame Sorge dem Kindeswohl nicht widerspricht. Ihr soll in diesen Fällen in einem beschleunigten und überdies vereinfachten Verfahren zur Durchsetzung verholfen werden.

3. Beide Elternteile sollen mit Hilfe des Familiengerichts die gemeinsame Sorge erreichen können. Auch die allein sorgeberechtigte Mutter soll mithin die Möglichkeit erhalten, den Vater in die gemeinsame Sorge einzubinden.

4. Außerdem wird dem Vater der Zugang zur Alleinsorge auch ohne Zustimmung der Mutter eröffnet, und zwar, sofern eine gemeinsame elterliche Sorge nicht in Betracht kommt und zu erwarten ist, dass die Übertragung auf den Vater dem Wohl des Kindes am besten entspricht.

.... E.1 Erfüllungsaufwand für Bürgerinnen und Bürger

Die für nicht verheiratete Eltern nunmehr eröffnete Möglichkeit, bei Gericht die Übertragung der gemeinsamen elterlichen Sorge zu beantragen, kann für die Beteiligten Kosten verursachen. Deren Höhe dürfte sich regelmäßig jedoch in überschaubarem Rahmen halten. Ausgehend von dem für die Übertragung der elterlichen Sorge im Regelfall anzusetzenden Verfahrenswert in Höhe von 3 000 Euro (vgl. § 45 Absatz 1 Nummer 1 des Gesetzes über Gerichtskosten in Familiensachen [FamGKG], Ausnahmen vgl. § 45 Absatz 3 FamGKG) dürfte grundsätzlich eine halbe Verfahrensgebühr in Höhe von 44,50 Euro anfallen (vgl. Nummer 1310 des Kostenverzeichnisses zum FamGKG). Gemäß § 81 Absatz 1 Satz 2 des Gesetzes über das Verfahren in Familiensachen und in den Angelegenheiten der freiwilligen Gerichtsbarkeit (FamFG) besteht für das Familiengericht zudem die Möglichkeit, von der Erhebung von Kosten abzusehen. Die Stellung eines Antrags nach § 1626a Absatz 2 BGB-E unterliegt keinen besonderen Anforderungen. In Verfahren vor dem Familiengericht und dem Oberlandesgericht besteht kein Anwaltszwang. Höhere Kosten für die Beteiligten können im Einzelfall entstehen, wenn Anwälte am Verfahren beteiligt sind oder Sachverständigengutachten eingeholt werden. Zu berücksichtigen ist in diesem Zusammenhang jedoch, dass auch im Verfahren zur Übertragung der gemeinsamen elterlichen Sorge für die Beteiligten die Möglichkeit besteht, Verfahrenskostenhilfe zu beantragen.

.... E.3 Erfüllungsaufwand der Verwaltung

Die gesetzlich normierte Möglichkeit für beide Elternteile, die gerichtliche Übertragung der gemeinsamen Sorge zu beantragen, wird zu zusätzlichen Verfahren bei den Familiengerichten, Oberlandesgerichten und eventuell auch beim Bundesgerichtshof führen. Ob und gegebenenfalls in welchem Umfang dadurch Mehrkosten für Bund, Länder und Kommunen entstehen, ist nicht zuverlässig abschätzbar. Eine Abfrage bei den Ländern zu dem durch die Übergangsregelung des BVerfG verursachten und aufgrund der Neuregelung voraussichtlich zu erwartenden personellen und sachlichen Mehraufwand ergab kein einheitliches Bild. Es liegen Rückmeldungen der Justizressorts aus zwölf Ländern vor. Davon teilten fünf Länder mit, mangels entsprechender statistischer Daten sei die Zahl der seit dem Beschluss des BVerfG vom 21. Juli 2010 geführten Verfahren nicht bekannt und es ließe sich auch keine ausreichend verlässliche Prognose über das künftig zu erwartende Verfahrensaufkommen und den damit verbundenen Mehraufwand treffen. Sieben Länder übermittelten, teils aufgeschlüsselt nach den jeweiligen Amtsgerichten, Verfahrenszahlen für den Zeitraum seit der Entscheidung des BVerfG vom 21. Juli 2010. Der von den Ländern danach errechnete und mitgeteilte Mehraufwand aufgrund der Übergangsregelung des BVerfG wird unterschiedlich angegeben mit: „0,63 Arbeitskraftanteilen [(AKA)] im Richterdienst", „20 % eines Richterpensums", „etwa 1 % der Gesamtbelastung", „einem vollen Richterpensum; hinzu kommt der entsprechende Mehrbedarf bei den Folgediensten" bzw. „rund 4 AKA im richterlichen höheren Dienst". Sechs Länder teilten mit, der Mehraufwand habe mit dem bestehenden Personal bewältigt werden können bzw. müssen; ein Land hat sich hierzu nicht geäußert. Hinsichtlich des aufgrund der Neuregelung zu erwartenden Mehraufwands haben fünf Länder angegeben, eine ausreichend gesicherte Schätzung sei ihnen nicht möglich; teils wird ein „geringfügiger", häufiger ein „spürbarer" bzw. „erheblicher" Zuwachs an Verfahren erwartet. Zwei Länder haben den durch die Neuregelung verursachten Mehraufwand konkret geschätzt und erwarten in erster Instanz einen „Personalbedarf von 2 – 2,5 Richterinnen bzw. Richtern und 4 – 5 Beschäftigten des Servicedienstes" bzw. einen maximalen „landesweite[n] Personalmehrbedarf im richterlichen höheren Dienst von rd. 17 Soll-AKA" (im Bereich der Amtsgerichte), „10 Soll-AKA (beschränkt auf 5 Jahre"; Verfahrenszuwachs durch Verfahren, die die bereits vor der Neuregelung geborenen Kinder oder nur Teilbereiche des Sorgerechts betreffen), sowie „1 Soll-AKA" (im Bereich der Oberlandesgerichte). Darüber hinaus ist zu erwarten, dass die bei Verfahren zur Übertragung der gemeinsamen elterlichen Sorge vorgesehenen Mitteilungspflichten Mehraufwand bei den Gerichten (vgl. § 155a Absatz 3 Satz 3 und Absatz 5 Satz 2 FamFG-E) sowie bei den Jugendämtern (vgl. § 50 Absatz 3 des Achten Buches Sozialgesetzbuch – Kinder- und Jugendhilfe – [SGB VIII]) verursachen. Der mit der Erfüllung der Mitteilungspflicht jeweils verbundene Mehraufwand dürfte sich insgesamt in einem überschaubaren Rahmen halten. Mehraufwand ist zudem zu erwarten bei den für die Führung des Sorgeregisters zuständigen Geburtsjugendämtern sowie bei den für die Ausstellung des sogenannten Negativ- Attests zuständigen Jugendämtern am gewöhnlichen Aufenthaltsort der Mutter. Ausgehend von einer Fallzahl von rund 13 000 im Jahr entstehen für die Jugendämter einmalig Umstellungskosten in Höhe von rund 6 000 Euro sowie ein jährlicher Mehraufwand von maximal rund 60 000 Euro. Bei rund 600 Jugendämtern in Deutschland bedeutet dies zusätzliche Bürokratiekosten in Höhe von rund 100 Euro im Jahr pro Jugendamt. Mehrbedarf an Sach- und Personalmitteln für den Bund soll finanziell und stellenmäßig im Einzelplan 07 ausgeglichen werden.

Gesetzentwurf der Bundesregierung

Artikel 1

Änderung des Bürgerlichen Gesetzbuchs

Das Bürgerliche Gesetzbuch in der Fassung der Bekanntmachung vom 2. Januar 2002 (BGBl. I S. 42, 2909; 2003 I S. 738), das zuletzt durch Artikel 1 des Gesetzes vom 10. Mai 2012 (BGBl. I S. 1084) geändert worden ist, wird wie folgt geändert:

1. § 1626a wird wie folgt gefasst:

„§ 1626a Elterliche Sorge nicht miteinander verheirateter Eltern; Sorgeerklärungen

(1) Sind die Eltern bei der Geburt des Kindes nicht miteinander verheiratet, so

steht ihnen die elterliche Sorge gemeinsam zu,

1. wenn sie erklären, dass sie die Sorge gemeinsam übernehmen wollen (Sorgeerklärungen),

2. wenn sie einander heiraten oder

3. soweit ihnen das Familiengericht die elterliche Sorge gemeinsam überträgt.

(2) Das Familiengericht überträgt gemäß Absatz 1 Nummer 3 auf Antrag eines Elternteils die elterliche Sorge oder einen Teil der elterlichen Sorge beiden Eltern gemeinsam, wenn die Übertragung dem Kindeswohl nicht widerspricht. Trägt der andere Elternteil keine Gründe vor, die der Übertragung der gemeinsamen elterlichen Sorge entgegenstehen können, und sind solche Gründe auch sonst nicht ersichtlich, wird vermutet, dass die gemeinsame elterliche Sorge dem Kindeswohl nicht widerspricht.

(3) Im Übrigen hat die Mutter die elterliche Sorge."

2. In § 1626b Absatz 3 wird die Angabe „§§ 1671, 1672" durch die Wörter „§ 1626a Absatz 1 Nummer 3 oder § 1671" und die Angabe „§ 1696 Abs. 1" durch die Wörter

„§ 1696 Absatz 1 Satz 1" ersetzt.

3. In § 1626d Absatz 2 werden die Wörter „zum Zwecke der Auskunftserteilung nach § 58a des Achten Buches Sozialgesetzbuch" durch die Wörter „zu den in § 58a des Achten Buches Sozialgesetzbuch genannten Zwecken" ersetzt.

4. § 1671 wird wie folgt gefasst:

§ 1671 Übertragung der Alleinsorge bei Getrenntleben der Eltern

(1) Leben Eltern nicht nur vorübergehend getrennt und steht ihnen die elterliche

Sorge gemeinsam zu, so kann jeder Elternteil beantragen, dass ihm das Familiengericht die elterliche Sorge oder einen Teil der elterlichen Sorge allein überträgt. Dem Antrag ist stattzugeben, soweit

1. der andere Elternteil zustimmt, es sei denn, das Kind hat das vierzehnte Lebensjahr vollendet und widerspricht der Übertragung, oder

2. zu erwarten ist, dass die Aufhebung der gemeinsamen Sorge und die Übertragung auf den Antragsteller dem Wohl des Kindes am besten entspricht.

(2) Leben Eltern nicht nur vorübergehend getrennt und steht die elterliche Sorge nach § 1626a Absatz 3 der Mutter zu, so kann der Vater beantragen, dass ihm das Familiengericht die elterliche Sorge oder einen Teil der elterlichen Sorge allein überträgt. Dem Antrag ist stattzugeben, soweit

1. die Mutter zustimmt, es sei denn, die Übertragung widerspricht dem Wohl des Kindes oder das Kind hat das vierzehnte Lebensjahr vollendet und widerspricht der Übertragung, oder

2. eine gemeinsame Sorge nicht in Betracht kommt und zu erwarten ist, dass die Übertragung auf den Vater dem Wohl des Kindes am besten entspricht.

(3) Ruht die elterliche Sorge der Mutter nach § 1751 Absatz 1 Satz 1, so gilt der Antrag des Vaters auf Übertragung der gemeinsamen elterlichen Sorge nach § 1626a Absatz 2 als Antrag nach Absatz 2. Dem Antrag ist stattzugeben, soweit die Übertragung der elterlichen Sorge auf den Vater dem Wohl des Kindes nicht widerspricht.

(4) Den Anträgen nach den Absätzen 1 und 2 ist nicht stattzugeben, soweit die elterliche Sorge auf Grund anderer Vorschriften abweichend geregelt werden muss."

5. § 1672 wird aufgehoben.

6. § 1678 wird wie folgt geändert:

a) In Absatz 1 wird die Angabe „§ 1626a Abs. 2, § 1671 oder § 1672 Abs. 1" durch die Wörter „§ 1626a Absatz 3 oder § 1671" ersetzt.

b) Absatz 2 wird wie folgt gefasst:

„(2) Ruht die elterliche Sorge des Elternteils, dem sie gemäß § 1626a Absatz 3 oder § 1671 allein zustand, und besteht keine Aussicht, dass der Grund des Ruhens wegfallen werde, so hat das Familiengericht die elterliche Sorge dem anderen Elternteil zu übertragen, wenn dies dem Wohl des Kindes nicht widerspricht."

7. § 1680 wird wie folgt geändert:

a) Absatz 2 wird wie folgt geändert:

aa) In Satz 1 wird die Angabe „§ 1671 oder § 1672 Abs. 1" durch die Wörter „§ 1626a Absatz 3 oder § 1671" ersetzt.

bb) Satz 2 wird aufgehoben.

b) Absatz 3 wird wie folgt gefasst:

„(3) Die Absätze 1 und 2 gelten entsprechend, soweit einem Elternteil die elterliche

Sorge entzogen wird."

8. § 1696 Absatz 1 Satz 2 wird durch die folgenden Sätze ersetzt:

„Entscheidungen nach § 1626a Absatz 2 können gemäß § 1671 Absatz 1 geändert werden; § 1671 Absatz 4 gilt entsprechend. § 1678 Absatz 2, § 1680 Absatz 2 sowie § 1681 Absatz 1 und 2 bleiben unberührt."

9. § 1747 Absatz 3 wird wie folgt gefasst:

„(3) Steht nicht miteinander verheirateten Eltern die elterliche Sorge nicht gemeinsam zu, so

1. kann die Einwilligung des Vaters bereits vor der Geburt erteilt werden;

2. kann der Vater durch öffentlich beurkundete Erklärung darauf verzichten, die Übertragung der Sorge nach § 1626a Absatz 2 und § 1671 Absatz 2 zu beantragen; § 1750 gilt sinngemäß mit Ausnahme von Absatz 1 Satz 2 und Absatz 4 Satz 1;

3. darf, wenn der Vater die Übertragung der Sorge nach § 1626a Absatz 2 oder § 1671 Absatz 2 beantragt hat, eine Annahme erst ausgesprochen werden, nachdem über den Antrag des Vaters entschieden worden ist."

10. In § 1748 Absatz 4 wird die Angabe „§ 1626a Abs. 2" durch die Angabe „§ 1626a Absatz 3" ersetzt.

11. § 1751 wird wie folgt geändert:

a) Absatz 1 Satz 5 wird aufgehoben.

b) In Absatz 3 wird das Wort „Vormundschaftsgericht" durch das Wort „Familiengericht"ersetzt.

Artikel 2

Änderung des Gesetzes über das Verfahren in Familiensachen und in den Angelegenheiten der freiwilligen Gerichtsbarkeit

Das Gesetz über das Verfahren in Familiensachen und in den Angelegenheiten der freiwilligen Gerichtsbarkeit vom 17. Dezember 2008 (BGBl. I S. 2586, 2587), das zuletzt durch Artikel 4 des Gesetzes vom 15. März 2012 (BGBl. 2012 II S. 178) geändert worden ist, wird wie folgt geändert:

1. In der Inhaltsübersicht wird nach der Angabe zu § 155 folgende Angabe eingefügt:

„§ 155a Verfahren zur Übertragung der gemeinsamen elterlichen Sorge".

2. Nach § 155 wird folgender § 155a eingefügt:

§ 155a Verfahren zur Übertragung der gemeinsamen elterlichen Sorge

(1) Die nachfolgenden Bestimmungen dieses Paragrafen gelten für das Verfahren nach § 1626a Absatz 2 des Bürgerlichen Gesetzbuchs. Im Antrag auf Übertragung der gemeinsamen Sorge sind Geburtsdatum und Geburtsort des Kindes anzugeben.

(2) §

…….

Begründung

A. Allgemeiner Teil

I. Rechtliche Ausgangssituation

Nicht miteinander verheirateten Eltern steht die elterliche Sorge nach der bisher geltenden Regelung des § 1626a Absatz 1 des Bürgerlichen Gesetzbuchs (BGB) dann gemeinsam zu, wenn sie übereinstimmende Sorgeerklärungen abgeben oder einander heiraten. Im Übrigen hat die Mutter die elterliche Sorge allein (§ 1626a Absatz 2 BGB), ohne dass bei Ablehnung der gemeinsamen Sorge durch die Mutter eine gerichtliche Regelung beantragt werden konnte. Mit dieser im Rahmen der Kindschaftsrechtsreform von 1998 in das BGB eingefügten Regelung ist nicht miteinander verheirateten Eltern erstmals die Möglichkeit eingeräumt worden, die elterliche Sorge gemeinsam auszuüben. Die Mutter hatte jedoch insoweit eine deutlich stärkere Rechtsstellung behalten, als sie Inhaberin der Alleinsorge blieb, wenn sie keine Erklärung abgab. Ohne ihren Willen konnte keine gemeinsame Sorge begründet werden. An dieser bisher geltenden Rechtslage wurde sowohl von Experten als auch von Betroffenen schon lange, bevor sie vor dem Europäischen Gerichtshof für Menschenrechte (EGMR) und dem Bundesverfassungsgericht (BVerfG) auf dem Prüfstand stand, Kritik geübt.

II. Entscheidungen des EGMR und des BVerfG

Der EGMR hat am 3. Dezember 2009 in seinem Urteil in der Rechtssache Zaunegger ./. Bundesrepublik Deutschland (Beschwerde Nr. 22028/04) festgestellt, dass die Anwendung des § 1626a Absatz 2 BGB den nicht mit der Mutter seines Kindes verheirateten Vater in seinem Recht auf Achtung des Familienlebens diskriminiere und daher eine Verletzung von Artikel 14 in Verbindung mit Artikel 8 der Europäischen Konvention zum Schutz der Menschenrechte und Grundfreiheiten (Europäische Menschenrechtskonvention [EMRK]) vorliege. Das Argument, es könne nicht ausgeschlossen werden, dass die gerichtliche Anordnung der gemeinsamen Sorge zu Konflikten zwischen beiden Elternteilen führe und dem Kindeswohl daher abträglich sei, überzeugte den Gerichtshof nicht. Es treffe zwar zu, dass Gerichtsverfahren, die die Zuweisung der elterlichen Sorge betreffen, potenziell zur Verunsicherung eines Kindes führen. Das innerstaatliche Recht sehe aber auch sonst eine umfassende gerichtliche Überprüfung der Zuweisung der elterlichen Sorge vor (vgl. § 1671 BGB). Der EGMR kam zu dem Ergebnis, dass der allgemeine Ausschluss einer gerichtlichen Überprüfung der ursprünglichen Zuweisung der Sorge allein an die Mutter sachlich nicht gerechtfertigt und nicht verhältnismäßig im Hinblick auf das verfolgte Ziel war, nämlich dem Schutz des Wohls eines nichtehelichen Kindes. Auch das BVerfG hat in seinem Beschluss vom 21. Juli 2010, 1 BvR 420/09, anders als noch im Urteil vom 29. Januar 2003, 1 BvL 20/99, 1 BvR 933/01 (BVerfGE 107, 150), die Regelung des Zugangs des nicht mit der Kindesmutter verheirateten Vaters zur Sorgetragung beanstandet. 2003 hatte es das bisherige Regelungskonzept noch für im Wesentlichen verfassungskonform erklärt. Es hatte jedoch dem Gesetzgeber neben der Schaffung einer Übergangsregelung für die sogenannten Altfälle (umgesetzt durch Gesetz zur Umsetzung familienrechtlicher Entscheidungen vom 13. Dezember 2003, BGBl. I S. 2547) aufgegeben, die tatsächliche Entwicklung zu beobachten und zu prüfen, ob die gesetzlichen Annahmen auch der Wirklichkeit entsprechen. Zu diesen Annahmen gehörte insbesondere, dass eine Mutter, die mit dem Vater und dem Kind zusammenlebt und gleichwohl keine Sorgeerklärung abgeben will, dafür schwerwiegende Gründe hat, die von der Wahrung des Kindeswohls getragen werden. In seinem Beschluss vom 21. Juli 2010 hat es nun ausgeführt, dass neuere empirische Erkenntnisse die Annahme des Gesetzgebers nicht bestätigen, „dass die Zustimmungsverweigerung von Müttern in aller Regel auf einem sich nachteilig auf das Kind auswirkenden elterlichen Konflikt basiert und von Gründen getragen ist, die nicht Eigeninteressen der Mutter folgen, sondern der Wahrung des Kindeswohls dienen." Zudem hat das BVerfG wiederholt betont, dass auch dem Vater eines nichtehelichen Kindes das Grundrecht aus Artikel 6 Absatz 2 zusteht (BVerfGE 92, 158 ff., 178; BVerfGE 107, 150 ff., 169). Dabei ist der Vater unmittelbar seinem nichtehelichen Kind gegenüber zu Pflege und Erziehung verpflichtet und muss dieser Pflicht nachkommen (BVerfGE 121, 69, 92). Einschränkungen unterliegt diese Pflicht insoweit, wie es dem Kindeswohl entspricht (BVerfG a. a. O. S. 99). Daher ist es nicht grundsätzlich geboten, beiden Eltern die elterliche Sorge gemeinsam zuzuweisen. Eine Alleinsorge der Mutter für das nichteheliche Kind muss aber Folge einer am Kindeswohl orientierten Regelung durch den Gesetzgeber sein. Auch wenn, wie das BVerfG in seinem Beschluss vom 21. Juli 2010 weiter ausführt, „keineswegs immer von einer tragfähigen Beziehung zwischen den Eltern eines nichtehelichen Kindes ausgegangen werden kann, die gewährleistet, dass die Ausübung gemeinsamer elterlicher Sorge hinreichend konfliktfrei verläuft und das Kindeswohl nicht beeinträchtigt" (Absatz-Nummer 44), ist „kein Grund ersichtlich, weshalb der Gesetzgeber nicht auch bei der Begründung einer gemeinsamen elterlichen Sorge vorrangig darauf abgestellt hat, ob diese trotz darüber bestehender Meinungsverschiedenheiten zwischen den Eltern im konkreten Einzelfall dem Kindeswohl entspricht" (Absatz-Nummer 58). Die bisherige Regelung der elterlichen Sorge nicht miteinander verheirateter Eltern ist daher änderungsbedürftig.

Außerdem stellt auch der Ausschluss des Zugangs des Vaters zur elterlichen Sorge im Rahmen des § 1672 Absatz 1 BGB bei mangelnder Zustimmung der Mutter einen schwerwiegenden, unverhältnismäßigen und nicht gerechtfertigten Eingriff in das Elternrecht des Vaters aus Artikel 6 Absatz 2 des Grundgesetzes (GG) dar. Die fehlende Kooperationsbereitschaft und -fähigkeit der Eltern sei ja, so das BVerfG, „gerade ein gewichtiger Grund, eine gemeinsame elterliche Sorge nicht zu eröffnen oder aufrechtzuerhalten, sondern einem Elternteil die Sorge für das Kind allein zu übertragen". Die Übertragung auf den Vater sei wegen des damit verbundenen Sorgerechtsentzugs auf Seiten der Mutter zwar nur dann gerechtfertigt, wenn es zur Wahrung des väterlichen Elternrechts keine andere Möglichkeit gebe, die weniger in das mütterliche Elternrecht eingreife, und wenn gewichtige Kindeswohlgründe vorlägen, die den Sorgerechtsentzug nahelegen. Komme eine gemeinsame Sorgetragung aber nicht in Betracht, so könnten gewichtige Belange des Kindes und sein Wohl auch den Wechsel der Alleinsorge auf den Vater rechtfertigen. Entsprechend ist auch § 1672 BGB zu überarbeiten.

III. Tatsächliche Entwicklung

Die gesellschaftliche Entwicklung ist seit der Kindschaftsrechtsreform nicht stehen geblieben. Der Prozentsatz der nichtehelich geborenen Kinder, gemessen an der Gesamtzahl der Geburten, hat seither vielmehr stetig zugenommen. Mittlerweile kommt in Deutschland etwa jedes dritte Kind nichtehelich zur Welt (vgl. Statistik des Statistischen Bundesamts „Bevölkerung und Erwerbstätigkeit – Zusammenfassende Übersichten Eheschließungen, Geborene und Gestorbene“ vom 18. August 2011 für das Jahr 2010). Was die Anzahl der abgegebenen Sorgeerklärungen angeht, so führt das BVerfG unter Bezugnahme auf die Statistik des Statistischen Bundesamts für das Jahr 2009 in seinem Beschluss vom 21. Juli 2010 aus: „Setzt man die Zahl der im jeweiligen Berichtsjahr abgegebenen gemeinsamen Sorgeerklärungen ins Verhältnis zu den nichtehelichen lebend geborenen Kindern in dem betreffenden Jahr, ergibt dies ... im Jahr 2008 eine Quote von 50,7 %“.

Das vom Bundesministerium der Justiz in Auftrag gegebene Forschungsvorhaben „Gemeinsame Sorge nicht miteinander verheirateter Eltern“ (*http://www.bmj.de/SharedDocs/Downloads/DE/pdfs/Endbericht_Sorgerecht_final*) hat ergeben, dass in vielen Fällen eine gemeinsame Sorgetragung aus Gründen verweigert wird, die keinen Bezug zum Kindeswohl haben. Die Gründe sind sehr vielfältig. Nur selten werden klare Risikofaktoren für das Kindeswohl, wie z. B. Sucht- und Gewaltprobleme, genannt. Häufiger werden – vor allem von Elternteilen ohne Partnerschaft mit dem anderen Elternteil – potenziell kindeswohlrelevante Probleme in der Elternbeziehung ins Feld geführt. Darüber hinaus wollen auch immer mehr nicht verheiratete Väter eine echte Vaterrolle übernehmen und in diesem Zusammenhang auch mitsorgeberechtigt sein.

IV. Rechtsvergleichender Überblick

In einigen Rechtsordnungen steht unverheirateten Eltern kraft Gesetzes, d. h. unabhängig von einer Vereinbarung oder gerichtlichen Entscheidung, die elterliche Sorge gemeinsam zu. Dies ist insbesondere in den meisten romanischen Rechtsordnungen sowie in Polen, Tschechien, Litauen, Ungarn, Bulgarien und Russland der Fall. Andere Rechtsordnungen weisen kraft Gesetzes der Mutter die Alleinsorge zu und ermöglichen sowohl bei Konsens der Eltern als auch aufgrund gerichtlicher Entscheidung eine Mitsorge des Vaters. Dies ist namentlich in den nordischen Staaten sowie in den Niederlanden der Fall. Ist die Mutter nicht einverstanden, kann der Vater die Übertragung der elterlichen Sorge beantragen. In allen erwähnten Rechtsordnungen ist dabei das Kindeswohl Entscheidungsmaßstab (Kindeswohlprinzip).

V. Zielsetzung und Notwendigkeit des Gesetzentwurfs

In Umsetzung des neuen Leitbildes, dass möglichst eine gemeinsame Sorgetragung erfolgen soll, möchte die Reform dort, wo es dem Kindeswohl nicht widerspricht, eine gemeinsame elterliche Sorge erreichen. Hierzu hat das BVerfG schon im Jahre 2003 festgestellt:

„Auch neuere sozialwissenschaftliche Untersuchungen bestätigen, dass die gemeinsame elterliche Sorge grundsätzlich den Bedürfnissen des Kindes nach Beziehungen zu beiden Elternteilen entspricht und ihm verdeutlicht, dass beide Eltern gleichermaßen bereit sind, für das Kind Verantwortung zu tragen.“ (BVerfGE 107, 150, 155) Der Entwurf soll im Lichte der zwischenzeitlich eingetretenen gesellschaftlichen Entwicklung den nicht mit der Kindesmutter verheirateten Vätern auch bei fehlender Zustimmung der Mutter den Zugang zur elterlichen Sorge ermöglichen und dabei den mit dem GG nicht in Einklang stehenden Rechtszustand beseitigen. Gleichzeitig soll im Hinblick auf die Vorgaben der EMRK im positiven Recht verankert werden, dass und unter welchen Voraussetzungen der Vater konventionskonform auch bei fehlender Zustimmung der Mutter zur Mitsorge oder zur Alleinsorge gelangen kann.

VI. Änderungen zur geltenden Rechtslage und Ansatzpunkte des Entwurfs

1. Änderung des BGB

1.1. Elterliche Sorge nicht miteinander verheirateter Eltern (§ 1626a Absatz 1 Nummer 3 und Absatz 2 BGB-E)

Außer bei Abgabe übereinstimmender Sorgeerklärungen oder bei Heirat der Eltern entsteht die gemeinsame elterliche Sorge nunmehr zusätzlich durch gerichtliche Übertragung. Der Entwurf lässt dem Vater die Wahl, ob er (zunächst) eine Sorgeerklärung beim Jugendamt abgibt in der Hoffnung, dass die Mutter seiner Sorgeerklärung zustimmt, so dass auf diese Weise die gemeinsame Sorge entstehen kann, oder ob er, ohne vorher eine Sorgeerklärung abzugeben, direkt das Gericht anruft. Welchen Weg er wählt, wird davon abhängen, welche Chancen er sich ausrechnet, auf dem eingeschlagenen Weg das Ziel der gemeinsamen Sorge zu erreichen.

Der Zugang zur gemeinsamen elterlichen Sorge wird durch die Möglichkeit eröffnet, die gerichtliche Übertragung der gemeinsamen Sorge zu beantragen, sowohl im Hinblick auf Kinder, die nach Inkrafttreten dieses Gesetzes geboren werden, als auch im Hinblick auf zum Zeitpunkt des Inkrafttretens bereits geborene Kinder. Das Familiengericht überträgt die gemeinsame Sorge, wenn und soweit dies dem Kindeswohl nicht widerspricht (negative Kindeswohlprüfung). Es ist nicht die positive Feststellung erforderlich, dass die gemeinsame Sorge dem Kindeswohl entspricht. Dies trägt der Erkenntnis Rechnung, dass die gemeinsame elterliche Sorge grundsätzlich den Bedürfnissen des Kindes nach Beziehungen zu beiden Elternteilen entspricht (BVerfGE 107, 150, 155). Die gewählte Lösung ermöglicht es auch, den Eltern Teilbereiche der elterlichen Sorge gemeinsam zu übertragen, und vermeidet so, wegen kindeswohlabträglicher Differenzen in einem sorgerechtlich relevanten Bereich die Mitsorge vollumfänglich ablehnen zu müssen.

Die Entscheidung des Familiengerichts soll im beschleunigten Verfahren erfolgen. Schweigt die Mutter oder trägt sie keine Gründe vor, die gegen die gemeinsame Sorge sprechen können, und sind dem Gericht solche Gründe auch nicht anderweitig bekannt, besteht eine gesetzliche Vermutung, dass die gemeinsame Sorge dem Kindeswohl nicht widerspricht. In diesem Fall soll die Entscheidung außerdem in einem vereinfachten Verfahren getroffen werden. Die vorgesehene materiell-rechtliche Vermutung und das vereinfachte Verfahren ergeben im Spannungsfeld zwischen reiner Antragslösung und automatischer gemeinsamer Sorge kraft Gesetzes – die beide verfassungskonform sind (vgl. BVerfG, Beschluss vom 21. Juli 2010, 1 BvR 420/09, Absatz-Nummern 35 ff.) – eine ausgewogene Lösung, die dem Kindeswohl am besten Rechung trägt. Zum einen wird verhindert, dass in den Fällen, in denen das Kindeswohl gegen die gemeinsame Sorge spricht, eine solche trotzdem kraft Gesetzes entsteht. Zum anderen kommt eine umfassende gerichtliche Prüfung nur dort in Gang, wo sie zum Schutz des Kindes wirklich nötig ist. Der Entwurf sieht für beide Elternteile, also nicht nur für den nicht sorgeberechtigten Vater, sondern auch für die allein sorgeberechtigte Mutter, eine Korrekturmöglichkeit der Alleinsorge der Mutter vor.

1.2. Übertragung der Alleinsorge bei Getrenntleben der Eltern (§ 1671 BGB-E)

§ 1671 BGB in der Fassung des Entwurfs fasst die bisher in den §§ 1671 und 1672 BGB enthaltenen Regelungsgegenstände zusammen.

Der nicht mit der Mutter verheiratete Vater eines Kindes konnte auf seinen Antrag hin nach der bisherigen Rechtslage die elterliche Sorge nach Trennung von der Mutter nur mit deren Zustimmung erhalten und wenn die Übertragung auf ihn dem Wohl des Kindes dient (§ 1672 Absatz 1 BGB in der bisher geltenden Fassung).

§ 1672 Absatz 1 BGB ist nach dem Beschluss des BVerfG vom 21. Juli 2010 mit Artikel 6 Absatz 2 GG unvereinbar, weil der nicht mit der Mutter verheiratete Vater eines Kindes bei fehlender Zustimmung der Mutter nicht gerichtlich überprüfen lassen kann, ob es aus Gründen des Kindeswohls angezeigt ist, ihm anstelle der Mutter die Alleinsorge für das Kind zu übertragen.

Der Entwurf eröffnet dem Vater die Möglichkeit einer gerichtlichen Überprüfung, durch die er die Alleinsorge auch gegen den Willen der Mutter erlangen kann. Der neue gemeinsame Standort der bisher in § 1671 BGB und § 1672 BGB geregelten Fallkonstellationen erscheint angemessen, da es in beiden Fällen um die Übertragung der Alleinsorge auf einen Elternteil bei Getrenntleben der Eltern geht. Daher waren aus Vereinfachungsgründen beide Vorschriften zusammenzufassen, § 1672 mithin aufzuheben.

1.3. Sonstige Änderungen des BGB

Ist unter der bisherigen Rechtslage ein Elternteil wegen Tod oder Entzug des Sorgerechtes (§ 1680 BGB) ausgefallen, so war die Rechtslage unterschiedlich, je nachdem, ob es sich bei der ausfallenden Person um eine bisher allein sorgeberechtigte Person kraft richterlicher Zuweisung bzw. um eine gemeinsam mit dem anderen Elternteil sorgeberechtigte Person handelte oder ob es um die nicht mit dem Vater des Kindes verheiratete Mutter ging. Im ersten Fall hatte das Familiengericht die elterliche Sorge dem überlebenden Elternteil zu übertragen, wenn dies dem Wohl des Kindes nicht widersprach. Im zweiten Fall fand eine Übertragung nur statt, wenn dies dem Wohl des Kindes diente. Der bisher an der Sorge nicht beteiligte Vater hatte also eine höhere Hürde zu überwinden. Diese Differenzierung wird aufgegeben. Darüber hinaus sind Anpassungen bei den Vorschriften vorgesehen, die das Ruhen der elterlichen Sorge (§ 1678 BGB), die Abänderung gerichtlicher Entscheidungen (§ 1696 BGB) sowie das Adoptionsrecht (§§ 1747 f., 1751 BGB) betreffen.

2. Änderungen des Gesetzes über das Verfahren in Familiensachen und in den Angelegenheiten der freiwilligen Gerichtsbarkeit (FamFG)

Das gerichtliche Verfahren zur Übertragung der gemeinsamen elterlichen Sorge nach § 1626a Absatz 1 Nummer 3, Absatz 2 BGB-E ist in § 155a FamFG-E geregelt. Für das Verfahren gilt das Vorrang- und Beschleunigungsgebot, wie für die anderen in § 155 Absatz 1 FamFG erwähnten Verfahrensgegenstände. Nach Eingang eines Antrags auf Übertragung der gemeinsamen elterlichen Sorge stellt das Gericht den Antrag dem anderen Elternteil zu. Bei der Bemessung der Stellungnahmefrist für die Mutter hat das Gericht die Karenzfrist in § 155a Absatz 2 Satz 2 FamFG-E zu berücksichtigen.

Schweigt der andere Elternteil zu dem Antrag oder trägt er keine Gründe vor, die der gemeinsamen Sorge entgegenstehen können, und sind dem Gericht solche Gründe auch nicht anderweitig bekannt, richtet sich das weitere Verfahren nach § 155a Absatz 3 FamFG-E. Dieses vereinfachte Verfahren sieht vor, dass die Eltern lediglich schriftlich, nicht persönlich angehört werden. Das Jugendamt wird über die Einleitung des Verfahrens nicht informiert, es wird nicht angehört und erhält auch nicht die Möglichkeit, sich am Verfahren zu beteiligen oder gegen die Endentscheidung Rechtsmittel einzulegen. Unter den Voraussetzungen des § 159 FamFG hat das Gericht jedoch das betroffene Kind persönlich anzuhören.

Tragen die Beteiligten Gründe vor, die der gemeinsamen elterlichen Sorge entgegenstehen können, oder werden dem Gericht solche Gründe auf sonstige Weise bekannt, gilt ab diesem Zeitpunkt § 155 Absatz 2 und 3 FamFG entsprechend (§ 155a Absatz 4 FamFGE).

Das Gericht hat dann binnen Monatsfrist einen Termin zu bestimmen, in dem es die Sache mit den Beteiligten erörtert und das Jugendamt anhört. Bei der Terminierung hat es die zum Schutz der Mutter bestehende Karenzfrist von sechs Wochen nach der Geburt zu berücksichtigen. § 155a Absatz 5 FamFG-E stellt klar, dass Sorgeerklärungen und Zustimmungen des gesetzlichen Vertreters eines beschränkt geschäftsfähigen Elternteils auch im Erörterungstermin zur Niederschrift des Gerichts erklärt werden können. Die in § 155a Absatz 3 Satz 3 und Absatz 5 Satz 2 FamFG-E geregelten Mitteilungspflichten des Gerichts an das Jugendamt bezwecken, dass die Jugendämter am Geburtsort des Kindes, denen die Führung des Sorgeregisters obliegt, informiert werden, wenn sich an der Inhaberschaft der elterlichen Sorge bei einem nichtehelichen Kind Änderungen ergeben, weil den Eltern die elterliche Sorge gemäß § 1626a Absatz 1 Nummer 3, Absatz 2 BGB-E gemeinsam übertragen wurde. Hierdurch soll die Gefahr reduziert werden, dass unzutreffende Auskünfte aus dem Sorgeregister erteilt werden.

… VII. Alternativen

Folgende Lösungsmodelle für die elterliche Sorge nicht miteinander verheirateter Eltern

werden im Wesentlichen diskutiert:

1. gemeinsame Sorge kraft Gesetzes ab Geburt bzw. Vaterschaftsanerkenntnis ohne Hinzutreten weiterer Voraussetzungen oder unter Hinzutreten weiterer Voraussetzungen wie Zusammenleben der Eltern oder Unterhaltsanerkenntnis,

2. gemeinsame Sorge durch gerichtliche Entscheidung auf Antrag des Vaters am Maßstab des Kindeswohls,

3. gemeinsame Sorge, falls die Mutter auf die Abgabe einer Sorgeerklärung durch den Vater hin nicht innerhalb einer Frist von acht Wochen widerspricht; widerspricht sie der Sorgeerklärung und damit der gemeinsamen Sorge, dann soll der Vater die Möglichkeit haben, einen Antrag beim Familiengericht zu stellen.

EGMR und BVerfG geben kein bestimmtes Regelungsmodell vor. Im Hinblick auf die Vielgestaltigkeit der Lebensverhältnisse, in die nichteheliche Kinder hineingeboren werden, sei es, so der EGMR, durchaus gerechtfertigt, zunächst allein der Mutter die elterliche Sorge zuzuweisen. Es könne Gründe geben, dem nicht mit der Kindesmutter verheirateten Vater die Teilhabe an der elterlichen Sorge zu versagen.

Nach Ansicht des BVerfG ist es dem Gesetzgeber nicht verwehrt, bei der Zuordnung der elterlichen Sorge für ein nichteheliches Kind zu berücksichtigen, dass Väter nichtehelicher Kinder nicht stets willens seien, gemeinsam mit der Mutter Sorge für ihr Kind zu tragen.

Der Entwurf entscheidet sich für das Modell 2 und flankiert es durch erhebliche verfahrensrechtliche Erleichterungen für den antragstellenden Vater; er soll in allen Fällen, in denen eine gemeinsame Sorge dem Kindeswohl nicht widerspricht, zu einem frühen Zeitpunkt die Mitsorge erhalten. Der Entwurf trägt dadurch dem Umstand Rechnung, dass die Lebensverhältnisse, in die Kinder nicht miteinander verheirateter Eltern hineingeboren werden, sehr heterogen sind, ohne aus dem Blick zu verlieren, dass Kinder grundsätzlich beide Eltern benötigen. Es entspricht dem Kindeswohl, seine Eltern in bedeutenden Entscheidungen betreffend sein persönliches Leben nach Möglichkeit als gleichberechtigt zu erleben (vgl. Kammergericht, Beschluss vom 7. Februar 2011, FamRZ 2011, 1659 f.). Die Lösung des Entwurfs hat den Vorzug geringer Komplexität und vermeidet unnötige bürokratische Regelungselemente. Durch die genannten verfahrensrechtlichen Erleichterungen enthält der Entwurf gleichzeitig den Appell an die betroffenen Väter, ihre Verantwortung gegenüber dem Kind in vollem Umfang wahrzunehmen. Eine automatische gemeinsame Sorge ohne weitere Voraussetzungen hätte den Nachteil, dass Eltern eine gemeinsame Sorge u. a. auch dann aufgenötigt würde, wenn ihre Bereitschaft zur gemeinsamen Sorgetragung und auch das erforderliche „Mindestmaß an Übereinstimmung zwischen ihnen" (BVerfGE 107, 150, 169) fehlt.

Das Sorgerechtsmodell dieses Entwurfs stellt allein das Kindeswohl in den Mittelpunkt. Wie auch der EGMR und das BVerfG anerkennen, ist für die rechtliche Ausgestaltung der elterlichen Sorge an erster Stelle das Wohl des betroffenen Kindes maßgeblich. Der Entwurf knüpft die Übertragung der elterlichen Sorge nicht explizit an das Vorliegen sonstiger Voraussetzungen. Insbesondere wird von dem Erfordernis der häuslichen Gemeinschaft oder des Zusammenlebens der Eltern als Zeichen der Kooperationsfähigkeit abgesehen, auch wenn es – empirisch feststellbar – nicht unerhebliche kindeswohlrelevante Unterschiede zwischen zusammenlebenden und nicht zusammenlebenden Eltern gibt. Die verlässliche Feststellung einer häuslichen Gemeinschaft oder des Zusammenlebens würde in der Rechtspraxis auf erhebliche Schwierigkeiten stoßen. Die Meldeanschrift allein als zusätzlicher Anknüpfungspunkt würde Väter aus solchen Paaren benachteiligen, die bewusst eine andere Lebensform gewählt haben als das Zusammenleben in einer gemeinsamen Wohnung. Zudem würde die Voraussetzung einer gemeinsamen Meldeanschrift Manipulationsmöglichkeiten eröffnen. Wenn Eltern zusammenleben, wird dies aber regelmäßig ein gewichtiges Indiz für eine gelingende Kooperation der Eltern sein. Es besteht weiterhin keine Veranlassung, die gemeinsame Sorge vom Anerkenntnis einer Unterhaltspflicht des Vaters abhängig zu machen, zumal Streitigkeiten betreffend die elterliche Sorge nicht mit häufig komplexen unterhaltsrechtlichen Fragen belastet werden sollen.

…..Nach Artikel 72 Absatz 2 GG ist die Bundeskompetenz unter anderem dann gegeben, wenn das Bundesgesetz zur Wahrung der Rechtseinheit im gesamtstaatlichen Interesse erforderlich ist. Eine Rechtszersplitterung hätte hier problematische Folgen im Hinblick auf den Zugang nicht miteinander verheirateter Eltern zur gemeinsamen Sorge, wenn die Möglichkeit der gerichtlichen Übertragung insbesondere im Kontext von Beratungsleistungen nach dem SGB VIII nicht zum Tragen käme. Darüber hinaus würde das sogenannte Negativ-Attest, mit dem die Mutter im Rechtsverkehr ihre Alleinsorge nachweisen kann, seinen Beweiswert verlieren, wenn nicht bundeseinheitlich sichergestellt wäre, dass auch gerichtliche Entscheidungen darin Berücksichtigung finden, die den Eltern die elterliche Sorge gemeinsam übertragen. Ohne diese Regelung bestünde vor allem eine erhebliche Rechtsunsicherheit beim Handeln der Mutter für ihr Kind im Rechtsverkehr, die sowohl im Interesse des Bundes als auch der Länder nicht hingenommen werden kann.

… B. Besonderer Teil

Zu Artikel 1 (Änderung des Bürgerlichen Gesetzbuchs – BGB)

Zu Nummer 1 (§ 1626a BGB)

Zu Absatz 1

§ 1626a BGB regelt, wem die elterliche Sorge zusteht, wenn die Eltern bei der Geburt des Kindes nicht miteinander verheiratet sind. In Absatz 1 sind nunmehr drei Fälle benannt, in denen die elterliche Sorge den Eltern gemeinsam zusteht. Neben der Abgabe übereinstimmender Sorgeerklärungen (Nummer 1) oder Heirat der bei Geburt des Kindes nicht miteinander verheirateten Eltern (Nummer 2) entsteht die gemeinsame Sorge nunmehr zusätzlich auch, soweit das Familiengericht den Eltern die elterliche Sorge gemeinsam überträgt (Nummer 3). Durch die Formulierung „soweit“ wird deutlich, dass das Gericht den Eltern auch bestimmte Teilbereiche der elterlichen Sorge gemeinsam übertragen kann.

Zu Absatz 2

Zu Satz 1

Absatz 2 Satz 1 regelt die Voraussetzungen, unter denen das Familiengericht den Eltern die elterliche Sorge gemeinsam überträgt. Das Verfahren zur Übertragung der gemeinsamen elterlichen Sorge ist als Antragsverfahren ausgestaltet. Es steht ohne Einschränkungen auch solchen nicht miteinander verheirateten Eltern zur Verfügung, deren Kinder vor Inkrafttreten der Neuregelung geboren wurden. Wie die Formulierung „Elternteil" deutlich macht, bejaht der Entwurf die vom Bundesverfassungsgericht (BVerfG) in seinem Beschluss vom 21. Juli 2010 aufgeworfene Frage, ob auch die Mutter einen Antrag auf Übertragung der elterlichen Sorge auf beide Elternteile stellen kann (Absatz-Nummer 69). Auf diese Weise kann sie den „vordergründig sorgeunwilligen" Vater durch einen eigenen Antrag beim Familiengericht in die gemeinsame Sorge einbinden. Es wird dabei nicht verkannt, dass die Wahrnehmung von Verantwortung nicht erzwungen werden kann. Es kann aber auch Fälle geben, in denen eine Verantwortungsbereitschaft des Vaters im Ansatz vorhanden ist und diese sich auch entwickeln kann. Letztlich obliegt den Gerichten im Rahmen der Kindeswohlprüfung die sachgerechte Entscheidung im Einzelfall. Für die Zulässigkeit des Antrags ist nicht erforderlich, dass der Antragsteller zuvor eine Sorgeerklärung abgegeben hat. Dem Vater steht es frei, zunächst eine Sorgeerklärung beim Jugendamt abzugeben oder direkt einen Antrag bei Gericht zu stellen. Entsprechend kann auch die Mutter entweder zunächst versuchen, den Vater zur Abgabe einer Sorgeerklärung gegenüber dem Jugendamt zu bewegen, oder direkt einen Antrag auf gerichtliche Übertragung der gemeinsamen Sorge stellen. Welcher Weg gewählt wird, wird von den Erfolgsaussichten im konkreten Einzelfall abhängen. In Fällen, in denen etwa aufgrund zwischen den Eltern geführter Gespräche bereits feststeht, dass es zu einer gemeinsamen Sorgetragung durch Sorgeerklärung nicht kommen wird, würde es eine unnötige bürokratische Hürde darstellen, wollte man zunächst die Abgabe einer Sorgeerklärung verlangen. Durch den Antrag bei Gericht erklärt der Antragsteller hinreichend seinen Willen zur Übernahme der Sorge in gemeinsamer Verantwortung mit dem anderen Elternteil. Sind die Eltern nicht miteinander verheiratet, kann die gemeinsame elterliche Sorge für das Kind wie bisher rechtlich wirksam nur herbeigeführt werden, wenn auch die Vaterschaft des Mannes feststeht. Vater eines Kindes ist der Mann, der die Vaterschaft anerkannt hat (§ 1592 Nummer 2 BGB), was bereits vor der Geburt des Kindes möglich ist (§ 1594 Absatz 4 BGB), oder dessen Vaterschaft nach § 1600d BGB oder § 182 Absatz 1 des Gesetzes über das Verfahren in Familiensachen und in den Angelegenheiten der freiwilligen Gerichtsbarkeit (FamFG) gerichtlich festgestellt ist (§ 1592 Nummer 3 BGB).

Das Gericht kann den Eltern die elterliche Sorge als Ganzes oder beschränkt auf Teilbereiche gemeinsam übertragen. Aufgrund der Vielgestaltigkeit der Lebenssituationen nicht verheirateter Eltern kommt auch eine Teilübertragung in Betracht. Sie wird immer dann erfolgen, wenn hinsichtlich bestimmter Teilbereiche der elterlichen Sorge eine gemeinsame Sorgetragung ohne negative Auswirkungen für das Kind zu erwarten ist, in anderen Teilbereichen hingegen nicht.

Das Familiengericht überträgt den Eltern die elterliche Sorge gemeinsam, wenn dies dem Kindeswohl nicht widerspricht. Anders als nach der Übergangsregelung des BVerfG im Beschluss vom 21. Juli 2010 ist keine positive Feststellung erforderlich, dass die gemeinsame Sorge dem Kindeswohl entspricht. Liegen keine Gründe vor, die gegen die gemeinsame elterliche Sorge sprechen, sollen grundsätzlich beide Eltern gemeinsam sie tragen. Dies ist das Leitbild des Entwurfs. Die danach vorgesehene nur negative Kindeswohlprüfung bringt die Überzeugung des Gesetzgebers zum Ausdruck, dass die gemeinsame elterliche Sorge grundsätzlich den Bedürfnissen des Kindes nach Beziehungen zu beiden Elternteilen entspricht und ihm verdeutlicht, dass beide Eltern gleichermaßen bereit sind, für das Kind Verantwortung zu tragen (BVerfGE 107, 150 ff., 155). Es entspricht dem Kindeswohl, wenn ein Kind in dem Bewusstsein lebt, dass beide Eltern für es Verantwortung tragen, und wenn es seine Eltern in wichtigen Entscheidungen für sein Leben als gleichberechtigt erlebt. Diese Erfahrung ist aufgrund der Vorbildfunktion der Eltern wichtig und für das Kind und für seine Entwicklung zu einer eigenverantwortlichen und gemeinschaftsfähigen Persönlichkeit prägend. Zudem werden in Diskussionen regelmäßig mehr Argumente erwogen als bei Alleinentscheidungen (vgl. Kammergericht, Beschluss vom 7. Februar 2011, FamRZ 2011, 1659 f.).Im Rahmen der negativen Kindeswohlprüfung wird das Gericht häufig auch zu entscheiden haben, ob die gemeinsame Sorge dem Kindeswohl widerspricht, weil die Eltern nicht über die für die gemeinsame Sorgetragung erforderliche Kooperationswilligkeit oder Kooperationsfähigkeit verfügen. Die gemeinsame Ausübung der Elternverantwortung setzt nach der Rechtsprechung des BVerfG eine tragfähige soziale Beziehung zwischen den Eltern voraus und erfordert ein Mindestmaß an Übereinstimmung zwischen ihnen (BVerfGE 107, 150 ff., 169).

Dabei kann jedoch nicht bereits die Ablehnung einer gemeinsamen Sorge durch die Kindesmutter die Annahme begründen, dass in einem solchen Fall die gemeinsame Sorge dem Kindeswohl widerspricht, denn dann hätte es die Mutter nach wie vor allein in der Hand, ob es zu einer gemeinsamen Sorgetragung kommt oder nicht. Angesichts des gesetzlichen Leitbildes, das nunmehr nach Möglichkeit die in gemeinsamer Verantwortung ausgeübte Sorge beider Elternteile vorsieht, ist zu verlangen, dass konkrete Anhaltspunkte dafür dargetan werden, dass eine gemeinsame Sorge sich nachteilig auf das Kind auswirken würde. Dies gilt umso mehr, als beide Elternteile aufgerufen sind zu lernen, ihre persönlichen Konflikte, die auf der Paarebene zwischen ihnen bestehen mögen, beiseite zu lassen und um des Wohls ihres Kindes willen sachlich und, soweit das Kind betroffen ist, konstruktiv miteinander umzugehen. Sie sind mithin gehalten, sich um des Kindes willen, notfalls unter Inanspruchnahme fachkundiger Hilfe von außen, um eine angemessene Kommunikation zu bemühen. Hinzu kommt, dass im Falle des Getrenntlebens der Eltern derjenige Elternteil, bei dem sich das Kind gewöhnlich aufhält, gemäß § 1687 Absatz 1 Satz 2 BGB die Befugnis hat, in Angelegenheiten des täglichen Lebens für das Kind allein zu entscheiden. Auch bei Gefahr im Verzug ist dieser Elternteil berechtigt, alle Rechtshandlungen vorzunehmen, die zum Wohl des Kindes notwendig sind, und insoweit allein handlungs- und entscheidungsbefugt (vgl. § 1629 Absatz 1 Satz 4 BGB).

Auch schon manifest gewordene Kommunikationsschwierigkeiten rechtfertigen für sich genommen nicht per se eine Ablehnung der gemeinsamen Sorge, da von den Eltern zu erwarten ist, dass sie Mühen und Anstrengungen auf sich nehmen, um im Bereich der elterlichen Sorge zu gemeinsamen Lösungen im Interesse des Kindes zu gelangen. Diese elterliche Pflicht trifft nicht miteinander verheiratete Eltern gleichermaßen. Wie das BVerfG in seinem Beschluss vom 21. Juli 2010 festgestellt hat, dürfen die Zugangsvoraussetzungen zur gemeinsamen Sorge nicht zu hoch angesetzt werden (Absatz-Nummer 75) Andernfalls könnte in der Praxis nur in Ausnahmefällen eine gemeinsame elterliche Sorge erreicht werden. Da im Zuge einer Trennung vielfach Kommunikationsprobleme auftreten, können diese nicht ohne Weiteres zu einer ablehnenden Entscheidung nach § 1626a Absatz 1 Nummer 3, Absatz 2 BGB-E führen. Vielmehr muss auf der Kommunikationsebene eine schwerwiegende und nachhaltige Störung vorliegen, die befürchten lässt, dass den Eltern eine gemeinsam Entscheidungsfindung nicht möglich sein wird und das Kind folglich erheblich belastet würde, würde man seine Eltern zwingen, die Sorge gemeinsam zu tragen. Der pauschale Vortrag der Kindesmutter, sie könne nicht mit dem Kindesvater sprechen und sie beide hätten auch völlig unterschiedliche Wertvorstellungen, kann per se mithin noch nicht dazu führen, die gemeinsame elterliche Sorge zu versagen. Stützt der sorgeberechtigte Elternteil seine Verweigerung der gemeinsamen Sorgetragung auf fehlende Kooperationsbereitschaft oder -fähigkeit, genügt es nicht, lediglich formelhafte Wendungen hierzu vorzutragen. Dem Vortrag müssen sich vielmehr konkrete Anhaltspunkte dafür entnehmen lassen, dass eine tragfähige Basis für eine gemeinsame elterliche Sorge nicht besteht und Bemühungen der Eltern um eine gelingende Kommunikation gescheitert sind (vgl. Amtsgericht [AG] München in einem Beschluss vom 7. Juli 2011, Az. 551 F 1533/11 [nicht veröffentlicht], Oberlandesgericht [OLG] München, NJW 2000, 368, 369 und OLG Hamm, FamRZ 2005, 537). Nimmt die Mutter eine Blockadehaltung erst im Zusammenhang mit dem Begehren des Vaters, an der Sorge beteiligt zu werden, ein, und gibt es Anhaltspunkte dafür, dass Anlass hierfür vor allem der Wunsch ist, die Alleinentscheidungsbefugnis zu behalten, so wird sich diese Haltung durch eine praktizierte gemeinsame Sorge oftmals auflösen lassen. Anders dürfte es sich dagegen in Fällen verhalten, in denen sich womöglich über einen längeren Zeitraum beiderseits eine ablehnende Haltung verfestigt hat, so dass eine Verschärfung der Konflikte zwischen den Eltern zu erwarten ist, wenn man sie durch die Übertragung der gemeinsamen Sorge zwingt, sich über Angelegenheiten der gemeinsamen Sorge zu verständigen.

Leben die Eltern seit längerer Zeit zusammen, wird dies regelmäßig ein Indiz für eine gelingende Kooperation der Eltern sein und es wird des Vortrags gewichtiger Gründe bedürfen, warum trotz Zusammenlebens der Eltern eine gemeinsame Sorge dem Kindeswohl widersprechen würde.

Zu Satz 2

Satz 2 enthält die gesetzliche Vermutung, dass die gemeinsame Sorge dem Kindeswohl nicht widerspricht, wenn der andere Elternteil keine Gründe vorträgt, die der gemeinsamen Sorge entgegenstehen können, und solche Gründe dem Gericht auch nicht anderweitig bekannt sind. Die gesetzliche Vermutung schränkt den in Kindschaftssachen geltenden Amtsermittlungsgrundsatz ein und ermöglicht es dem Familiengericht in den in Satz 2 genannten Fällen, die gemeinsame Sorge ohne weitere Amtsermittlung allein auf Grundlage des Beteiligtenvortrags und unter Berücksichtigung der dem Gericht auf sonstige Weise bereits bekannten Tatsachen zuzusprechen. Das verfahrensrechtliche Pendant zu der materiell-rechtlichen Vermutung des § 1626a Absatz 2 Satz 2 BGB-E ist § 155a Absatz 3 FamFG-E; diese Vorschrift sieht vor, dass das Familiengericht in den Fällen des Satzes 2 in einem vereinfachten schriftlichen Verfahren, ohne Anhörung des Jugendamtes und ohne persönliche Anhörung der Eltern entscheidet. Die Vermutung des Satzes 2 greift ein, wenn der andere Elternteil zum Antrag auf Mitsorge keine Stellungnahme abgibt oder er zwar Stellung nimmt, dabei aber keine Gründe vorträgt, die der gemeinsamen Sorge entgegenstehen können – etwa weil der Vortrag ohne jede Relevanz im Hinblick auf das Kindeswohl ist. So verhält es sich etwa, wenn die Mutter vorträgt, sie wolle lieber auch in Zukunft allein entscheiden, schließlich wisse sie ja nicht, ob sie sich mit dem Kindesvater später noch genauso gut verstehe. Auch bei dem Vortrag, bereits mit dem Vater eines früher geborenen Kindes schlechte Erfahrungen mit dem gemeinsamen Sorgerecht gemacht zu haben, würde die gesetzliche Vermutung greifen. Gleiches gilt, wenn die Mutter eine gemeinsame Sorgetragung allein mit der Begründung ablehnt, es bestehe keine Notwendigkeit für ein gemeinsames Sorgerecht, weil der Vater von ihr mit Vollmachten ausgestattet sei und in naher Zukunft ohnehin keine wichtigen Entscheidungen anstünden.

Die Vermutung kann nur eingreifen, wenn Gründe, die gegen die gemeinsame Sorge sprechen, dem Gericht auch nicht anderweitig bekannt sind. Hat das Gericht Anhaltspunkte dafür, dass die Übertragung der gemeinsamen Sorge dem Kindeswohl widersprechen

könnte, ist es im Interesse des Kindeswohls erforderlich, dass das Gericht diesen Anhaltspunkten nachgeht. Die Frage, ob die Übertragung der gemeinsamen Sorge dem Kindeswohl widerspricht, muss dann im normalen Verfahren unter uneingeschränkter Geltung des Amtsermittlungsgrundsatzes entschieden werden.

Die Vermutung unterstreicht die Überzeugung des Gesetzgebers, dass die gemeinsame Verantwortungsübernahme durch beide Elternteile grundsätzlich im Interesse des Kindes liegt. Sie beruht zudem auf der Annahme, dass eine Mutter, die tatsächlich kindeswohlgetragene Gründe gegen die gemeinsame Sorge hat, diese auch vorbringt, während in einem Fall, in dem die Mutter schweigt, in der Regel angenommen werden kann, dass auch in ihren Augen eine gemeinsame Sorge dem Kindeswohl nicht widerspricht. Dabei wird nicht verkannt, dass dieser Rückschluss nicht ausnahmslos zutreffen mag und es im Einzelfall auch andere Gründe für eine unterbliebene Reaktion der Mutter geben mag. Der Gesetzgeber ist jedoch überzeugt, dass für den – für die Normsetzung insoweit maßgeblichen – Regelfall davon ausgegangen werden kann, dass Eltern das ihnen in Artikel 6 Grundgesetz (GG) übertragene Recht und die ihnen zugewiesene Pflicht zur Pflege und Erziehung ihrer Kinder verantwortungsbewusst und im Interesse ihres Kindes ausüben.

Bei typisierender Betrachtung ist daher anzunehmen, dass Mütter das Wohl ihrer Kinder im Auge haben und daher Gründe, die im wohlverstandenen Interesse des Kindes gegen eine gemeinsame Sorge sprechen, auch vortragen, wenn sie insoweit um eine Stellungnahme gebeten werden. Wie das BVerfG ausgeführt hat, wäre es verfassungsrechtlich zulässig, bei geklärter Vaterschaft ex lege eine gemeinsame Sorge vorzusehen (BVerfG, Beschluss vom 21. Juli 2010, 1 BvR 420/09, Absatz-Nummer 42), sofern dies mit einer gerichtlichen Überprüfungsmöglichkeit verbunden wäre. Vor diesem Hintergrund will der Gesetzgeber dafür sorgen, dass in den Fällen, in denen keine Anhaltspunkte vorgetragen werden, die gegen eine gemeinsame Sorge sprechen, und in denen dem Gericht solche Anhaltspunkte auch sonst nicht bekannt sind, auch durch die Beschränkung der Ermittlungsmöglichkeiten des Gerichts eine zügige Entscheidung getroffen wird. Die Vermutung kann grundsätzlich auch in den Fällen eingreifen, in denen die Mutter einen Antrag auf Übertragung der elterlichen Sorge stellt und der Vater keine Stellungnahme abgibt. Das Eingreifen der Vermutung und eine Entscheidung im vereinfachten Verfahren werden zwar nur selten in Betracht kommen, erscheinen jedoch – auch mit Blick auf die dem Vater in gleichem Maße wie der Mutter obliegende Sorgeverantwortung –sachgerecht. Eine Mutter, der die elterliche Sorge allein zusteht, wird regelmäßig nur dann versuchen, den Vater in die elterliche Sorge einzubeziehen, wenn sie sich davon für ihr Kind und für sich Vorteile verspricht. Sollte der Vater zur Übernahme der elterlichen Verantwortung und zur Kooperation mit der Mutter nicht bereit oder in der Lage sein, ist davon auszugehen, dass er dies im Rahmen seiner Stellungnahme vorträgt, um die Sorge nicht mit übernehmen zu müssen. Wenn die Mutter auf die Fähigkeit des Vaters zur verantwortungsbewussten Mitübernahme der elterlichen Sorge vertraut und der Widerspruch des Vaters unterbleibt, dann erscheint grundsätzlich die Annahme gerechtfertigt, dass sich der Vater auf Drängen der Mutter hin seiner Verantwortung für das Kind doch stellt und die Eltern zur gemeinsamen Ausübung der ihnen in Artikel 6 GG übertragenen elterlichen Verantwortung in der Lage sind.

Zu Absatz 2

1. Vorbemerkung

Absatz 2 regelt den bisher in § 1672 Absatz 1 BGB normierten Fall der Übertragung der alleinigen elterlichen Sorge von der Mutter auf den Vater, wenn der Mutter die elterliche Sorge für das Kind gemäß § 1626a Absatz 3 BGB-E (§ 1626a Absatz 2 BGB in der bisherigen Fassung) allein zusteht. Dabei wurden in Absatz 2 die vom BVerfG geforderten, verfassungsrechtlich gebotenen inhaltlichen Änderungen vorgenommen. Während bisher der Antrag eines Vaters auf Übertragung der alleinigen elterlichen Sorge nur zulässig war, wenn die Mutter zustimmte, steht dem Vater nunmehr auch ohne Zustimmung der Mutter die Möglichkeit offen, die Alleinsorge zu erlangen. Im Rahmen der Neugestaltung entfällt der bisherige Absatz 2 des § 1672 BGB, wonach das Gericht nach einer vorausgegangenen Entscheidung nach Absatz 1 (Übertragung der Alleinsorge von der Mutter auf den Vater) die gemeinsame Elternsorge herstellen konnte, wenn ein Elternteil dies beantragt, der andere zustimmt und die Entscheidung dem Wohl des Kindes nicht widerspricht. Künftig unterfällt eine weitere Umgestaltung des Sorgerechtsverhältnisses nach vorheriger Übertragung der Alleinsorge auf den Vater nach § 1671 Absatz 2 BGB-E der allgemeinen Abänderungsregelung § 1696 BGB und den hierzu von der Rechtsprechung entwickelten Grundsätzen. Dies gilt nicht nur für eine Rückübertragung des Sorgerechts auf die Mutter, sondern auch für den Übergang in das gemeinsame Sorgerecht.

2. § 1671 Absatz 2 Nummer 1 BGB-E (Möglichkeit 1: Übertragung der Alleinsorge von der Mutter auf den Vater bei Konsens der Eltern und fehlendem Widerspruch des Kindes, das das 14. Lebensjahr vollendet hat)

§ 1671 Absatz 2 Nummer 1 BGB-E gestaltet die schon bisher geltende Regelung des § 1672 Absatz 1 BGB insoweit um, als dem mit der Mutter des Kindes nicht verheirateten Vater die Alleinsorge auf seinen Antrag hin zu übertragen ist, wenn die Mutter zustimmt, das mindestens 14 Jahre alte Kind nicht widerspricht und zudem die Übertragung dem Kindeswohl nicht widerspricht. Anders als bei gemeinsam sorgeberechtigten getrennt lebenden Eltern (§ 1671 Absatz 1 BGB-E bzw. § 1671 Absatz 2 Nummer 1 BGB derzeitige Fassung) soll im Falle der Übertragung der Alleinsorge auf den nicht mit der Mutter des Kindes verheirateten Vater elterlicher Konsens nicht ohne Weiteres die Sorgerechtsverhältnisse zugunsten der Alleinsorge eines Elternteils umgestalten können, es bedarf vielmehr – wie bereits bisher – einer gerichtlichen Kontrolle, allerdings nur in Form einer negativen Kindeswohlprüfung. Diese Differenzierung zwischen den in § 1671 Absatz 1 Nummer 1 BGB-E und in § 1671 Absatz 2 Nummer 1 BGB-E geregelten Fallkonstellationen ist im Interesse des Kindeswohls angezeigt. Denn während im Falle des § 1671 Absatz 1 Nummer 1 BGB-E ein Übergang von gemeinsamer Sorge zur Alleinsorge eines bereits bislang sorgeberechtigten Elternteils erfolgt und damit zumindest ein Elternteil, der bereits mitsorgeberechtigt war, für das Kind als Sorgeberechtigter erhalten bleibt, kommt es im Fall § 1671 Absatz 2 Nummer 1 BGB-E zu einem vollständigen Austausch des Sorgeberechtigten. Der bisher an der Sorge nicht beteiligte Vater übernimmt alleine die Sorgeverantwortung; die bisher allein sorgeberechtigte Mutter scheidet vollständig aus der Sorgeverantwortung aus. Dies wird für das Kind regelmäßig mit größeren Veränderungen verbunden sein, als dies lediglich beim Ausscheiden eines von zwei bisher gemeinsam Sorgeberechtigten der Fall ist. Hinzu kommt, dass der Konsens der in gemeinsamer Sorge bereits erprobten Eltern (Fall des § 1671 Absatz 1 Nummer 1 BGB-E) in Hinblick auf das Kindeswohl eine verlässlichere Basis haben wird und ihm daher mehr Gewicht beizumessen sein wird als dem Konsens bisher nicht gemeinsam sorgetragender Eltern (Fall des § 1671 Absatz 2 Nummer 1 BGB-E). Dem Kindeswohl wird zusätzlich durch die Berücksichtigung des entgegenstehenden Kindeswillens eines über vierzehnjährigen Kindes Rechnung getragen.

3. § 1671 Absatz 2 Nummer 2 BGB-E (Möglichkeit 2: Übertragung der Alleinsorge auf den Vater gegen den Willen der Mutter, wenn dies dem Kindeswohl am besten entspricht)

Unter den Voraussetzungen des § 1671 Absatz 2 Nummer 2 BGB-E kann der Vater künftig auch ohne Zustimmung der Mutter die Alleinsorge erhalten. Bisher sah § 1672 Absatz 1 BGB vor, dass der Vater die Übertragung der Alleinsorge auf ihn nur mit Zustimmung der Mutter beantragen konnte. Dem Antrag war stattzugeben, wenn die Übertragung dem Wohl des Kindes diente. Durch Kombination aus Zustimmung der Mutter einerseits und Kindeswohldienlichkeit andererseits sollte sichergestellt werden, dass dem Kindeswohlprinzip ausreichend Geltung verschafft wurde (vgl. Bundestags-Drucksache 13/4899). Künftig soll eine Übertragung der Alleinsorge von der Mutter auf den Vater auch gegen den Willen der Mutter möglich sein. Dies trägt der Rechtsprechung des BVerfG Rechnung, wonach das Elternrecht des Vaters eines nichtehelichen Kindes aus Artikel 6 Absatz 2 GG verletzt ist, wenn er nicht gerichtlich überprüfen lassen kann, ob es aus Gründen des Kindeswohls angezeigt ist, ihm anstelle der Mutter die Alleinsorge für das Kind zu übertragen (BVerfG, Beschluss vom 21. Juli 2010, 1 BvR 420/09, Absatz-Nummer 46). Da das Kind seine bisherige Sorgeberechtigte verliert (und dafür den Vater als neuen Sorgeberechtigten erhält), ist bei fehlendem Konsens der Eltern über die Frage, wer der bessere Sorgeberechtigte ist, im Interesse eines kindeswohlorientierten Ausgleichs der Elternrechte wie bei § 1671 Absatz 1 Nummer 2 BGB-E ein gesetzlich verankertes komparatives Element erforderlich. Damit wird in den Fällen, in denen die Ausübung der gemeinsamen elterlichen Sorge im Hinblick auf das Kindeswohl ausscheidet, gewährleistet, dass der am besten geeignete Elternteil die elterliche Sorge für das Kind erhält. Insoweit erfüllt der Staat eine Gewährleistungspflicht, die sich gegenüber dem Kind aus Artikel 6 Absatz 2 Satz 2 GG in Verbindung mit Artikel 2 Absatz 1, Artikel 1 Absatz 1 GG ergibt (BVerfGE 55, 171, 181; 57, 361, 382 f; 99, 145, 157). Gleichzeitig vermeidet diese Regelung ex lege eine Ungleichbehandlung von Kindern nicht miteinander verheirateter – und deshalb nicht gemeinsam sorgeberechtigter – Eltern gegenüber Kindern von getrennten Ehegatten. Für eine solche Ungleichbehandlung sind ausreichend gewichtige Gründe nicht ersichtlich.

Eine Übertragung der elterlichen Sorge allein auf den Vater setzt voraus, dass eine gemeinsame Sorge der Eltern nicht in Betracht kommt. Dies entspricht den in der Übergangsregelung im Beschluss vom 21. Juli 2010 zum Ausdruck gebrachten Vorgaben des BVerfG. So trägt der Entwurf der Tatsache Rechnung, dass die gerichtliche Übertragung der Alleinsorge auf den Vater schwerwiegend in das Elternrecht er Mutter eingreift. Ein Wechsel der elterlichen Sorge von der Mutter auf den Vater wird sich regelmäßig auf die bestehende Mutter-Kind-Beziehung auswirken und berührt das Bedürfnis des Kindes nach Stabilität und Kontinuität (vgl. BVerfGE 127, 132 ff., [160 ff.]).

Auch wenn eine gemeinsame Sorge wegen der Blockadehaltung eines Elternteils nicht in Betracht kommt, ist bei der sodann vorzunehmenden Prüfung, wem die Alleinsorge zugesprochen werden soll, weil dies dem Kindeswohl am besten entspricht, wie sonst auch das Kindeswohl maßgeblich. Was dem Kindeswohl am besten entspricht, ist umfassend unter Einbeziehung aller Lebensumstände zu bewerten.

... Zu Absatz 4

Absatz 4 übernimmt die bisherige Regelung des § 1671 Absatz 3 BGB. Der darin klarstellend normierte Vorrang von Regelungen der elterlichen Sorge aufgrund anderer Vorschriften gilt sowohl für § 1671 Absatz 1 BGB-E als auch für § 1671 Absatz 2 BGB-E.

Zu Nummer 5 (§ 1672 BGB)

§ 1672 BGB wird aufgehoben. Die bisher in Absatz 1 enthaltene Regelung (Übertragung der Alleinsorge von der Mutter auf den Vater mit Zustimmung der Mutter) wird – inhaltlich modifiziert – in § 1671 Absatz 2 Nummer 1 BGB-E übernommen.

Der bisherige Absatz 2, wonach das Gericht nach einer vorausgegangenen Entscheidung nach Absatz 1 die gemeinsame elterliche Sorge herstellen konnte, wenn ein Elternteil dies beantragte, der andere zustimmte und die Entscheidung dem Wohl des Kindes nicht widersprach, wird aufgehoben. § 1671 Absatz 2 BGB-E sieht keine dem § 1672 Absatz 2 BGB entsprechende Sonderregelung für die Abänderung einer Entscheidung nach § 1671 Absatz 2 BGB-E mehr vor, so dass eine weitere Umgestaltung des Sorgerechtsverhältnisses der Abänderungsregelung des § 1696 BGB und den hierzu von der Rechtsprechung entwickelten Grundsätzen unterfällt. Dies gilt nicht nur für eine Rückübertragung des Sorgerechts auf die Mutter, sondern auch für den Übergang in das gemeinsame Sorgerecht.

Zu Nummer 6 (§ 1678 BGB)

... Zu Absatz 2

Absatz 2 enthält eine notwendige Folgeänderung, da der Regelungsgehalt des § 1626a Absatz 2 BGB nunmehr in § 1626a Absatz 3 BGB-E enthalten ist.

Darüber hinaus wird Absatz 2 inhaltlich dahingehend geändert, dass an die Stelle der bisher normierten positiven Kindeswohlprüfung („dem Wohl des Kindes dient") künftig eine nur negative Kindeswohlprüfung („dem Wohl des Kindes nicht widerspricht") tritt. Hierdurch wird dem Umstand Rechnung getragen, dass der Kindesvater grundsätzlich an der Sorge teilhaben und nur dann von der Sorgetragung ausgeschlossen werden soll, wenn dies aus Gründen des Kindeswohls erforderlich ist. Entsprechend soll in Fällen, in denen die der Mutter gemäß § 1626a Absatz 3 BGB-E zustehende Alleinsorge ruht, für den Kindesvater, der primär als sorgeberechtigte Person in Betracht kommt, beim Zugang zur Alleinsorge keine unnötig hohe Hürde aufgestellt werden. Ist der Vater bereit, Verantwortung zu übernehmen, und widerspricht dies nicht dem Kindeswohl, besteht kein Anlass, ihm die elterliche Sorge nicht zu übertragen. Will oder kann er keine Verantwortung übernehmen, wird eine Sorgerechtsübertragung auch regelmäßig dem Kindeswohl widersprechen. Dem erhöhten Schutzbedürfnis des Kindes kann damit bereits im Rahmen einer negativen Kindeswohlprüfung ausreichend Rechnung getragen werden. Um Wertungswidersprüche zu vermeiden, soll das Gleiche künftig auch für den Fall gelten, dass der Elternteil, der gemäß § 1671 BGB allein sorgeberechtigt ist, ausfällt. Auch in diesem Fall ist es nach dem Leitbild des Entwurfs ausreichend, dass die Übertragung der elterlichen Sorge auf den anderen Elternteil dem Kindeswohl nicht widerspricht.

Zu Nummer 7 (§ 1680 BGB)

Zu Absatz 2

Absatz 2 enthält zum einen notwendige Folgeänderungen, die sich aus der Einfügung von § 1626a Absatz 2 BGB-E und der Aufhebung des § 1672 BGB ergeben.

Zudem wird die bisher geltende Sonderregelung des Satzes 2 aufgehoben und der bisher in Satz 2 geregelte Fall in Satz 1 integriert. Dies hat zur Folge, dass künftig auch in Fällen des Versterbens einer nach § 1626a Absatz 3 BGB-E allein sorgeberechtigten Mutter das Familiengericht dem Vater die alleinige elterliche Sorge überträgt, wenn eine negative Kindeswohlprüfung ergibt, dass die Übertragung der elterlichen Sorge auf den Vater dem Wohl des Kindes nicht widerspricht. Die bisher geforderte positive Kindeswohlprüfung, wonach dem Vater die Alleinsorge nur übertragen wurde, wenn dies dem Wohl des Kindes diente, die Übertragung der elterlichen Sorge auf den Vater für das Kind also vorteilhaft war, wird aufgegeben. Nach einem Kammerbeschluss des BVerfG vom 8. Dezember 2005 – 1 BvR 364/05 – war bereits die bisher geltende Fassung des § 1680 Absatz 2 Satz 2 BGB, wonach die alleinige Sorge dem Vater zu übertragen war, wenn dies dem Wohl des Kindes diente, im Hinblick auf das Elternrecht aus Artikel 6 Absatz 2 Satz 1 GG dahingehend auszulegen, dass eine Übertragung der elterlichen Sorge auf den nicht verheirateten Vater regelmäßig dem Kindeswohl dient, sofern dieser über einen längeren Zeitraum tatsächlich die elterliche Sorge wahrgenommen hat und keine konkret feststellbaren Kindesinteressen der Übertragung widersprechen (BVerfGK 7, 65, 69). Auch über die vom BVerfG behandelte spezifische Fallkonstellation hinaus, in der der nicht mit der Kindesmutter verheiratete Vater die elterliche Sorge für das Kind tatsächlich bereits wahrgenommen hatte, erscheint es sachgerecht, den nicht mit der Mutter verheirateten Vater ohne verschärfte Voraussetzungen in die Auswahl der Sorgeberechtigten einzubeziehen. Will er Verantwortung übernehmen und widerspricht dies nicht dem Kindeswohl, besteht kein Anlass, ihm die elterliche Sorge nicht zu übertragen. Will oder kann er keine Verantwortung übernehmen, wird eine Sorgerechtsübertragung auch regelmäßig dem Kindeswohl widersprechen. Dem erhöhten Schutzbedürfnis des Kindes kann damit bereits im Rahmen einer negativen Kindeswohlprüfung ausreichend Rechnung getragen werden.

Zu Absatz 3

Absatz 3 enthält zum einen eine redaktionelle Folgeänderung, die der Aufhebung des Absatzes 2 Satz 2 geschuldet ist. Zum anderen ist aufgrund des Verweises auf den inhaltlich geänderten Absatz 2 nunmehr auch in dem Fall, dass der allein sorgeberechtigten Mutter die elterliche Sorge entzogen wurde, dem Vater die alleinige Sorge zu übertragen, wenn es dem Kindeswohl nicht widerspricht. Damit tritt auch im Falle des Sorgerechtsentzugs eine nur negative Kindeswohlprüfung an die Stelle der bisher geforderten positiven Kindeswohlprüfung.

Zu Nummer 8 (§ 1696 BGB)

Zu Absatz 1 Satz 2

Der neu eingefügte Satz 2 enthält eine Sonderregelung für die Abänderung gerichtlicher Entscheidungen, mit denen den Eltern gemäß § 1626a Absatz 1 Nummer 3, Absatz 2 BGB-E die elterliche Sorge gemeinsam übertragen wurde. Abweichend von Satz 1 sollen solche die gemeinsame Sorge herbeiführende Entscheidungen bereits dann geändert werden können, wenn die Voraussetzungen des § 1671 Absatz 1 BGB-E vorliegen. Hierdurch soll erreicht werden, dass die erstmalige gerichtliche Abänderung der gemäß § 1626a Absatz 1 Nummer 3,

Absatz 2 BGB-E übertragenen gemeinsamen Sorge denselben Abänderungsregeln folgt, wie sie bei verheirateten Eltern gelten, denen die gemeinsame Sorge ex lege zusteht. Eine Gleichbehandlung ist insoweit angezeigt, da nach der – auch in § 1626a Absatz 2 BGB-E zum Ausdruck kommenden – Überzeugung des Gesetzgebers auch nicht verheiratete Eltern die Sorge für ihr Kind künftig grundsätzlich gemeinsam ausüben sollen. Unter dieser Prämisse wäre es nicht gerechtfertigt, eine spätere erste gerichtliche Abänderung der gemeinsamen Sorge nur zuzulassen, wenn den hohen Anforderungen des § 1696 BGB Genüge getan ist.

Zu Absatz 1 Satz 3

Satz 3 nennt Vorschriften, die Spezialregelungen für die Änderung gerichtlich geschaffener Sorgerechtszustände enthalten und damit der allgemeinen Abänderungsregelung des § 1696 Absatz 1 BGB vorgehen. § 1678 Absatz 2 BGB war in Satz 3 aufzunehmen, da diese Vorschrift künftig ebenfalls als lex specialis dem § 1696 BGB vorgehen soll. Darüber hinaus war Satz 3 als Folge der ersatzlosen Streichung der bisher geltenden Sonderregelung des § 1672 Absatz 2 BGB redaktionell anzupassen.

Zu Nummer 9 (§ 1747 Absatz 3 BGB)

Die Neuregelung der elterlichen Sorge nicht miteinander verheirateter Eltern macht Folgeänderungen bei den Vorschriften über die Einwilligung des Vaters in die Adoption erforderlich. So kann zunächst nicht mehr davon gesprochen werden, dass nicht miteinander verheiratete Eltern „keine Sorgeerklärung abgegeben“ haben, sondern in Anpassung an die geänderte Rechtslage (mit mehreren Zugangsmöglichkeiten zur gemeinsamen Sorge) muss es heißen, dass nicht miteinander verheirateten Eltern „die elterliche Sorge nicht gemeinsam zusteht“. Unverändert geblieben ist die Regelung, wonach die Einwilligung des Vaters in die Annahme eines Kindes bereits vor der Geburt erteilt werden kann (§ 1747 Absatz 3 Nummer 1 BGB). § 1747 Absatz 3 Nummer 2 BGB-E übernimmt die bisherige Regelung des § 1747 Absatz 3 Nummer 3 BGB. Darin war geregelt, dass der Vater auf eine Übertragung der Sorge nach § 1672 Absatz 1 verzichten kann. § 1747 Absatz 3 Nummer 2 BGB-E wurde redaktionell an § 1671 BGB-E und die Streichung des § 1672 BGB angepasst. Zudem wurde die Vorschrift erweitert: Künftig kann der Vater auch darauf verzichten, die Übertragung der Sorge nach § 1626a Absatz 2 BGB-E zu beantragen. Damit wird es dem an seinem Kind nicht interessierten Vater ermöglicht, umfassend auf seine Möglichkeiten zur Erlangung der Sorge zu verzichten und damit eine zügige Annahme des Kindes zu gewährleisten. Mit der Streichung des Verweises auf § 1750 Absatz 1 Satz 2 BGB wird klargestellt, dass die Erklärung nicht notariell beurkundet werden muss, sondern eine Beurkundung durch die Urkundsperson beim Jugendamt nach § 59 Absatz 1 Satz 1 Nummer 7 des Achten Buches Sozialgesetzbuch – Kinder- und Jugendhilfe (SBG VIII) – ausreicht.

§ 1747 Absatz 3 Nummer 3 BGB-E enthält die bisherige Regelung des § 1747 Absatz 3 Nummer 2 BGB. Danach darf, wenn der Vater die Übertragung der Alleinsorge nach § 1672 Absatz 1 BGB (§ 1671 Absatz 2 BGB-E) beantragt hat, eine Annahme erst ausgesprochen werden, nachdem über den Antrag des Vaters rechtskräftig entschieden wurde. Da nach der Fiktion in § 1671 Absatz 3 BGB-

E ein Antrag auf Übertragung der gemeinsamen Sorge nach § 1626a Absatz 1 Nummer 3, Absatz 2 BGB-E als Antrag auf Übertragung der Alleinsorge nach § 1671 Absatz 2 BGB-E gilt, greift die Sperrwirkung künftig auch für den Fall, dass der Vater nach § 1626a Absatz 1 Nummer 3, Absatz 2 BGB-E die Übertragung der gemeinsamen Sorge beantragt hat.

Zu Artikel 2 (Änderung des Gesetzes über das Verfahren in Familiensachen und in den Angelegenheiten der freiwilligen Gerichtsbarkeit – FamFG)

Zu Nummer 1 (Änderung Inhaltsübersicht)

Die Regelungen über das Verfahren zur Übertragung der gemeinsamen elterlichen Sorge werden im FamFG unmittelbar nach § 155 verortet, da das dort in Absatz 1 normierte Vorrang-und Beschleunigungsgebot für das Verfahren zur Übertragung der gemeinsamen elterlichen Sorge ebenfalls gilt.

Zu Nummer 2 (§ 155a FamFG)

Zu Absatz 1

Die neue Vorschrift des § 155a FamFG fasst die im Verfahren zur Übertragung der gemeinsamen elterlichen Sorge nach § 1626a Absatz 2 BGB geltenden verfahrensrechtlichen Besonderheiten zusammen. Damit das Gericht die – ab Geburt des Kindes laufende (§ 155a Absatz 2 Satz 2 FamFG-E) – Karenzfrist berechnen kann, ist im Antrag nach § 1626a Absatz 2 Satz 1 BGB das Geburtsdatum des Kindes anzugeben. Die Mitteilung des Geburtsortes ermöglicht dem Gericht in den Fällen des § 155a Absatz 3 und 5 FamFG-E die Benachrichtigung des für die Führung des Sorgeregisters zuständigen Jugendamts.

Zu Absatz 2

Absatz 2 regelt die entsprechende Geltung des in § 155 Absatz 1 FamFG normierten Vorrang-und Beschleunigungsgebots für die Verfahren nach § 1626a Absatz 2 BGB. § 155Absatz 2 und 3 FamFG soll im Verfahren nach Absatz 3 nicht gelten, da ein Erörterungstermin entbehrlich ist, wenn keine Gründe ersichtlich sind, die der Übertragung der gemeinsamen elterlichen Sorge entgegenstehen können. In den Fällen des Absatzes 4 kann zudem die in § 155 Absatz 2 Satz 2 FamFG geregelte Frist zur Terminierung nicht ohne Anpassung übernommen werden.

Durch das Zustellungserfordernis erhöht sich in den Fällen, in denen die beteiligten Eltern zusammenwohnen, die Gewähr, dass der Antrag den anderen Elternteil tatsächlich erreicht. Hält er sich in der Wohnung auf, hat der Zusteller ihm den Antrag persönlich zu übergeben. Die Regelung schränkt das dem Gericht nach § 15 Absatz 2 Satz 1 FamFG eingeräumte Ermessen ein. Absatz 2 Satz 2 trägt weiterhin dem Umstand Rechnung, dass sich die Mutter unmittelbar nach der Geburt zu dem Sorgeantrag des Vaters nicht soll äußern müssen und regelt eine Karenz- bzw. Schutzfrist für die Mutter. Die Schutzfrist, die von der Stellungnahmefrist zu unterscheiden ist, verkürzt sich um den seit der Geburt des Kindes bereits vergangenen Zeitraum. Eine Verlängerung der Stellungnahmefrist ist nach den allgemeinen Vorschriften möglich (§ 16 Absatz 2 FamFG in Verbindung mit § 224 Absatz 2 der Zivilprozessordnung.

Zu Absatz 3

Absatz 3 sieht verschiedene verfahrensrechtliche Vereinfachungen vor, die dann gelten sollen, wenn keine Gründe vorgetragen werden, die der Übertragung der gemeinsamen elterlichen Sorge entgegenstehen können, und wenn auch sonst keine Anhaltspunkte vorliegen, die gegen die gemeinsame Sorge sprechen könnten. Das vereinfachte Verfahren nach § 155a Absatz 3 FamFG-E kommt nicht in Betracht, wenn die vorgetragenen oder dem Gericht auf andere Weise bekannt gewordenen Gründe der gemeinsamen Sorge potenziell entgegenstehen können. Ist dies der Fall, so muss die Frage, ob die gemeinsame Sorge im konkreten Einzelfall dem Kindeswohl tatsächlich widerspricht, gemäß § 155a Absatz 4 FamFG-E durch das Gericht wie in sonstigen Sorgerechtsverfahren geprüft werden. Ist dies nicht der Fall, bedarf es keiner weiteren Ermittlungen durch das Gericht. In dem vereinfachten Verfahren hat das Gericht ohne mündliche Erörterung zu entscheiden. § 155 Absatz 2 und 3 FamFG ist in diesen Fällen nicht anzuwenden. Das Jugendamt wird nicht angehört, kann sich am Verfahren nicht beteiligen und hat auch kein Beschwerderecht gegen die Entscheidung. An die Stelle der persönlichen Anhörung der Eltern tritt ihre schriftliche Anhörung. Die Voraussetzungen, unter denen eine persönliche Anhörung des Kindes (§ 159 FamFG) stattzufinden hat, bleiben hiervon allerdings unberührt. Die Bestellung eines Verfahrensbeistands wird zur Wahrnehmung der Interessen des Kindes im vereinfachten schriftlichen Verfahren regelmäßig nicht erforderlich sein (§ 158 Absatz 1 FamFG), da die Übertragung der gemeinsamen elterlichen Sorge in diesem Verfahren nur in Betracht kommt, wenn dem Gericht keine Gründe bekannt sind, die der gemeinsamen elterlichen Sorge entgegenstehen können. Die Mitteilungsverpflichtung des Gerichts nach Absatz 3 Satz 3 soll sicherstellen, dass das Jugendamt, welches das Sorgeregister führt, informiert wird, wenn die nicht verheiratete Mutter nicht mehr Inhaberin der alleinigen elterlichen Sorge ist, weil das Gericht den Eltern im vereinfachten Verfahren nach § 155a Absatz 3 FamFG-E die gemeinsame elterliche Sorge ganz oder teilweise gemäß § 1626a Absatz 2 Satz 2 BGB-E übertragen hat. Kommt das vereinfachte Verfahren nicht zur Anwendung, hat das Jugendamt, dem die Entscheidung des Gerichts nach § 162 Absatz 3 Satz 1 FamFG bekannt zu machen ist, die Mitteilung gemäß § 50 Absatz 3 des Achten Buches Sozialgesetzbuch – Kinder- und Jugendhilfe (SGB VIII) gegenüber dem Geburtsjugendamt vorzunehmen.

Zu Absatz 4

Werden dem Gericht nach Absatz 4 Gründe bekannt, die der gemeinsamen elterlichen Sorge entgegenstehen können, kommt das vereinfachte Verfahren nach Absatz 3 nicht in Betracht und eine Entscheidung muss im normalen Verfahren ergehen. Es bedarf mithin eines Erörterungstermins. Ab dem Zeitpunkt des Bekanntwerdens derartiger Gründe richtet sich das Verfahren nach § 155 Absatz 2 FamFG. Das Gericht soll einen Erörterungstermin bestimmen, der spätestens einen Monat nach Bekanntwerden der entgegenstehenden Gründe, aber nicht vor Ablauf der Stellungnahmefrist der Mutter nach Absatz 2 Satz 2 stattfindet. Damit wird dem Umstand Rechnung getragen, dass das Gericht, sofern sich dies nicht bereits aus Angaben im Antrag des Vaters ergibt, erst durch Angaben in der Stellungnahme der Mutter die Notwendigkeit zur Terminierung erkennen kann. Ergibt sie sich erst aufgrund der Stellungnahme der Mutter, hat dies eine entsprechende Verlängerung der Verfahrensdauer zur Folge. Nach dem entsprechend anwendbaren § 155 Absatz 3 FamFG soll das Gericht das persönliche Erscheinen der verfahrensfähigen Beteiligten zu dem Termin anordnen. Die entsprechende Anwendbarkeit von § 156 Absatz 1 FamFG eröffnet dem Gericht Möglichkeiten, auf ein Einvernehmen der Beteiligten hinzuwirken.

Zu Absatz 5

Absatz 5 Satz 1 stellt klar, dass Sorgeerklärungen (§ 1626a Absatz 1 Nummer 1 BGB) und die eventuell erforderliche Zustimmung des gesetzlichen Vertreters eines beschränkt geschäftsfähigen Elternteils (§ 1626c Absatz 2 BGB) auch in einem gerichtlichen Erörterungstermin abgegeben werden können. Die Abgabe der Erklärungen zur Niederschrift des Gerichts ersetzt die nach § 1626d Absatz 1 BGB erforderliche öffentliche Beurkundung. Die Bezugnahme auf § 1626d Absatz 2 BGB in Absatz 5 Satz 2 soll – wie Absatz 3 Satz 3 – sicherstellen, dass das für die Führung des Sorgeregisters zuständige Jugendamt informiert wird, wenn die nicht verheiratete Mutter nicht mehr Inhaberin der alleinigen elterlichen Sorge ist. Die Bestimmung stellt klar, dass § 1626d Absatz 2 BGB das Gericht zur Vornahme der Mitteilung gegenüber dem Geburtsjugendamt verpflichtet, wenn die Eltern im Erörterungstermin Sorgeerklärungen zur Niederschrift des Gerichts abgeben.

Zu Artikel 3 (Änderung des Rechtspflegergesetzes – RPflG)

Zu Nummer 1 (§ 14 Absatz 1 Nummer 3 RPflG)

Die Aufnahme des § 1626a BGB in § 14 Absatz 1 Nummer 3 RPflG stellt klar, dass Verfahren zur gerichtlichen Übertragung der gemeinsamen elterlichen Sorge nicht in die Zuständigkeit des Rechtspflegers fallen, sondern dem Richter vorbehalten sind. Darüber hinaus war die Vorschrift wegen der Aufhebung des § 1672 BGB redaktionell anzupassen.

... Zu Nummer 2 (Artikel 229 § 28 EGBGB)

Es handelt sich um eine Überleitungsvorschrift für Anträge auf Ersetzung der Sorgeerklärung des anderen Elternteils, die zum Zeitpunkt des Inkrafttretens des Gesetzes bereits bei Gericht anhängig sind. Solche Anträge gelten ab Inkrafttreten dieses Gesetzes als Anträge auf Übertragung der gemeinsamen Sorge nach § 1626a Absatz 2 BGB-E.

... Zu Nummer 2 (§ 18 Absatz 2 SGB VIII)

Da nicht miteinander verheiratete Eltern künftig nicht nur durch Abgabe von Sorgeerklärungen die gemeinsame elterliche Sorge erlangen können, wird ihr gegenüber dem örtlichen Träger der Jugendhilfe bestehender Anspruch auf Beratung über die Abgabe einer Sorgeerklärung im Hinblick auf die Möglichkeit der gerichtlichen Übertragung nach § 1626a Absatz 1 Nummer 3 BGB-E erweitert.

... Zu Artikel 6 (Evaluierung)

Da die Suche nach einem geeigneten Regelungsmodell für die elterliche Sorge nicht miteinander verheirateter Eltern ein gesellschaftlich sensibles Thema darstellt, äußerst kontrovers diskutiert wird und mit der nun erfolgten Regelung Neuland betreten wird, empfiehlt es sich, dass das Bundesministerium der Justiz beobachtet, wie sich die Neuregelung zur Übertragung der gemeinsamen Sorge in der Praxis bewährt, und dass es nach Ablauf von fünf Jahren hierzu einen Bericht vorlegt. Entsprechend seiner im Kindschaftsrecht zentralen Funktion wird dabei ein besonderes Augenmerk auf die Bedeutung des Kindeswohls bei der Anwendung dieses Gesetzes zu legen sein.

II. Gesetzentwurf der Bundesregierung Entwurf eines Gesetzes zur Stärkung der Rechte des leiblichen, nicht rechtlichen Vaters – BT-Drucks. 17/12163 (Auszug)

A. Problem und Ziel

Dem leiblichen Vater eines Kindes, der mit der Mutter des Kindes nicht verheiratet ist und auch nicht die Vaterschaft anerkannt hat, steht nach der geltenden Regelung des § 1685 Absatz 2 in Verbindung mit Absatz 1 des Bürgerlichen Gesetzbuchs (BGB) ein Umgangsrecht zu, wenn er eine enge Bezugsperson des Kindes ist, für das Kind tatsächlich Verantwortung trägt oder getragen hat (sozial-familiäre Beziehung) und der Umgang dem Kindeswohl dient. Konnte der leibliche, nicht rechtliche Vater zu seinem Kind keine Beziehung aufbauen, so bleibt ihm der Kontakt zum Kind bisher verwehrt. Dies gilt unabhängig davon, aus welchen Gründen keine Beziehung zum Kind aufgebaut wurde, also auch dann, wenn der Vater bereit war, für das Kind Verantwortung zu übernehmen, und ihm dies allein aufgrund der Weigerung der rechtlichen Eltern nicht möglich war. Zudem bleibt ihm der Kontakt zum Kind ohne Rücksicht darauf verwehrt, ob der Umgang mit dem leiblichen, nicht rechtlichen Vater dem Wohl des Kindes dient. Ein leiblicher, nicht rechtlicher Vater hat darüber hinaus derzeit auch kein Recht, Auskunft über die persönlichen Verhältnisse des Kindes zu verlangen. Nach § 1686 Satz 1 BGB kann jeder Elternteil vom anderen Elternteil bei berechtigtem Interesse Auskunft über die persönlichen Verhältnisse des Kindes verlangen, soweit dies dem Wohl des Kindes nicht widerspricht. Der Auskunftsanspruch nach § 1686 BGB steht jedoch nur den Eltern im rechtlichen Sinne zu. Der leibliche Vater, der nicht mit der Mutter verheiratet ist und auch nicht die Vaterschaft anerkannt hat und damit nicht rechtlicher Vater des Kindes ist, ist nicht Elternteil im Sinne des § 1686 BGB und kann aus dieser Vorschrift kein Auskunftsrecht herleiten.

Der Europäische Gerichtshof für Menschenrechte (EGMR) hat darin einen Verstoß gegen die Europäische Konvention zum Schutz der Menschenrechte und Grundfreiheiten (EMRK) erkannt. Dem leiblichen Vater, dessen Kind mit den rechtlichen Eltern in einer (intakten) sozialen Familie lebt und der zu seinem Kind (bisher noch) keine enge persönliche Beziehung aufbauen konnte, ist deshalb unter bestimmten Voraussetzungen ein Umgangs- und Auskunftsrecht einzuräumen.

B. Lösung

Der Entwurf sieht folgende Änderungen vor:

1. Hat der leibliche Vater nachhaltiges Interesse an dem Kind gezeigt, erhält er – unabhängig davon, ob zum Kind bereits eine sozial-familiäre Beziehung besteht – ein Recht auf Umgang mit dem Kind, wenn der Umgang dem Kindeswohl dient. Zudem wird ihm bei berechtigtem Interesse ein Recht auf Auskunft über die persönlichen Verhältnisse des Kindes eingeräumt, soweit dies dem Wohl des Kindes nicht widerspricht. 2. Steht die leibliche Vaterschaft nicht fest,

wird die Möglichkeit zur inzidenten Klärung der Vaterschaft im Rahmen des Umgangs- oder Auskunftsverfahrens eröffnet.

Der Bundestag hat das folgendes Gesetz beschlossen:

Artikel 1

Änderung des Bürgerlichen Gesetzbuchs

Das Bürgerliche Gesetzbuch in der Fassung der Bekanntmachung vom 2. Januar 2002 (BGBl. I S. 42, 2909; 2003 I S. 738), das zuletzt durch Artikel 1 des Gesetzes vom 10. Mai 2012 (BGBl. I S. 1084) geändert worden ist, wird wie folgt geändert:

1. § 1686 Satz 2 wird aufgehoben.

2. Nach § 1686 wird folgender § 1686a eingefügt:

„§ 1686a Rechte des leiblichen, nicht rechtlichen Vaters

(1) Solange die Vaterschaft eines anderen Mannes besteht, hat der leibliche Vater, der *nachhaltiges** Interesse an dem Kind gezeigt hat,

1. ein Recht auf Umgang mit dem Kind, wenn der Umgang dem Kindeswohl dient,

und

2. ein Recht auf Auskunft von jedem Elternteil über die persönlichen Verhältnisse des Kindes, soweit er ein berechtigtes Interesse hat und dies dem Wohl des Kindes nicht widerspricht.

(2) Hinsichtlich des Rechts auf Umgang mit dem Kind nach Absatz 1 Nummer 1 gilt § 1684 Absatz 2 bis 4 entsprechend. Eine Umgangspflegschaft nach § 1684 Absatz 3 Satz 3 bis 5 kann das Familiengericht nur anordnen, wenn die Voraussetzungen des § 1666 Absatz 1 erfüllt sind."

Artikel 2

Änderung des Gesetzes über das Verfahren in Familiensachen und in den Angelegenheiten der freiwilligen Gerichtsbarkeit

Das Gesetz über das Verfahren in Familiensachen und in den Angelegenheiten der freiwilligen Gerichtsbarkeit vom 17. Dezember 2008 (BGBl. I S. 2586, 2587), das zuletzt durch Artikel 3 des Gesetzes vom 21. Juli 2012 (BGBl. I S. 1577) geändert worden ist,

… „2. das Umgangsrecht und das Recht auf Auskunft über die persönlichen Verhältnisse des Kindes,".

* geändert durch Beschlussempfehlung BT-Drucks. 17/13269.

3. Nach § 167 wird folgender § 167a eingefügt:

„§ 167a Besondere Vorschriften für Verfahren nach § 1686a des Bürgerlichen Gesetzbuchs

(1) Anträge auf Erteilung des Umgangs- oder Auskunftsrechts nach § 1686a des Bürgerlichen Gesetzbuchs sind nur zulässig, wenn der Antragsteller an Eides statt versichert, der Mutter des Kindes während der Empfängniszeit beigewohnt zu haben.

(2) Soweit es in einem Verfahren, das das Umgangs- oder Auskunftsrecht nach § 1686a des Bürgerlichen Gesetzbuchs betrifft, zur Klärung der leiblichen Vaterschaft erforderlich ist, hat jede Person Untersuchungen, insbesondere die Entnahme von Blutproben, zu dulden, es sei denn, dass ihr die Untersuchung nicht zugemutet werden kann.

(3) § 177 Absatz 2 Satz 2 und § 178 Absatz 2 gelten entsprechend.“

Begründung

A. Allgemeiner Teil

I. Rechtliche Ausgangssituation

1. Umgang der Eltern, § 1684 des Bürgerlichen Gesetzbuchs (BGB)

Gemäß § 1684 Absatz 1 des Bürgerlichen Gesetzbuchs (BGB) hat das Kind ein Recht auf Umgang mit jedem Elternteil, und es ist jeder Elternteil zum Umgang mit dem Kind verpflichtet und berechtigt. Vater eines Kindes und damit umgangsberechtigter Elternteil im Sinne von § 1684 BGB ist – unabhängig von der Frage der leiblichen Vaterschaft – in den meisten Fällen der Mann, der zum Zeitpunkt der Geburt mit der Mutter des Kindes verheiratet ist (§ 1592 Nummer 1 BGB). Überdies spielen im vorliegenden Kontext auch Fälle eine Rolle, in denen der Mann die Vaterschaft anerkannt hat (§ 1592 Nummer 2 BGB). Der leibliche, nicht rechtliche Vater (im Folgenden: biologischer Vater) ist nicht Elternteil im Rechtssinne und kann dementsprechend kein Umgangsrecht aus § 1684 BGB herleiten.

2. Umgangsrecht anderer Bezugspersonen, § 1685 BGB

Mangels rechtlicher Vaterschaft kann sich für den biologischen Vater nach geltendem Recht ein Umgangsrecht allenfalls aus § 1685 Absatz 2 in Verbindung mit Absatz 1 BGB ergeben. Dieser Bestimmung zufolge haben enge Bezugspersonen, wenn sie für das Kind tatsächliche Verantwortung tragen oder getragen haben (sozial-familiäre Beziehung), ein Recht auf Umgang mit dem Kind, wenn der Umgang dem Wohl des Kindes dient. Voraussetzung für die Gewährung des Umgangsrechts des biologischen Vaters ist somit stets, dass bereits eine sozial-familiäre Beziehung zum Kind besteht. Konnte der biologische Vater zu seinem Kind keine Beziehung aufbauen, so bleibt ihm der Kontakt zum Kind auch in Zukunft verwehrt. Dies gilt unabhängig davon, aus welchen Gründen der Aufbau einer persönlichen Beziehung zum Kind unterblieb und auch ohne Rücksicht darauf, ob ein Umgang mit dem biologischen Vater dem Wohl des Kindes dient.

3. Auskunftsrecht der Eltern, § 1686 BGB

Neben dem Recht auf Umgang steht gemäß § 1686 BGB jedem Elternteil das Recht zu, bei berechtigtem Interesse vom anderen Elternteil Auskunft über die persönlichen Verhältnisse des Kindes zu verlangen, soweit dies dem Wohl des Kindes nicht widerspricht. Elternteile im Sinne des § 1686 BGB sind nur die Eltern im rechtlichen Sinne. Der biologische Vater, der weder im Zeitpunkt der Geburt mit der Mutter verheiratet war noch die Vaterschaft anerkannt hat und damit nicht rechtlicher Vater des Kindes ist, ist nicht Elternteil im Sinne des § 1686 BGB und kann aus dieser Vorschrift kein Auskunftsrecht herleiten. Er ist darauf angewiesen, dass die rechtlichen Eltern ihm freiwillig über die persönliche Entwicklung seines Kindes Auskunft erteilen.

II. Entscheidungen des Europäischen Gerichtshofs für Menschenrechte

1. Urteil vom 21. Dezember 2010 in dem Verfahren A. ./. Bundesrepublik Deutschland (Beschwerde Nr. 20578/07)

Gegenstand des Verfahrens war das Recht eines biologischen Vaters auf Umgang mit seinen biologischen Kindern (Zwillingen), die mit ihrer Mutter, deren Ehemann und drei weiteren Kindern der Eheleute in einer (intakten) Familie lebten und zu denen der biologische Vater seit der Geburt keine Beziehung aufbauen konnte. Der Beschwerdeführer bat sowohl vor als auch nach der Geburt der Zwillinge darum, ihm Umgang mit seinen Kindern zu gewähren, was von den rechtlichen Eltern wiederholt abgelehnt wurde.

Vor den deutschen Gerichten hatte der Antragsteller mit seinem Begehren, ihm Umgang mit seinen Kindern zu gewähren, keinen Erfolg. Zur Begründung führten die Gerichte aus, § 1684 BGB beziehe sich nur auf die rechtlichen Eltern. Ein Umgangsrecht aus § 1685 Absatz 2 BGB scheide ebenfalls aus, weil der Antragsteller bislang keinerlei Verantwortung für die Kinder getragen und damit keine sozial-familiäre Beziehung zu ihnen habe. Auf die Frage, ob der Umgang mit den Zwillingen dem Kindeswohl diene, komme es mithin nicht an. Der Europäische Gerichtshof für Menschenrechte (EGMR) sah durch diese Entscheidung das Recht des Beschwerdeführers auf Achtung des Privat- und Familienlebens (Artikel 8 der Europäischen Konvention zum Schutz der Menschenrechte und Grundfreiheiten [EMRK]) verletzt.

Der EGMR beanstandete, dass die deutschen Gerichte dem Beschwerdeführer den Umgang mit seinen Kindern versagt hatten, ohne die Frage zu prüfen, ob der Umgang mit dem biologischen Vater dem Wohl der Kinder dienlich gewesen wäre. Zudem hätten die Gerichte der Tatsache kein Gewicht beigemessen, dass der Beschwerdeführer aus rechtlichen und praktischen Gründen nicht dazu in der Lage gewesen sei, die Beziehung zu seinen Kindern selbst aufzubauen. Nach Auffassung des EGMR ist auch dann, wenn ein anderer Mann als der biologische Vater rechtlicher Vater der Kinder ist und der biologische Vater noch keine Verantwortung für die Kinder getragen hat, eine gerechte Abwägung aller konkurrierenden Rechte nach Artikel 8 EMRK notwendig. Insbesondere müsse geprüft werden, ob der Umgang mit dem biologischen Vater im Einzelfall dem Wohl des Kindes dienen würde.

2. Urteil vom 15. September 2011 in dem Verfahren S. ./. Bundesrepublik Deutschland (Beschwerde Nr. 17080/07)

Auch im Verfahren S. ./. Bundesrepublik Deutschland ging es um das Umgangsrecht eines biologischen Vaters, der zu seinem Kind bislang keinen Kontakt hatte. Anders als im Verfahren A. ./. Bundesrepublik Deutschland war der Beschwerdeführer jedoch nur mutmaßlicher biologischer Vater, da seine Vaterschaft nicht feststand. Neben dem Recht auf Umgang begehrte der Beschwerdeführer auch Auskunft über die persönlichen Verhältnisse des Kindes.

Auch im Fall S. ./. Bundesrepublik Deutschland sah der EGMR Artikel 8 EMRK dadurch verletzt, dass dem (mutmaßlichen) biologischen Vater ein Umgangs- und Auskunftsrecht ohne Prüfung des Kindeswohls im Einzelfall allein deshalb vorenthalten wurde, weil er nicht der rechtliche Vater war und keine sozial-familiäre Beziehung zum Kind bestand. Anknüpfend an seine Rechtsprechung in der Rechtssache A. ./. Bundesrepublik Deutschland entschied er, die nationalen Gerichte hätten nicht ungeprüft lassen dürfen, ob Kontakte zwischen dem – auch mutmaßlichen – biologischen Vater und dem Kind in dessen Interesse liegen oder nicht. Darüber, ob es dem Wohl eines Kindes, das mit seinem rechtlichen Vater in einer (intakten) Familie aufwächst, entspricht, Umgang mit seinem biologischen Vater zu haben, könne nicht im Wege einer pauschalen gesetzlichen Vermutung entschieden werden. Angesichts der vielfältigen Familienkonstellationen bedürfe es dazu einer einzelfallbezogenen Abwägung der Rechte aller Beteiligten. Hinsichtlich der begehrten Auskunftserteilung beanstandete der EGMR ebenfalls, dass die nationalen Gerichte nicht geprüft hätten, ob die Auskunftserteilung dem Interesse des Kindes gedient hätte oder ob zumindest in dieser Hinsicht das Interesse des Beschwerdeführers gegenüber dem Interesse der rechtlichen Eltern als vorrangig anzusehen gewesen wäre.

III. Rechtsvergleichender Überblick

Auf die Frage, ob und gegebenenfalls unter welchen Umständen ein biologischer Vater, der nicht nur Samenspender ist, ein Recht auf Umgang mit seinem Kind hat, gibt es in den Rechtsordnungen anderer Staaten keine einheitliche Antwort. Als Ergebnisse einer rechtsvergleichenden Studie des EGMR, die 23 Mitgliedstaaten des Europarats umfasst (vgl. EGMR, Urteil vom 21. Dezember 2010 in der Sache A. ./. Bundesrepublik Deutschland, Beschwerde Nr. 20578/07, Rdnr. 32 ff.) sowie eines vom Bundsministerium der Justiz in Auftrag gegebenen Gutachtens des Deutschen Instituts für Jugendhilfe und Familienrecht e. V. (DIJuF) vom 1. März 2010, das 18 europäische Staaten umfasst, können festgehalten werden:

- In allen untersuchten Ländern gilt die gesetzliche Vermutung, dass ein von einer verheirateten Frau innerhalb einer bestehenden Ehe geborenes Kind auch das Kind ihres Ehemannes ist.
- In allen vom DIJuF untersuchten europäischen Rechtsordnungen ist Ausgangspunkt für die umgangsrechtliche Regelung das Umgangsrecht der Eltern, wobei als Eltern diejenigen Personen angesehen werden, die das jeweilige Ab-

stammungsrecht als solche bestimmt, mithin die rechtliche Mutter und der rechtliche Vater (Ehemann); hingegen nicht der biologische Vater.

- In einer Reihe von Staaten muss ein biologischer Vater zur Wahrung seiner Umgangsrechte die Vaterschaftsvermutung, die zugunsten des Ehemannes der Kindesmutter besteht, – zum Teil fristgebunden – anfechten (so beispielsweise in Estland, Irland, Portugal, Russland, Slowenien, Großbritannien und der Ukraine).

- Einige Staaten verwehren dem biologischen Vater das Recht zur Anfechtung der rechtlichen Vaterschaft, zum Teil kategorisch, zum Teil zumindest dann, wenn die Mutter noch mit ihrem Ehemann zusammenlebt (so etwa in Belgien, Finnland, Italien, Kroatien, Lettland, Luxemburg, Monaco, den Niederlanden, Polen, der Slowakei, der Schweiz und Ungarn).

- Eine Vielzahl von Staaten ermöglicht es dem biologischen Vater, unter bestimmten Voraussetzungen als Dritter, d. h. nicht als Elternteil, Umgang zu erlangen. Die Voraussetzungen, an die das Umgangsrecht geknüpft wird, divergieren: Im Rahmen einer Kindeswohlprüfung spielt das Bestehen einer persönlichen Beziehung bzw. eines engen Verhältnisses eine wichtige Rolle und wird in einigen Staaten vorausgesetzt; manche Rechtsordnungen fordern das Vorliegen außerordentlicher Umstände.

- Einige Länder sehen gänzlich davon ab, nicht verwandten Dritten ein Umgangsrecht zu ermöglichen, und nehmen im Ergebnis den vollständigen Ausschluss des biologischen Vaters vom Umgangsrecht in Kauf (z. B. Italien, Liechtenstein, Tschechische Republik).

- In allen untersuchten Ländern steht das Kindeswohl bei der Frage der Gewährung von Umgang an erster Stelle.

IV. Zielsetzung und Notwendigkeit des Gesetzentwurfs

Ziel der Reform ist es, die Rechtsstellung des biologischen Vaters zu stärken, indem die Möglichkeit des biologischen Vaters, Umgang mit seinem Kind zu erhalten, erweitert wird und indem unter bestimmten Voraussetzungen ein Auskunftsrecht über die persönlichen Verhältnisse seines Kindes vorgesehen wird.

Die Änderungen beseitigen den mit Artikel 8 EMRK nicht zu vereinbarenden Zustand, dass der biologische Vater, der keine enge Bezugsperson des Kindes ist, auch dann kategorisch und ohne Prüfung des Kindeswohls vom Umgang mit seinem Kind ausgeschlossen ist, wenn ihm der Umstand, dass eine sozial-familiäre Beziehung nicht aufgebaut wurde, nicht zuzurechnen ist. Schließlich erkennt die Reform das Interesse des biologischen Vaters an, über die persönliche Entwicklung seines Kindes informiert zu werden und somit auch auf diesem Wege an der Entwicklung seines Kindes teilzuhaben. Die Gesetzesänderung ist durch die Urteile des EGMR vom 21. Dezember 2010 (A. ./. Bundesrepublik Deutschland) und vom 15. September 2011 (S. ./. Bundesrepublik Deutschland) veranlasst. Der darin vom EGMR geäußerten Kritik an der derzeitigen gesetzlichen Ausgestaltung des Umgangs- und Auskunftsrechts biologischer Väter kann nur durch eine Gesetzesänderung Rechnung getragen werden. Eine überzeugende Möglichkeit, im Wege der Auslegung der bestehenden Vorschriften zu einem konventionsgemäßen Zustand zu gelangen, ist nicht ersichtlich. Eine konventionskonforme Auslegung von § 1685 Absatz 2 BGB würde z. B. voraussetzen, das „Tragen tatsächlicher Verantwortung"bereits dann zu bejahen, wenn ein biologischer Vater sich nachweisbar ernsthaft darum bemüht hat, aber am Widerstand der Mutter bzw. der rechtlichen Eltern gescheitert ist. Eine derartige Interpretation ließe sich mit dem Wortlaut der Vorschrift kaum vereinbaren und stünde zudem im Widerspruch zu dem, was nach der Genese des Gesetzes mit der Vorschrift intendiert war. Erst recht stellt sich die Frage, wie die biologische Vaterschaft ohne eine Gesetzesänderung in Fällen zu klären ist, in denen sie nur mutmaßlich besteht.

V. Änderungen zur geltenden Rechtslage und Ansatzpunkte des Entwurfs

Der Entwurf erweitert die Rechte des biologischen Vaters auf Umgang mit seinem Kind und führt ein Recht auf Auskunft über die persönlichen Verhältnisse seines Kindes ein. Dabei soll die Regelung des § 1686a BGB nur für Fälle greifen, in denen das Kind bereits einen rechtlichen Vater hat. Andernfalls ist der (mögliche) biologische Vater auf die Erlangung der rechtlichen Vaterstellung zu verweisen, wodurch er Rechte gemäß § 1684 BGB und § 1686 BGB erlangen würde, aber auch die Pflichten eines rechtlichen Vaters. Abweichend von der bisherigen Rechtslage soll nach der neuen Vorschrift des § 1686a BGB für den biologischen Vater ein Umgangsrecht zukünftig nicht nur dann bestehen, wenn er als enge Bezugsperson des Kindes angesehen werden kann und wenn zwischen ihm und dem Kind eine sozial-familiäre Beziehung besteht. Vielmehr soll darüber hinaus ein Umgangsrecht auch dann in Betracht kommen, wenn der biologische Vater nachhaltiges Interesse an dem Kind gezeigt hat; dabei soll, wie schon bisher, gemäß § 1685 BGB die Frage im Mittelpunkt stehen, ob der Kontakt zum biologischen Vater im Einzelfall dem Wohl des Kindes dient. Zudem soll der biologische Vater, der nachhaltiges Interesse an seinem Kind gezeigt hat, bei berechtigtem Interesse ein Recht auf Auskunft über die persönlichen Verhältnisse des Kindes erhalten, soweit dies dem Wohl des Kindes nicht widerspricht.

Um deutlich zu machen, dass für biologische Väter Sonderregeln gelten, wird das Umgangs-und das Auskunftsrecht des biologischen Vaters in einem neuen § 1686a BGB zusammengefasst.

Ein Recht auf Umgang und Auskunft setzt voraus, dass der biologische Vater nachhaltiges Interesse an seinem Kind gezeigt hat. Diese Voraussetzung entspricht den Vorgaben des EGMR zum Umgangsrecht und soll auch im Falle des Auskunftsverlangens gelten. Umgangs- und Auskunftsrecht kommen dabei nur in Betracht, wenn der Anspruchsteller wirklich biologischer Vater ist. Der putativ-biologische Vater muss daher im Hinblick auf sein Umgangs- und Auskunftsrecht die Möglichkeit haben, seine biologische Vaterschaft klären zu lassen. Im Übrigen besteht diese Möglichkeit für den biologischen Vater nur sehr eingeschränkt: Der putativ-biologische Vater gehört nicht zu den Klärungsberechtigten gemäß § 1598a BGB; auch eine Anfechtung der Vaterschaft des rechtlichen Vaters, die in ihren Rechtswirkungen zudem viel weiter reichen würde, kommt nur in Betracht, wenn der rechtliche Vater mit dem Kind nicht in einer sozial-familiären Beziehung lebt. Um dem putativ-biologischen Vater die Durchsetzung der im Verfahren vorgesehenen inzidenten Prüfung seiner leiblichen Vaterschaft zu ermöglichen, bedarf es flankierender Änderungen im Verfahrensrecht. Mit der Neuregelung in § 167a des Gesetzes über das Verfahren in Familiensachen und in den Angelegenheiten der freiwilligen Gerichtsbarkeit (FamFG) soll im gerichtlichen Verfahren eine inzidente Prüfung der leiblichen Vaterschaft über dazu notwendige Untersuchungen ermöglicht werden. Der neue § 167a FamFG verhindert zugleich, dass die Mutter das Umgangs- bzw. Auskunftsrecht des biologischen Vaters dadurch vereiteln kann, dass sie und damit zugleich das Kind sich einer Untersuchung verweigern.

VI. Alternativen

Als Alternativen zur Einführung des nach § 1686a BGB vorgesehenen Umgangs- und Auskunftsrechts des biologischen Vaters sind denkbar:

- die Ausdehnung des Klärungsanspruchs nach § 1598a BGB auch auf mutmaßliche biologische Väter bzw.
- die Zulassung der Möglichkeit, die Vaterschaft auch bei sozial-familiärer Beziehung des Kindes zum rechtlichen Vater anzufechten.

Beide Ansätze sind abzulehnen.

Eine Aufnahme des mutmaßlichen biologischen Vaters in den Kreis derjenigen Personen, die nach § 1598a BGB berechtigt sind, die biologische Abstammung des Kindes zu klären, würde die Stabilität der sozialen Familie unangemessen gefährden. Die Klärungsmöglichkeit des § 1598a BGB steht aus gutem Grund neben der Mutter und dem Kind nur dem zweifelnden rechtlichen Vater offen. Letzterem ist hierdurch die zusätzliche Möglichkeit eingeräumt, zunächst die biologische Herkunft des Kindes durch ein privates Abstammungsgutachten zu klären und gegebenenfalls anschließend das Anfechtungsverfahren zu betreiben, statt, wie schon davor, direkt das Anfechtungsverfahren anzustrengen. Die Aufnahme des mutmaßlichen biologischen Vaters in den Kreis der nach § 1598a BGB klärungsberechtigten Personen hätte zur Folge, dass ein Mann, der behauptet, biologischer Vater zu sein bzw. an Eides statt versichert, der Mutter während der Empfängniszeit beigewohnt zu haben, völlig losgelöst von einem Interesse an dem Kind den Klärungsanspruch geltend machen könnte, mithin auch dann, wenn er nur Unfrieden in die soziale Familie tragen möchte (z. B. weil er seiner Ex-Partnerin gegenüber Rachegefühle hegt). Dies widerspricht dem Kindeswohl und dessen nach Artikel 6 des Grundgesetzes (GG) geschütztem Interesse, ungestört in seiner sozialen Familie aufzuwachsen. Der Ausschluss des biologischen Vaters aus dem Kreis der nach § 1598a BGB klärungsberechtigten Personen ist konventionsrechtlich nicht zu beanstanden. Der EGMR hat in seinen Urteilen vom 22. März 2012 in den Verfahren A. ./. Bundesrepublik Deutschland (Beschwerde Nr. 45071/09) und K. ./. Bundesrepublik Deutschland (Beschwerde Nr. 23338/09) ausdrücklich klargestellt, dass aus konventionsrechtlicher Sicht keine Notwendigkeit besteht, dem mutmaßlichen leiblichen Vater ein statusunabhängiges Verfahren zur Klärung der Abstammung zur Verfügung zu stellen. Erst recht ist es abzulehnen, eine Anfechtungsmöglichkeit für den biologischen Vater auch bei einer sozial-familiären Beziehung des Kindes zu seinem rechtlichen Vater zu schaffen. Sie hätte zur Folge, dass der mutmaßliche biologische Vater die Abstammung über sein Anfechtungsrecht klären und unter Verdrängung des rechtlichen Vaters dessen Stellung einnehmen könnte. Als rechtlicher Vater stünde ihm dann ein Umgangsrecht aus § 1684 BGB zu.

Eine derart weitgehende Lösung wäre für das Kind jedoch sehr nachteilig. Sie ist auch weder verfassungsrechtlich noch nach den Vorgaben des EGMR erforderlich. Artikel 6 Absatz 2 GG gibt dem biologischen Vater kein Recht, in jedem Fall vorrangig vor dem rechtlichen Vater die Vaterschaft eingeräumt zu bekommen, wenn letzterer seine elterliche Verantwortung im Sinne einer von Artikel 6 Absatz 1 GG geschützten sozialen Elternschaft wahrnimmt. Es besteht kein automatisches Rangverhältnis zwischen der biologischen und der sozialen Elternschaft; vielmehr sind die Interessen der Beteiligten gegeneinander abzuwägen (BVerfG, Beschluss vom 9. April 2003 – 1 BvR 1493/96, 1 BvR 1724/91, BVerfGE 108, 82, 106). Diese Interessenabwägung hat der Gesetzgeber in § 1600 Absatz 2 und Absatz 3 BGB vorgenommen. Sie fällt zugunsten des legitimierten rechtlichen Vaters aus, wenn zwischen dem rechtlichen Vater und dem Kind eine sozialfamiliäre Beziehung besteht oder im Zeitpunkt des Todes des rechtlichen Vaters bestanden hat (vgl. hierzu bereits Bundestagsdrucksache 15/2253, S. 11). Der EGMR hat diese Entscheidung des deutschen Gesetzgebers ebenfalls nicht beanstandet. Er hat in seinen Urteilen vom 22. März 2012 in den Verfahren A. ./ Bundesrepublik Deutschland (Beschwerde Nr. 45071/09) und K. ./. Bundesrepublik Deutschland (Beschwerde Nr. 23338/09) klargestellt, dass es sich um ein gänzlich anderes und viel weiter gehendes Ziel handelt, den Status als rechtlicher Vater eines Kindes zu erhalten und die Vaterschaft eines anderen Mannes zu beenden, als lediglich zum Zweck des Umgangs mit dem Kind die biologische Vaterschaft klären zu lassen. Es sei zwar konventionsrechtlich verpflichtend, sicherzustellen, dass der biologische Vater nicht vollständig aus dem Leben des Kindes ausgesperrt werden kann, wenn es keine einschlägigen Kindeswohlgründe dafür gibt. Aus Artikel 8 EMRK könne jedoch nicht die Verpflichtung abgeleitet werden, dem biologischen Vater zu erlauben, die Vaterschaft des rechtlichen Vaters anzufechten, wenn zwischen diesem und dem Kind eine sozialfamiliären Beziehung besteht.

Schließlich wäre es auch nicht sachgerecht, einen biologischen Vater, der Interesse an seinem Kind hat, diesem aber – etwa in einer funktionierenden Familie – seinen bisherigen Vater nicht nehmen will, vor die Alternative zu stellen, entweder das Kind – jedenfalls in rechtlicher Hinsicht – seines bisherigen Vaters zu berauben oder auf ein Umgangs oder Auskunftsrecht gänzlich zu verzichten.

B. Besonderer Teil

Zu Artikel 1 (Änderung des Bürgerlichen Gesetzbuchs – BGB)

Zu Nummer 1

Der in § 1686 Satz 2 BGB enthaltenen Zuständigkeitsregelung bedarf es nicht mehr. Das in § 1686 BGB geregelte Auskunftsverfahren ist – dies wird durch Ergänzung des § 151 Nummer 2 FamFG nunmehr ausdrücklich klargestellt – eine Kindschaftssache, so dass sich die funktionale Zuständigkeit der Familiengerichte bereits aus den §§ 23a Absatz 1 Nummer 1, 23b Absatz 1 in Verbindung mit § 111 Nummer 2 FamFG in Verbindung mit § 151 Nummer 2 FamFG ergibt.

Zu Nummer 2 (§ 1686a BGB)

Zu Absatz 1

Der neue § 1686a BGB sieht nunmehr unter bestimmten Voraussetzungen ein Umgangsrecht auch für den biologischen Vater vor, der nicht die Hürde des § 1685 BGB nehmen kann. Unter eben diesen Voraussetzungen sieht er des Weiteren nach dem Vorbild des § 1686 ein Auskunftsrecht des biologischen Vaters gegenüber jedem Elternteil vor. § 1686a BGB fasst die beiden neu hinzukommenden Rechte des biologischen Vaters zusammen.

Diese Regelungen sind nur erforderlich, wenn bereits ein rechtlicher Vater vorhanden ist, so dass der biologische Vater eine Umgangs- bzw. Auskunftsberechtigung nicht qua rechtlicher Vaterschaft erlangen kann. Hat das Kind keinen rechtlichen Vater, so ist es geboten, den (putativ-)biologischen Vater auf die Erlangung der rechtlichen Vaterstellung zu verweisen. Durch diese kann er die Rechte und Pflichten eines rechtlichen Vaters erhalten, mithin auch die Rechte aus den §§ 1684 und 1686 BGB. Angesichts des Interesses des Kindes daran, einen rechtlichen Vater zu haben, soll sich der biologische Vater dort, wo es an einem rechtlichen Vater fehlt, nicht mit einer „Elternschaft light" begnügen können, die ihm nur das Umgangs- bzw. Auskunftsrecht beschert, ihn aber von den Vaterpflichten im Übrigen freistellt. Dementsprechend kann sich ein biologischer Vater, der seine rechtliche Vaterstellung im Wege der Adoption mit seiner Einwilligung verloren hat, nicht auf § 1686a berufen. Gibt es einen rechtlichen Vater, so wird der biologische Vater auch dann nicht darauf verwiesen, sich die rechtliche Vaterstellung zu erstreiten, wenn ihm dies mangels einer sozial-familiären Beziehung zwischen Kind und rechtlichem Vater durch Anfechtung der rechtlichen Vaterschaft möglich wäre. Das Kind hat in dieser Fallkonstellation neben der Mutter bereits eine rechtlich verantwortliche Person, die zu seiner Absicherung zur Verfügung steht, auch wenn eine sozial-familiäre Beziehung zum rechtlichen Vater nicht (mehr) besteht. Es läge nicht im Interesse des Kindes, wenn man dem biologischen Vater den Umgang mit ihm nur um den Preis ermöglichen würde, dass es seinen bisherigen rechtlichen Vater verliert.

Ein zwingender Vorrang der Anfechtungsmöglichkeit hätte zudem zur Folge, dass das Gericht im Umgangsverfahren inzident die Erfolgsaussichten eines Anfechtungsverfahrens zu prüfen hätte und wegen des Amtsermittlungsgrundsatzes die hierzu erforderlichen Ermittlungen anstellen müsste. Eine solche Inzidentprüfung eines Statusverfahrens im Rahmen eines Umgangsstreits wäre systemfremd und die damit verbundene Verfahrensverzögerung stünde im Widerspruch zu dem in Umgangsverfahren geltenden Vorrang und Beschleunigungsgrundsatz (§ 155 FamFG). Da die Beurteilung der Frage, ob eine vorrangige Anfechtungsmöglichkeit besteht, nicht in Rechtskraft erwachsen würde, wäre überdies nicht sichergestellt, dass ein biologischer Vater, dessen Umgangsantrag wegen vorrangiger Anfechtungsmöglichkeit abgewiesen wird, anschließend mit seinem Anfechtungsantrag Erfolg hätte. Der biologische Vater könnte in derartigen Fällen zudem sein Umgangsrecht nur mit erheblicher Verzögerung geltend machen.

Fälle, in denen ein biologischer Vater trotz bestehender Anfechtungsmöglichkeit kein Interesse an der Übernahme der rechtlichen Vaterstellung hat, sondern sich mit einem Umgangsrecht begnügt, und in denen auch keiner der übrigen – nach § 1600 Absatz 1 BGB anfechtungsberechtigten – Beteiligten die Anfechtung betreibt, dürften in der Praxis kaum vorkommen. Ein rechtlicher Vater, der kein Interesse am Kind und keine sozial-familiäre Beziehung zum Kind hat – nur dann wäre das Anfechtungsverfahren aussichtsreich, so dass eine vorrangige Anfechtung auch durchgreifen würde –, wird regelmäßig ein eigenes Interesse daran haben, dass der Umgang begehrende biologische Vater auch die Vaterpflichten (insbesondere die Unterhaltspflicht) übernimmt. Für eine gesetzliche Normierung des Anfechtungsvorrangs besteht daher kein Bedürfnis.

Voraussetzung des Umgangs- und Auskunftsrechts ist, dass der Antragsteller der leibliche Vater ist. Um die erforderliche Klärung der leiblichen Vaterschaft zu ermöglichen, stellt das Gesetz eine verfahrensrechtliche Flankierung zur Verfügung. Die vorgesehene Inzidentprüfung der leiblichen Vaterschaft im Rahmen des Umgangs- oder Auskunftsverfahrens hat den Vorteil, dass nur der umgangswillige bzw. an einer Auskunft interessierte Mann eine Klärung seiner leiblichen Vaterschaft erlangen kann, und dies auch nur im Hinblick auf ein potenzielles Umgangs- bzw. Auskunftsrecht. Der vermeintliche biologische Vater soll nicht allein mit seinem Klärungsinteresse – d. h. hier losgelöst von seinem Wunsch nach und seiner Bereitschaft zum Umgang (oder Auskunft) – Unfrieden in eine funktionierende soziale Familie hineintragen (vgl. dazu bereits Bundestagsdrucksache 16/6561, S. 12).

Es wäre allerdings bedenklich, dem biologischen Vater ohne weitere Voraussetzungen ein Umgangsrecht zu gewähren. Dies würde dem Umstand nicht gerecht, dass Rechte anderer Betroffener von nicht minderem Rang gleichermaßen auf dem Spiel stehen. Voraussetzung des Umgangs- und Auskunftsrechts für den biologischen Vater ist daher außerdem, dass er „nachhaltiges Interesse an dem Kind gezeigt hat“. Dies lässt der Rechtsprechung in den Fällen, in denen sich bislang keine sozial-familiäre Beziehung entwickelt hat, ohne dass dies dem biologischen Vater zuzurechnen ist, den erforderlichen Ermessensspielraum. Die Gerichte haben zu prüfen, woran sich das behauptete Interesse am Kind im konkreten Einzelfall festmacht und ob ein ausreichendes Interesse manifest geworden ist. Hier werden Kriterien eine Rolle spielen wie z. B., ob der (mutmaßliche) biologische Vater die Mutter zu den Vorsorgeuntersuchungen begleiten wollte oder jedenfalls Interesse am Ergebnis der ärztlichen Untersuchungen hatte, ob er die Mutter zur Entbindung begleiten wollte bzw. sein Kind zügig kennenlernen wollte, ob er sich um weiteren Kontakt mit dem Kind bemüht hat, ob er den Wunsch nach Umgang wiederholt artikuliert hat, gegebenenfalls Pläne entwickelt hat, wie er seinen Kontaktwunsch im Hinblick auf Wohnort und Arbeitszeiten realisieren kann, ob er sich vor und nach der Geburt zu dem Kind bekannt hat, ob er die Bereitschaft geäußert hat, Verantwortung für das Kind – gegebenenfalls auch finanziell – zu übernehmen etc. All diese Kriterien haben Beispielscharakter. Je nach Fallkonstellation, sowohl etwa hinsichtlich der Beziehung zwischen Mutter und mutmaßlichem biologischem Vater sowie zwischen Mutter und rechtlichem Vater als auch hinsichtlich z. B. des Alters des Kindes, wird sich das Interesse am Kind an je unterschiedlichen Verhaltensweisen nachvollziehen lassen. Hat der (mutmaßliche) biologische Vater aus Rücksicht auf das Kind und die soziale Familie sein Interesse nur zurückhaltend bekundet, können die Gerichte auch diesen Umstand im Einzelfall angemessen würdigen.

Auch wenn die übrigen Voraussetzungen gegeben sind, setzt der konkrete Umgang wie bei § 1685 BGB voraus, dass er dem Kindeswohl dient. Dabei ist unter Berücksichtigung der konkreten familiären Begebenheiten insbesondere auch zu prüfen, ob und gegebenenfalls inwieweit Umgangskontakte mit einem gewissermaßen zweiten, ausschließlich auf der biologischen Abstammung beruhenden Vater für das Kind eine seelische Belastung darstellen, ob das Kind dadurch in einer dem Kindswohl abträglichen Weise verunsichert wird, inwieweit die Kindesmutter und der biologische Vater gegebenenfalls ihre Konflikte nach der Trennung begrenzen können und wie der Umgang im Interesse einer gesunden Persönlichkeitsentwicklung und der Identitätsfindung des Kindes zu bewerten ist. Die Frage der Kindeswohldienlichkeit wird je nach familiärer Situation, Stabilität und Belastbarkeit des Familienverbands, Beziehungskonstellation bzw. Konfliktniveau zwischen den betroffenen Erwachsenen, Alter und Resilienz des Kindes, Grad der Bindung des Kindes an seine rechtlich-sozialen Eltern, Dauer der Kenntnis von der Existenz eines biologischen Vaters etc. unterschiedlich zu beurteilen sein.

Die Regelung stellt es in das Ermessen des Gerichts, ob im Einzelfall zunächst die biologische Vaterschaft oder die Frage des Kindeswohls geprüft wird. In Fällen etwa, in denen bereits Zweifel an der biologischen Vaterschaft des Umgang oder Auskunft begehrenden Mannes bestehen, liegt es – aus Gründen der Prozessökonomie und um eine für das Kind und die weiteren Beteiligten möglicherweise belastende Kindeswohlprüfung zu vermeiden – nahe, zunächst festzustellen, ob der Antragsteller überhaupt der biologische Vater ist.

Ist er nicht der biologische Vater, ist der geltend gemachte Anspruch von vornherein ausgeschlossen. Im Einzelfall mag die Prüfung der biologischen Vaterschaft mit weniger Aufwand verbunden sein als die Prüfung, ob ein Umgangsrecht, wenn denn der Antragsteller biologischer Vater wäre, dem Kindeswohl dient. Außerdem wäre die biologische Vaterschaft dann – jedenfalls in tatsächlicher Hinsicht – für die Zukunft geklärt, was im Einzelfall – etwa im Hinblick auf zu erwartende Folgeanträge – sinnvoll sein kann. In Fällen allerdings, in denen für das Gericht unschwer zu erkennen ist, dass der begehrte Umgangs oder Auskunftsanspruch jedenfalls aus Gründen des Kindeswohls nicht gewährt werden kann, kann es auf eine Klärung der Vaterschaft verzichten, um die soziale Familie hierdurch nicht unnötig zu belasten, und den geltend gemachten Anspruch im Einzelfall schon aus diesem Grund ablehnen.

Einem bestehenden Umgangsrecht ist bei der Anwendung des geltenden Aufenthaltsrechts Rechnung zu tragen. Hierbei sind insbesondere Artikel 6 GG sowie Artikel 8 EMRK angemessen zu berücksichtigen. Auch für den Auskunftsanspruch sieht der Entwurf vor, dass einem mutmaßlichen biologischen Vater nicht schon qua potenzieller biologischer Vaterschaft ein Auskunftsrecht zusteht. So wie nur Männer, die wirklich biologische Väter sind, ein Umgangsrecht erhalten sollen, damit nicht jede Person, die Interesse am Kind gezeigt hat (aber tatsächlich keine Verantwortung trägt oder getragen hat), ein Umgangsrecht beanspruchen kann, so sollen auch nur wirkliche biologische Väter Auskunft beanspruchen können. Auskunft soll der mutmaßliche biologische Vater nach dem Entwurf folglich nur erlangen können, wenn sich eine biologische Vaterschaft tatsächlich bestätigt. Zusätzlich verlangt der Entwurf wie schon beim Umgangsrecht, dass der Mann, der Auskunft begehrt, ein nachhaltiges Interesse an dem Kind gezeigt hat. Zwar besteht das Auskunftsrecht der rechtlichen Eltern gemäß § 1686 BGB de lege lata für beide Elternteile unabhängig von weiteren Voraussetzungen, abgesehen von dem stets geforderten berechtigten Interesse und der Voraussetzung, dass die Auskunftserteilung nicht dem Kindeswohl widerspricht. Da sich das Auskunftsrecht aus dem Elternrecht ableitet, ist der biologische Vater aber in einer anderen Situation. Er hat mangels rechtlicher Elternschaft nicht die Pflichten eines Vaters und steht dem Kind gegenüber in keiner vergleichbaren Verantwortung. Es ist sachlich daher gerechtfertigt, ihm ein Auskunftsrecht nur dann einzuräumen, wenn er ein ernstzunehmendes Interesse an dem Kind gezeigt hat. Die Voraussetzung, dass der betreffende Mann nachhaltiges Interesse an dem Kind gezeigt hat, gilt daher auch für den Auskunftsanspruch des biologischen Vaters. Dies vermeidet gleichzeitig die Gefahr, dass ein Mann wegen der geringeren Hürden beim Auskunftsanspruch im Vergleich zum Umgangsrecht Auskunft begehrt bzw. ein Auskunftsbegehren vorschiebt, um eigentlich nur seine biologische Vaterschaft inzident klären zu lassen. Hinsichtlich der übrigen Voraussetzungen bleibt der Entwurf nach dem Vorbild des bisherigen § 1686 BGB dabei, dass die Erteilung solcher Auskünfte dem Wohl des Kindes nicht widersprechen darf. Es wird mithin wie bisher beim Auskunftsanspruch des rechtlichen Elternteils darauf verzichtet, eine positive Kindeswohldienlichkeit zu verlangen. Würde man die positive Kindeswohlprüfung zum Maßstab für die Gewährung des Auskunftsrechts machen, ergäben sich erhebliche Auslegungsschwierigkeiten. Zumindest in den Fällen, in denen nicht parallel auch Umgang erfolgt, hat ein Auskunftsrecht zunächst allenfalls perspektivisch Auswirkungen auf das Kind. Die Frage, ob die Erteilung der Auskunft dem Wohl des Kindes dient, wäre daher im Einzelfall nicht eindeutig zu beantworten. Zudem sind die Interessen des Kindes gewahrt, wenn mittels einer negativen Kindeswohlprüfung jedenfalls verhindert wird, dass der biologische Vater sein Auskunftsrecht zum Nachteil des Kindes geltend macht.

Zu Absatz 2

Absatz 2 verweist – wie § 1685 Absatz 3 BGB – auf § 1684 Absatz 2 bis 4 BGB. Der umgangsberechtigte biologische Vater und die Sorgeberechtigten sind zur Loyalität verpflichtet. Dem Gericht stehen im Fall des Umgangsrechts des biologischen Vaters die gleichen Ausgestaltungsmöglichkeiten zur Verfügung wie im Fall des Umgangsrechts anderer Bezugspersonen nach § 1685 BGB.

Zu Artikel 2 (Änderung des Gesetzes über das Verfahren in Familiensachen und in den Angelegenheiten der freiwilligen Gerichtsbarkeit – FamFG)

Zu Nummer 1 (Inhaltsübersicht)

Die Neuregelung des § 167a FamFG ist eine besondere Verfahrensvorschrift für das Umgangs- und Auskunftsverfahren nach § 1686a BGB. Dementsprechend wird sie in Abschnitt 3 des Buches 2 des FamFG eingestellt, und zwar nach § 167 FamFG, als eine Sondervorschrift für bestimmte Kindschaftssachen.

Zu Nummer 3 (§ 167a FamFG)

Zu Absatz 1

Durch das Zulässigkeitserfordernis der eidesstattlichen Versicherung der Beiwohnung sollen Mutter, Kind und (rechtlicher) Vater – nach dem Vorbild des § 1600 Absatz 1 Nummer 2 BGB – vor Umgangs- und Auskunftsverfahren „ins Blaue hinein“ geschützt werden (vgl. hierzu bereits Bundestagsdrucksache 15/2253, S. 14, S. 20). Zudem soll vermieden werden, dass ein Mann, der mangels Beiwohnung nicht als biologischer Vater in Betracht kommt, ein Umgangs- oder Auskunftsbegehren geltend macht, um damit Unfrieden in die bestehende (soziale) Familie zu tragen. Gleichzeitig wird durch das Erfordernis der eidesstattlichen Versicherung der Beiwohnung verhindert, dass ein Mann, der durch künstliche Befruchtung mittels heterologer Samenspende biologischer Vater geworden ist, ein Umgangs- oder Auskunftsrecht begehren kann.

Zu Absatz 2

Der Anspruch des leiblichen Vaters nach § 1686a BGB auf Umgang mit seinem Kind und auf Auskunft über dessen persönliche Verhältnisse setzt unter anderem voraus, dass die leibliche Vaterschaft des Anspruchstellers feststeht. Die leibliche Vaterschaft kann am zuverlässigsten durch eine Abstammungsuntersuchung geklärt werden. § 167a Absatz 1FamFG regelt für das Verfahren in Kindschaftssachen, unter welchen Voraussetzungen Untersuchungen zur Klärung der leiblichen Vaterschaft zu dulden sind. Die Bestimmung ist der Vorschrift des § 178 Absatz 1 FamFG für das Verfahren in Abstammungssachen nachgebildet. Sie verhindert, dass die Mutter des Kindes oder eine sonstige Person den Umgangs- und den Auskunftsanspruch des biologischen Vaters vereiteln kann, indem sie und das Kind sich der erforderlichen Untersuchung verweigern.

Zu Absatz 3

Eine Verpflichtung zur Durchführung einer förmlichen Beweisaufnahme über die leibliche Vaterschaft, wie sie § 177 Absatz 2 Satz 1 FamFG für Abstammungssachen im Sinne von § 169 Nummer 1 und 4 FamFG vorschreibt, ergibt sich aus § 167a FamFG nicht. Unter den Voraussetzungen von § 30 Absatz 3 FamFG soll jedoch auch in Verfahren über Ansprüche nach § 1686a BGB eine förmliche Beweisaufnahme durchgeführt werden. Nach § 167a Absatz 2 in Verbindung mit § 177 Absatz 2 Satz 2 FamFG kann die Einholung eines Sachverständigengutachtens durch die Verwertung eines Gutachtens über die Abstammung ersetzt werden, das von einem Beteiligten mit Zustimmung der anderen Beteiligten eingeholt worden ist. Die entsprechende Geltung von § 177 Absatz 2 Satz 2 FamFG dient der Verfahrensvereinfachung.

Die leibliche Vaterschaft wird im Rahmen eines Verfahrens nach § 1686a BGB nur als Vorfrage geprüft. Das Ergebnis einer Beweisaufnahme erwächst nicht in materielle Rechtskraft. Ein von dem Gericht eingeholtes Sachverständigengutachten kann nach den allgemeinen Regeln in anderen Verfahren verwertet werden. Ein im Wege der förmlichen Beweisaufnahme eingeholtes Gutachten kann nach § 30 Absatz 1 FamFG, § 411a der Zivilprozessordnung (ZPO) auch in anderen Verfahren verwertet werden, in denen eine förmliche Beweisaufnahme notwendig ist, z. B. in einem weiteren Umgangsverfahren oder in einem Abstammungsverfahren.

Mit der Verweisung in § 167a Absatz 2 FamFG auf § 178 Absatz 2 FamFG wird es über die §§ 386 bis 390 ZPO möglich, zu klären, ob eine Untersuchung zu Recht verweigert wird.

Zu Artikel 3 (Änderung des Rechtspflegergesetzes – RPflG)

Durch die Ergänzung des § 14 Absatz 1 Nummer 7 RPflG um § 1686a Absatz 2 BGB bleibt die Entscheidung über das Recht des leiblichen Vaters auf Umgang mit dem Kind gemäß § 1686a Absatz 1 Nummer 1 BGB dem Richter vorbehalten. Demgegenüber ist der Rechtspfleger zuständig für Streitigkeiten, die das Recht des leiblichen Vaters auf Auskunft über die persönlichen Verhältnisse des Kindes gemäß § 1686 Absatz 1 Nummer 2 BGB betreffen.

Diese Regelung zeichnet die gesetzgeberische Wertung der Verteilung der funktionellen Zuständigkeit für Umgangs- und Auskunftsverfahren auch für die Rechte des leiblichen, nicht rechtlichen Vaters gemäß § 1686a BGB nach: Die funktionelle Zuständigkeit in familienrechtlichen Streitigkeiten betreffend das Umgangs- und Auskunftsrecht ist gemäß § 14 Absatz 1 Nummer 7 RPflG im Grundsatz so ausgestaltet, dass der Rechtspfleger zuständig ist für die Entscheidung von Streitigkeiten, die das Recht jedes Elternteils betreffen, von dem jeweils anderen Elternteil Auskunft über die persönlichen Verhältnisse des Kindes gemäß § 1686 BGB zu verlangen (Bassenge/Roth, RPflG, Rdnr. 21 zu § 14). Demgegenüber entscheidet der Richter Streitigkeiten über das Umgangsrechts (Arnold/Meyer-Stolte/Hermann/Hintzen/Rellermeyer, RPflG, Rdnr. 40 zu § 14).

Diesen Grundsätzen entspricht die Regelung der funktionellen Zuständigkeit für Streitigkeiten gemäß § 1686a BGB.

Stichwortverzeichnis